欧文日本学・琉球学総論

山口栄鉄

芙蓉書房出版

欧文日本学・琉球学の先駆

チェンバレン
東京帝国大学初代博言学（のちの言語学）教授。この分野の代表作『英訳古事記』『琉球語の文法と辞典』など
右は著者の学位論文に基づく著作

沖縄をこよなく愛したジョージ・カー

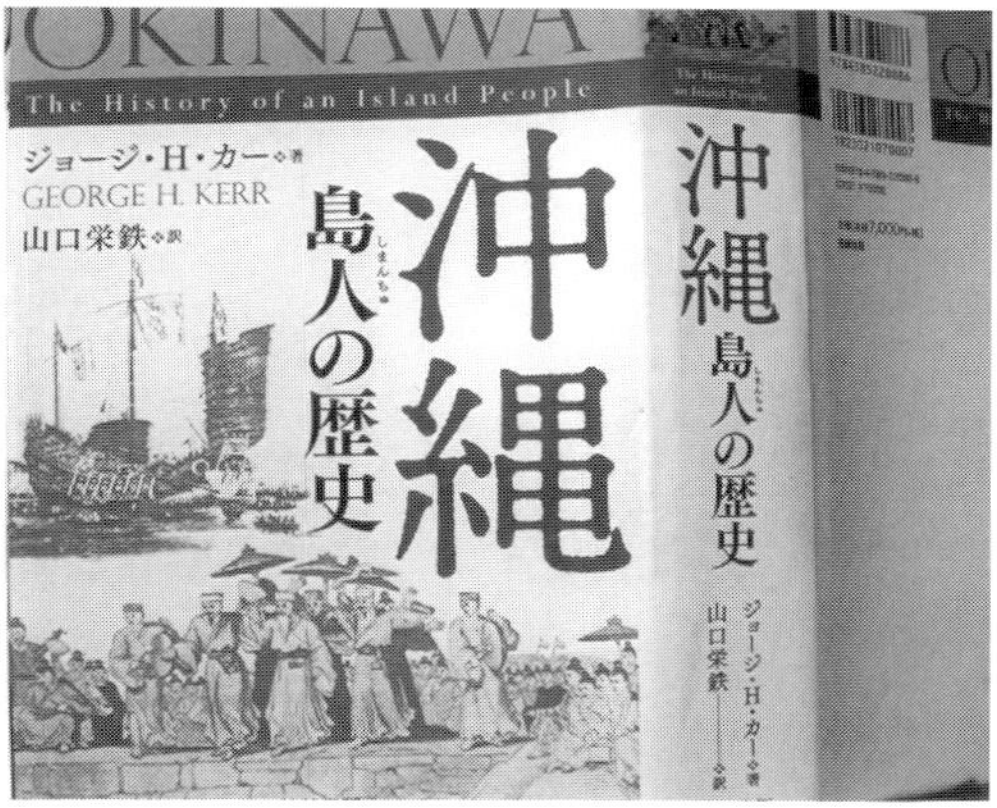

カーの英文原著の完訳本

カーの英文原著

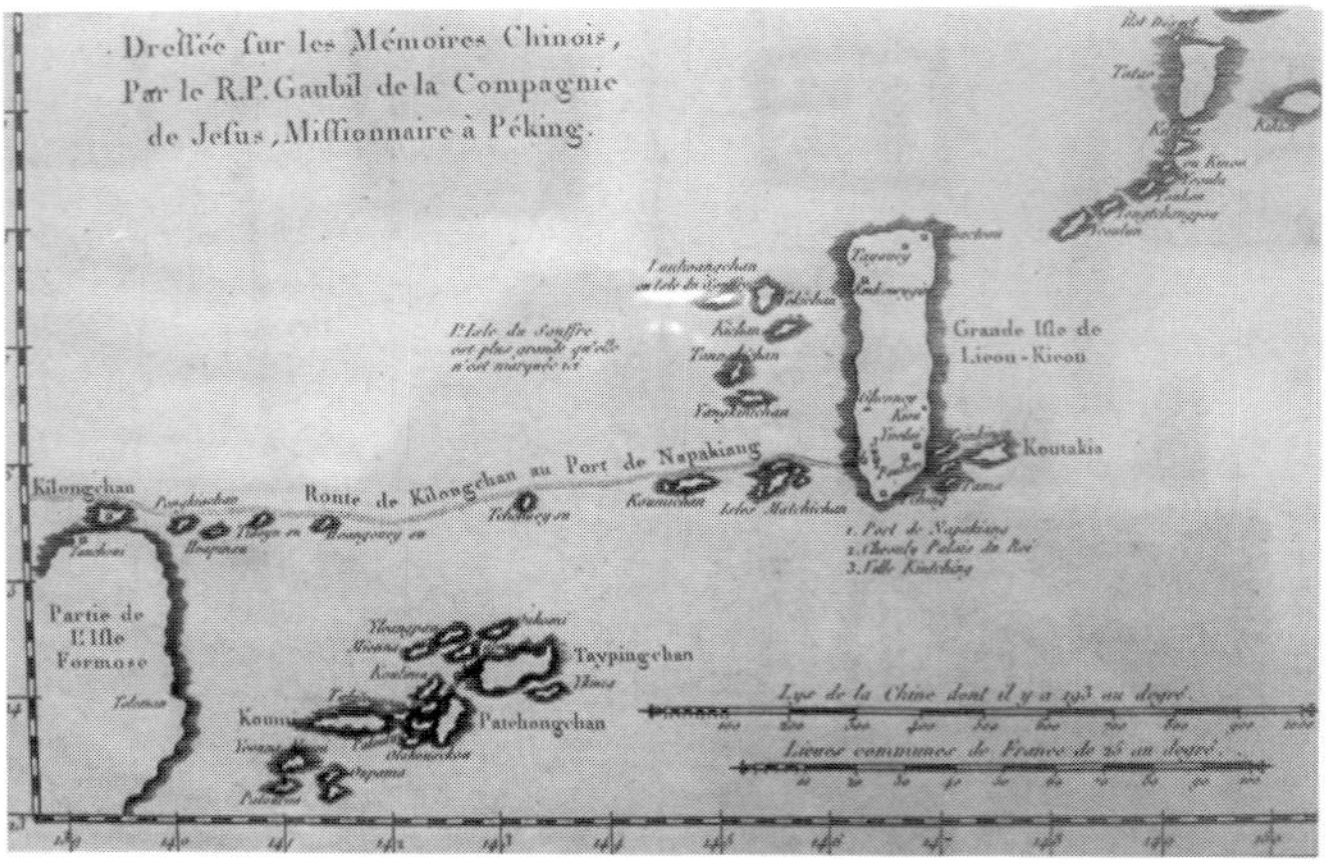

キャプテン・バジル・ホールの英文原著に収録されている、南島琉球を中心とする沿海諸島図

英国海軍士官キャプテン・バジル・ホールの古典的名著『大琉球及び朝鮮沿岸航海記』の韓国復刻版

バジル・ホールの僚友クリフォード。帰国後、英国海軍軍人に呼びかけて「琉球宣教協会」を組織。クリフォードのもとより派遣され琉球に向かうのが、この分野における初のプロテスタント宣教医バーナード・ベッテルハイム一家。

2016年、バジル・ホール来琉200周年記念碑が那覇市に建立された

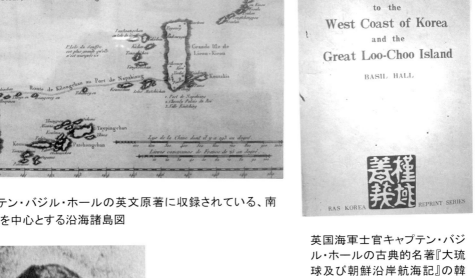

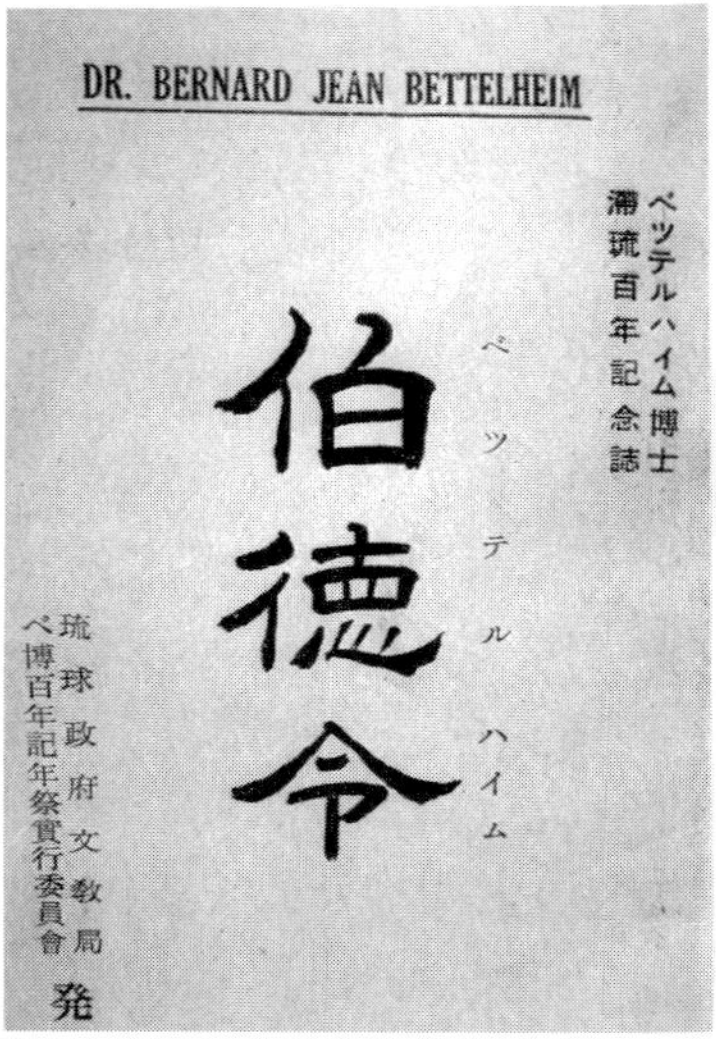

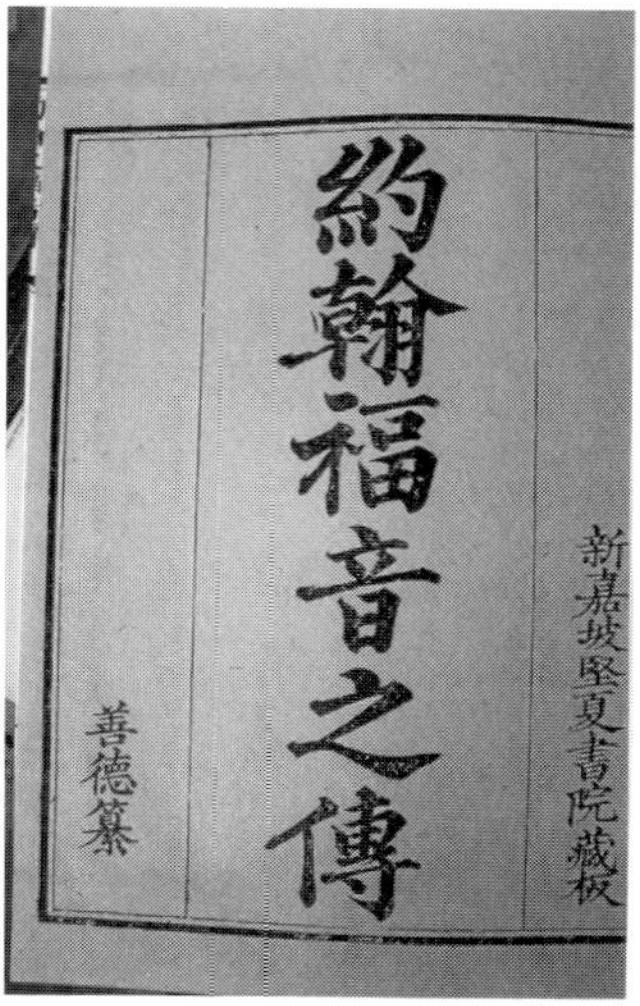

琉球滞在中にまとめられたベッテルハイムの「ヨハネ伝」の琉球語訳

「伯徳令」はベッテルハイムが琉球王府宛ての通信文書などで使っていた自署

この分野におけるカーの先輩学究のひとり、チャールズ・レブンウォースの著書。山口と新川右好の共訳『琉球の島々』、英文復刻版がある。

日本開国の偉業を成し遂げたマシュー・ペリー提督像。提督の生誕地ロードアイランド州ニューポートの「灯籠の丘」にみる勇姿。その目は遠く東アジアの国日本に向けられている。

ペリー提督の直属通訳官として日本開国の一部始終をその目で確かめ、多くの開国関係一次史料を残しているサムエル・ウェルズ・ウィリアムズ。

長年中国大陸で過ごし、19世紀最大の志那学者として大成。晩年は母校イエール大学初の中国語教授として教壇に立つ。

ウィリアムズ家文書を蔵するイエール大学中央図書館

はじめに

『欧文日本学・琉球学　総論』と題する本書を世に紹介するにあたり、筆者の早い頃の著書の一つ『異国と琉球』の巻末に次のように記したことが思い出されます。
「今後『琉球学』が真に飛躍的な進展をみせるためには、和・漢・洋に通じる知識の集積をもって初めて可能である、と言えましょう。その内の『洋』のみに限ってみましても、例えば英文、仏文、独文による琉球関係図書、資料の多くが未紹介のまま眠っています」と。

和漢の古文献史料を中心とする従来の「琉球学」の行き方に新たな展望を試みんとの趣意に出るのが、いわゆる筆者の主張する「欧文日本学・琉球学」で、そのような筆者の感慨を中心にまとめた早い頃の著作、編訳書が一九七〇年代に世に問われた『王堂チェンバレン：その琉球研究の記録』『チェンバレン日琉語比較文典』『琉球：異邦典籍と史料』といったささやかな形の出版物でした。そして、その「欧文琉球学」の一応の成果を序章の形としてまとめたのが一九八〇年代初期に発表した『異国と琉球』でした。

あれよりほぼ半世紀を経る今、その「序章」に続く形として、本書のような書を世に問うことのできる幸せを噛み締めています。

全四部からなる本書のうち、第一部「欧文日本学・琉球学」素描は、文字通り素描に過ぎませんが、私の琉球大学英文科時代という早い頃にジョージ・カー氏の英文原著との出会いを経験できたことは、生涯にわたる研究分野についての指針、ガイドとなりました。かつて、カー氏の謦咳《けいがい》に触れたことのある私には、氏の名著を『沖縄：島人《しまんちゅ》の歴史』という完訳の形で完成できたことを直接カー氏にお伝えできなかったことが心残りと言えばいえます。しかし、カー氏と書信を交わし合った早い頃から、氏の英文原著によって、この分野へと進みたいと思うようになったとの私の意志をはっきりとお伝えしてあったことが今では「救い」となっています。

また、私の提唱する「欧文琉球学」をより広い視野の「欧文日本学」へと展開したものが国學院大学に提出した学位論文『英人日本学者　チェンバレンの研究：《欧文日本学より観た再評価》』で、さらに「欧文日本学」理論の今一つの実践例として世に問われたのが、筆者のより新しい『吉田松陰の再発見：異国に眠る残影』(二〇一七年)です。

本書ではまた、特に明治期以降、在日欧米人日本研究者による代表的な論文発表の場となっていました学術誌『日本アジア協会誌』中にみるロバート・スチュワード・スペンサーの「ノロ、琉球の祝女」を初めて完訳の形で収録しました。少々古い論文ではありますが、しかし、著者スペンサーは、かの柳田国男、折口信夫らによる琉球島訪問のわずか数年後にはこのような論文を発表しているだけでなく、すでに伊波普猷や真境名安興らの著書にも親しんでいました。旧琉球王国時代の精神史、宗教史の研究史上、注目すべき一編に違いありません。

「欧文琉球学」の胎動期に現状報告と展望を試みる同学の雄、仲地清さんの手になる長文の解説シリーズを収録できたことも幸いでした。

第二部「異国体験記」には、筆者のエール大学在勤時代に経験した開国秘話二編、そして若年の頃の思い出を記す手記のいくつかを収録しました。

第三部は「時事問題・評論」というダイナミックな世界を扱う分野の常として、例えば「尖閣問題」関係の文章なども、たちまちにして時代遅れとなる悲哀を避け得ません。しかし、「中国側が東シナ海での日本の覇権を挫《くじ》くべく尖閣列島の占取を目的とする短期の局地戦に備えている」と示唆する米国太平洋艦隊情報将官の言明、さらに、米国側の「先制攻撃」というペンタゴン極秘戦略文書の文言をさえ伝える『タイム』誌の報道（本書第三部二「尖閣海域　米中覇権のバランスに亀裂」参照）を一過的なものと解するにはあまりにも問題が大き過ぎます。

とはいえ、そのような尖閣問題などの時事問題を扱う諸論考をまとめてより、何年かを経る二〇一九年の時点でさえ、世情は朝鮮半島を巡る南北融和への動き、米朝会談の実現、そしてまたしても決裂か、と目まぐるしく変転しています。そのような世の動きの渦中にあってこそ、今一度尖閣問題の背景、真相理解への一助ともなればと思います。

第四部「欧文日本学・琉球学研究者の論説と英文原典抄録」は、長年にわたり沖縄問題を国際的視野から取り組んでこられた大先輩、平恒次教授の英文「琉球・沖縄の命運論」をはじめ、平、山口両者によるエッセイ、手記の幾つかを収めました。

最後に西洋思想史をご専門とする傍ら、英文原著を中心に琉球・沖縄関係諸論考の執筆に献身された恩師山下重一國學院名誉教授の霊前に本書を捧げたいと思います。

二〇一九（令和元）年五月

米国、鉄泉庵にて

山口　栄鉄

「欧文日本学・琉球学」総論　目次

第一部　『欧文日本学・琉球学』素描

第二部　異国体験記

第三部　時事問題、随想、読後感、書評

第四部　欧文日琉学研究者の論説と英文原典抄録

第一部

「欧文日本学・琉球学」素描

ペリー以後～新時代の欧文日本学・琉球学

沖縄戦の戦塵いまだ消えやらぬ1945年7月に来沖、初めて目にする三味線と琉球古典音楽に魅せられ、数年後母校ハーバード大学にこの分野における初めての学位論文「琉球古典音楽論」を提出したジャン・ラルー。

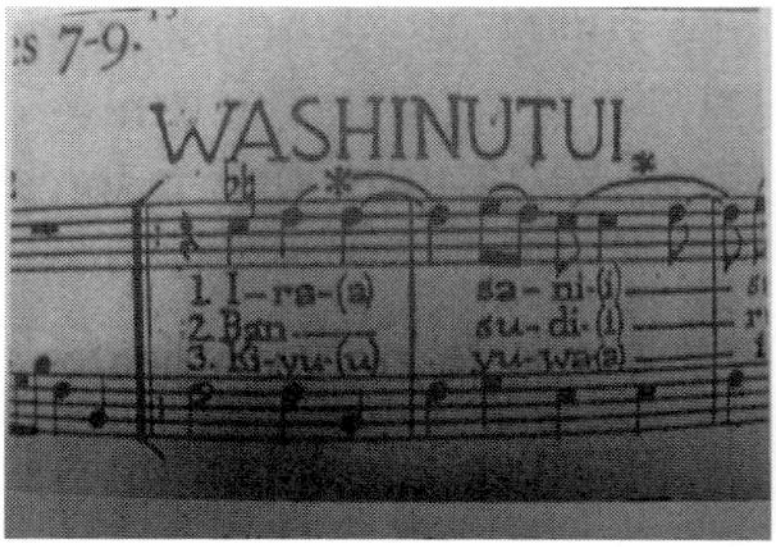

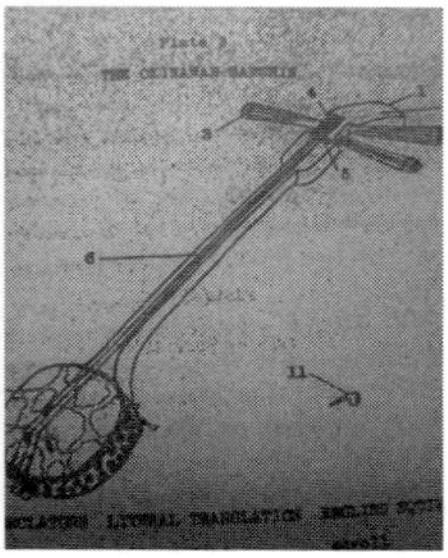

ラルー教授の論文中にみる、音符化された「鷲ぬ鳥(わしぬとうい)」(左)と三味線(琉球三絃)図(右)

戦後1947年から48年にかけて、米軍司令部下の若い米人ジャーナリストによって発行された「デイリー・オキナワン」紙。

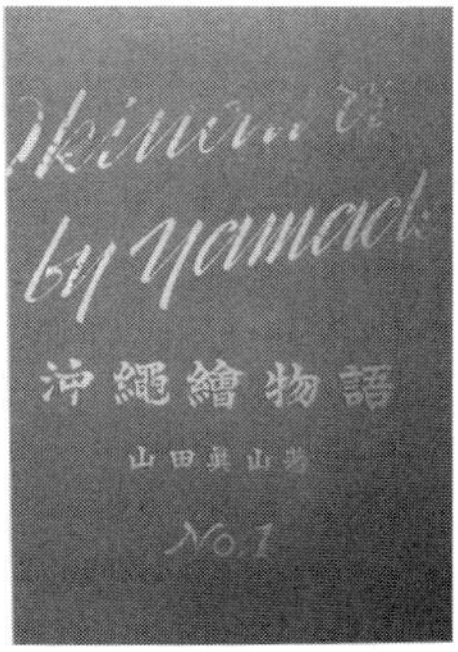

「デイリー・オキナワン」紙に「オキエ」シリーズを描き続けた山田真山画伯の画集。

柳田国男、折口信夫の沖縄来県数年後には、早くも沖縄を訪れ「琉球国のノロ（祝女）」と題する長文の英文論考を発表しているロバート・スチュワード・スペンサーが直接面談を果たした地元ノロ。右は曲玉を首にした正装姿。

戦後、旧都首里に復元された王城史跡碑

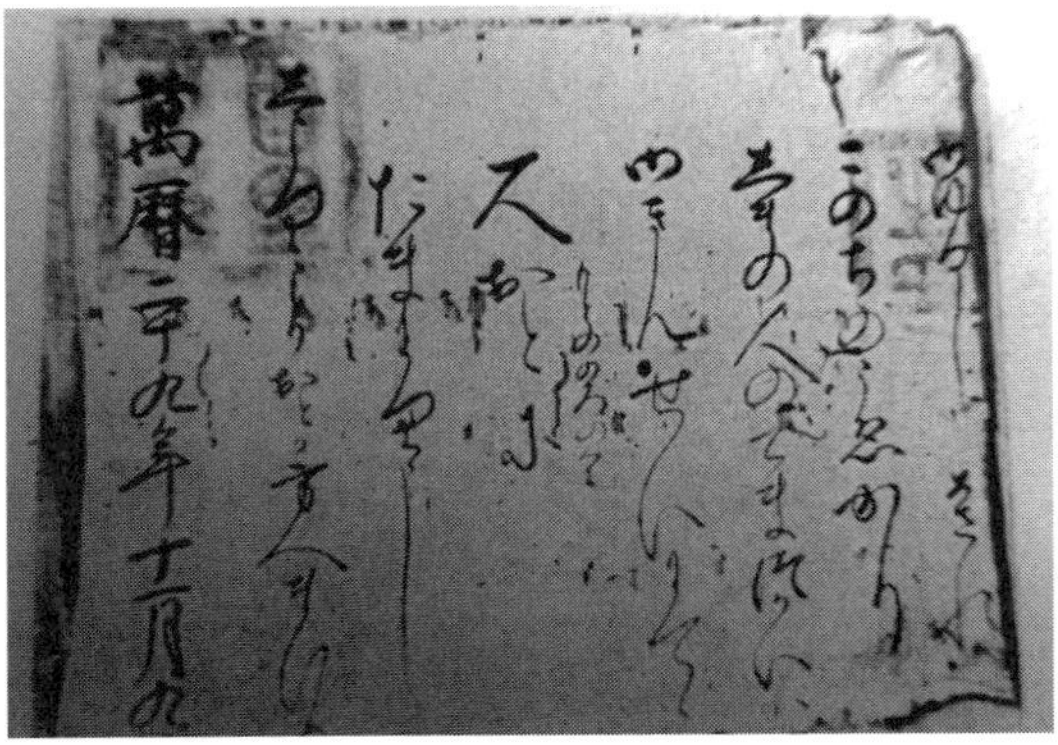
萬暦二十九年十一月九

万暦29年（1601年、薩摩の琉球入り以前！）11月に琉球王府よりノロ家に下された辞令。

一　欧文日本学・琉球学 ─ 理論と実践

理論的背景

筆者の提唱する「欧文日本学・琉球学」構想、パラダイムの概要、実践例については『外国人来琉記』、『琉球弧からの飛翔』、『英宣教医　ベッテルハイム』（共訳）、『琉球おもろ学者　鳥越憲三郎』、『ビジュアル版　大琉球国と海外諸国』、『沖縄：島人の歴史』（訳書）、『英人バジル・ホールと大琉球：来琉二百周年を記念して』、『チェンバレンの琉球・沖縄発見』、『英人日本学者　チェンバレンの研究：〈欧文日本学〉より観た再評価』などの拙著、編訳書において、その概要を示しておいた。特に後者は、琉球学をより広く「欧文日本学」の分野にまで広げた筆者の学位論文であるが、そのような理論および実践例をより広く一般的な読者の前に提示したのが筆者の手になる最近の著作『吉田松陰の再発見：異国に眠る残影』（二〇一七年）である。

近時、すでに長い学術研究、伝統ある国学、漢学をも含む形で提唱されつつある、いわゆる「国際日本学」とは異なり、「欧米人の欧文による日本、琉球研究」という、それなりに長い伝統を有しながら、いまだ高等教育機関における正規のカリキュラムたり得ない現状に鑑み、新たな学術研究分野の確立を模索しつつ提唱される構想である。

提　唱

従来、例えばロドリゲス、シーボルトなど国語学の専門家、あるいは在野の学究の手によって目覚ましい成果を収めつつある「欧人による日本研究」ではありながら、さらにわが国の生み出す厖大な数の外国語研究、外国研究学徒が例えばバイロン、ホーソン、ツルゲネフ、ヘミングウェイ研究と並列するカリキュラムのなかで、ケンペル、ネフスキー、コシケビッチ、ヘボン、ローウェル、グリフィス、ベッテルハイム、ツンベルグ、ホフマン……研究に専念できる新たなレールが敷かれ、正規のカリキュラムとして整えられることであれば、わが国における外国語学科、外国語教育のあり方に革命的な変様をもたらすに違いない。従来、「比較文学・文化」あるいは「洋学、キリシタン語学、蘭学」として知られる分野はいうまでもなく、ともすれば看過されがちな欧人、欧文による自然科学系の日本研究の成果をも包み込む、より広大な視野を有するのが、すなわち、ここでいう「欧文日本学」であり「欧文琉球学」である。

まず今日、英語英文学科、国際文化言語学科、人間科学情報学科など、種々雑多な呼び方で知られるカリキュラム中にみる伝統的な英語、英米文学課程のほかに「英文日本学」の教科課程を設けることを提唱する者である。ここで最も重要な点は、各大学にすでに存する伝統的な英語、英米文学科課程と新たな「英文日本学」課程とが別々に存するのではなく、互いに「並列・共存」する教科課程の創設ということである。詳細については、すぐ後に提示することによって、その趣旨についてのより深い理解が得られることであろう。

その新しい「英文日本学」教科課程の二年次、三年次、四年次で用いられる英文文献は、すべて日本を主題とし、研究課題としているものとする。三年次以降のその教科課程には従来の基礎英語および英語講読の担当教官に当たってもらう。一年次の基礎英会話、英作文、講読は従来の「英語英文学」、「英文日本学」の両教科課程とも例外なく英語を母国語とする教官に担当してもらう。二年次のそれも極力資格のある外人教師に担当してもらう方針で臨む。一年次の基礎英語担当の外人教官には全面的にそのコースを一任し、責任をもって授業に当たってもらう。しかし、その指導、助言には常に三年、四年次担当、または中、上級教科担当の日本人の教官をもってすることが不可決である。

帰国子女、海外における日本研究専攻学院生の積極活用

一年次、そしてできうる限り二年次の基礎英会話、基礎読解も、その担当者には積極的に帰国子女を優先する事が望まれる。その基礎英会話、読解担当の帰国子女の教授上の訓練指導にも中、上級講座担当の日本人教官の存在が不可欠である。一年次、二年次の基礎および中級英会話、読解担当を条件に日本の大学での勉学、教える機会を与えるという方向で欧米、あるいは豪州の大学に呼びかければ、それらの海外諸大学で日本語および日本研究に携わる学部、大学院レベルの学生に最も歓迎されることであろう。海外における日本学発展と深化への副次的、連鎖的効果を生むことは明らかである。

なお、英文日本学課程の教科書、文献録の整備には、英米の大学、あるいは豪州英語圏の諸大学で日本語教育に当たったことのある経験者、あるいは今、英米豪州などにおいて日本語教育、日本研究に従事している教官、専門家の助言を仰ぐべきである。例えば世界最大の規模を有し、ミシガン大学に事務局のある「米国アジア協会」の一支部である「日本語教官連盟」などが最上のガイドとなろう。

さて、ここで欧米、豪州などの海外における日本語教育の華々しい成功の最大の要因が先ず何よりも海外で日本語教育に従事する日本人教官の努力の賜物であることを改めて銘記したい。数ある米国諸大学における日本語の基礎教育といえば、ほぼ例外なく一年次、二年次の、はじめの二年間の基礎講座を指す。

その二年間の日本語基礎講座の担当には、日本語を母国語とする日本人教官をもって充てるというのが、海外の特に米国大学ではほとんど常識化している。豪州その他の日本語講座を有する諸大学でも、おそらくそれに近い状況にあるにちがいない。日本語教育の大成功の何より大きな要因が日本人による日本語教育にある点を今一度強調しておきたい。今日とは時代的、政治的風土を異にしていたとはいえ、かつて朝鮮半島、台湾の地における徹底した国語教育、そしてその大成功の要因を考えてみるだけでも、以上の点は自明のことである。かつて、日本語教育という重責を担って遠く「外地」へと出かけていったのは、いうまでもなく教育ある日本人教師たちであった。

欧文日本学研究への展望

「英語英文」を基本とするこの構想は、「フランス語、仏文学」、「ドイツ語、独文学」、「スペイン語、スペイン文学」、「ロシア語、ロシア文学」……など、既存の欧文教科課程、カリキュラムにも当然のことながら、直ちに拡大適用され得る可能性を秘めている。欧州の人たちの手になる仏文、独文、スペイン語、ロシア語、その他の言語による厖大な日本研究の文献研究を目的とする新教科課程、カリキュラムもまた既存の「仏語、仏文学科」、「独語、独文学科」、「スペイン語、スペイン文学科」、「露語、露文学科」……の教科課程と並列、共存せしめることによって、全く新しい外国語教育の視野が開かれることとなろう。

「英文日本学」に準じて、それぞれ「仏文日本学」、「独文日本学」、「スペイン語日本学」、「露文日本学」・・・とし、これらを一括し「欧文日本学」と呼ぶこととする。

理論的パラダイム

そのような構想をまず提示しよう。

Ⅰ　欧文日本学専攻科（本理論で提唱される新教科課程）
　①英文日本学　②仏文日本学　③独文日本学　④スペイン文日本学
　⑤露文日本学　⑥和蘭文日本学　⑦葡萄牙文日本学　⑧〜文日本学

Ⅱ　外国語・外国文学専攻科（伝統的教科課程）
　①英語・英文学　②仏語・仏文学　③独語・独文学　④スペイン語・スペイン文学
　⑤露語・露文学　⑥和蘭語・文学　⑦葡萄牙語・文学　⑧〜語・文学

欧文日本学専攻課程で扱われる主題が、例えばミットフォード、アーネスト・サトウ、であれば英文日本学、ピエール・ロチであれば仏文日本学、ケンペル、シーボルト、エーデル……は、独文日本学、ネフスキー、ポリバノフ、エリセーエフであれば露文日本学、クルチウスであれば和蘭文日本学、ロドリゲス、フロイスであれば葡萄牙文日本学……というように、それぞれの専攻課程が決まってくる。

欧文日本学専攻課程が日本対象の諸外国語文献資料を扱う能力の養成を究極の目的としていることはいうまでもない。しかし、それ以前にまず各外国語の基礎をしっかり学ばせるという点では、従来の例えば英語英文、仏語仏文学、露語露文学などの外国語、外国文学専攻課程の目指す基礎英語、フランス語、ロシア語……の学習とが、その目的を全く等しくすることはもちろんである。従って、例えば一年次の英語、フランス語、ドイツ語……の基礎講座には従来の外国語専攻の学生と並んで欧文日本学専攻の学生が共存することになろう。そして欧文日本学専攻課程における二年次基礎読解コースでは、例えばヘミングウェイ、ホーソン……と並行し、ラフカディオ・ハーンの『怪談』、『骨董』、あるいはミットフォードの『日本の昔話』よりの珠玉の英文小品などが扱われることとなろう。

ここで、わが国における西洋語、西洋文化との接触、接点の歴史には、すでに触れた「洋学」、「キリシタン語学」、「蘭学」などといった、従来それぞれ独自の分野として歩んできた学術研究の歴史が存することを想起したい。たとえば杉田玄白、蘭語の入門書「蘭学階梯」の編著で知られる大槻玄沢に代表される、いわゆる「洋学」、「蘭学」の歴史、ホフマンに代表される外国人による日本語学習史中興の背景、遠くザビエル、ロドリゲスにまで遡ることのできる「キリシタン語学史」……などが、いずれも「邦人による外国語学習、外国文化受容」の歴史であり、そしてまた「外国人による日本語学習、日本文化受容」の歴史であり、研究分野であって、いずれもわが国と外国との接点という共通の課題を分かち合う研究分野である。それらの分野を一望のもとに整理し、はっきりと規定された教科課程の中で扱わんとの趣意を有するのが、すなわち、わが「欧文日本学」である。

そのような個々の光輝ある学術研究の分野を鳥瞰《ちょうかん》することのできる例えば宮永孝著『日本洋学史』、あるいは杉本つとむ著『西洋人の日本語研究』といった労作に触れ得ることになったのも、ここ十数年来のことである。これらの浩瀚《こうかん》な著作を概観するだけでも江戸幕府の創設を遥かに遡《さかのぼ》る一六世紀初頭のザビエル以降、クラプロート、さらにフィッツマイエル、ヘボン、アストン、チェンバレン……と続く「欧人による日本語、日本文化研究」、そして本邦初の英和辞典編纂史上の珍書『英和対訳袖珍《しゅうちん》辞書』に象徴される「欧米文化摂取受容」の輝かしい歴史の流れに触れることができる。その「日本学史」上のそれぞれの人物一人一人を取りあげ、研究する作業だけでも研究者一人一人の組織的な連携、教科課程のもとにあってはじめて、より大きな成果を挙げ得るにちがいない。

さらに、われわれの眼前には戦後、とくにアメリカの地において活躍する知日派米人学者による厖大な日本研究の成果が蓄積されつつあることを忘れるべきでない。アメリカの大学図書館の東洋部コレクション、東アジアコレクションには、英文でなされた幾百幾千もの日本研究の文献図書が並んでいる。多くの場合、中国研究のそれと肩を並べ、日本と中国がアジア圏最大の規模を誇る研究分野であることが一目瞭然である。これらの英文による日本関係の文献を研究し、理解することは、日本人にとってヘミングウェイやマーク・トウェイン、ワーズワースを理解することと同じくらいか、いや、それ以上に重要なことである。そして日本人がそれらの英文文献を理解するためには、当然のことながら高度の英語力を必要とする。日本には、当然英文を専攻しながらイギリスやアメリカの言語文化を学びつつ、同時に日本関係の英文文献、英文古文書を組織的に、専門的に、長期的に研究できる教科課程、カリキュラムが存してしかるべきである。それらの文献を理解し、評価し、この分野における世界最高の学術専門家、学究になり得るのは、イギリス人でもなくアメリカ人でもなく、日本人であるはずである。従来、ザビエル、ロドリゲス、シーボルトその他の日本研究家の足跡を追い、研究発表してきている日本人の業績には、実に奥深いものがあるとはいえ、そのような業績を発表してきている日本人は、ごく一部の学究に限られている。日本の英語、英文学者が英人アストン、チェンバレンの最上の研究者であるべきはずだが、現今の英文学界では、アーサー・コナン・ドイル、エドガー・アラン・ポーの研究は認められても、チェンバレンの『古事記』研究、アストンの『日本紀』研究、サトウの『祝詞《のりと》』研究が認められる可能性は、いわゆる「比較文学」として知られる、限られた分野においてはともかく、ほとんど無に等しい。大学の英文教科課程でヘボン、グリ

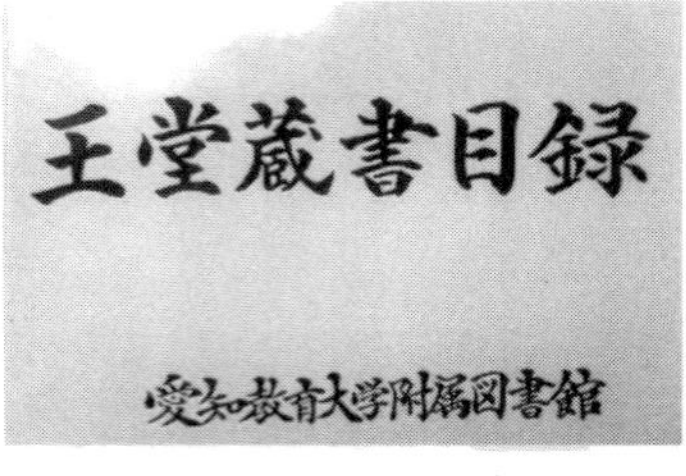

チェンバレン文庫

フィスが卒論のテーマとして許可される可能性は極めて少ない。すでに触れたアストンの『日本紀』、そして『神道論』、『日本文語文典』、チェンバレンの『芭蕉俳諧論』の古典的研究の最高の理解者は、英語英文に通じる日本人の学究であるはずだが、現今の大学制度の外国語教科課程の規定、その狭隘な視野のもとでは、そのようなとてつもなく重要な学術研究分野に若い学生が進める可能性は皆無に等しい。

日本国の国籍取得でますます意気揚々と日本研究に精出すキーン元コロンビア大学教授の手になる多くの日本文学関係著作、英人アーサー・ウェイリーはじめ、戦後のサイデンスステッカーによる英訳『源氏物語』、そしてエール大学で博士課程を終了し、ニューイングランドの大学で後進の日本文学教育に献身するデニス・ワッシュバーン教授の手になる最新の英訳『源氏物語』といった瞠目《どうもく》すべき成果を日本人が知らずにいることほど不幸なこともない。

新渡戸稲造クラスの人物が百年に一人しか出ない日本であってはいけない。新渡戸は、外国に出て日本の精神を学んだ。そして英文により『武士道』を書いた。「英文日本学」そして、より広くは「欧文日本学」という新しい分野の創設を提唱するのは、そのような趣意に基づいてのことである。

二　ジョージ・H・カーの琉球史学
―初期「国際琉球学・欧文琉球学」の最高峰―

はじめに

本書は George H. Kerr の英文原著 *OKINAWA ~ The History of an Island People*（1958、改訂新装版、2000）の出版元、米国チャールズ・タトル社より訳者が翻訳権を得て、その本文の和文完訳を意図するものである。原著は五四二ページに及ぶ労作で全Ⅳ部、十一章、巻末欧文書誌、索引からなるが、内容については目次を一見するだけで容易にその概要が把握できよう。ここでは特に欧文琉球学史上におけるカー史学の特質につき触れておきたい。そのことは、必然的に従来の沖縄地元の学究を含む、わが国の南島史学の専門家による学術成果には見られなかった国際琉球学・欧文琉球学史上の意義、評価に及ぶこととなろう。それはとりもなおさず、戦後著しい発展を遂げつつあるわが琉球史学の分野ではありながら、ともすれば看過されがちであった欧文文献を主眼とする新たな琉球史学の一面を表舞台に投影せしめ、全く新しい国際琉球学、琉球史学の構築、その発展に寄与せんとの試みでもある。

カー欧文書誌の意義

原著巻末には六七ページに及ぶ琉球関係欧文書誌、索引が収められている。特に欧文書誌の部はカー史学の真骨頂ともすべき箇所で、その国際琉球史学上における意義は計り知れない。まず、カーは本訳者があえて「欧文琉球学の父」と呼ぶことにしているバジル・ホール・チェンバレンの「琉球書誌」（一八九六、これは英人チェンバレンが、レオン・パジェス、ヘンリ・コルデイア、フォン・ヴェンクスターン以来の琉球関係欧文書誌を通覧し、特に近世日本国の専門家による琉球関係書目を無視すべきではない、として、チェンバレン自身の探索検証し得た和文文献全五十三項を挙げるもの。詳細については本訳者の『王堂チェンバレン～その琉球研究の記録』、一九七六、を参照のこと）をはじめ、チヤールルズ・レブンウオースの『琉球島』（上海、一九〇五）、独人エドマンド・シーモンの琉球書誌（一九一四）、ロルフ・ビンケンシュタインの沖縄書誌（一九四〇、一九五四）など、欧人琉球研究者の書誌録を概観している。戦中、戦後にかけてのエール大学教授ジョージ・マードック率いる沖縄関係資料文献録（これは今日、エール大学人類学研究所にその影を留める）、J・W・モランが一九四六年に修士論文としてハワイ大学に提出した琉球書誌論、そして最後に挙げるのが一九五三～五四年度にかけて、カリフォルニア大学歴史学科でカー教授の率いる琉球研究セミナーのメンバーによって仕上げられた *Reference List of Books and Articles in English, French* である。その頃カーが打ち込んでいた琉球史研究には比嘉春潮や久手堅憲次らの助力のあったことが窺われる。

＊私の過去、ほぼ半世紀に及ぶ琉球研究の基ともなっているのが、すなわち、このカー原著巻末の欧文書誌である。早い頃の拙著、編訳書、『王堂チェンバレン～その琉球研究の記録』（一九七六）、『異国と琉球』（一九八一、一九九九）、『琉球～異邦典籍と史料』（一九七七）、はじめチェンバレン琉球・琉球語研究の総括書『チェンバレン　日琉語比較文典』（一九七五）、『琉球語の文法と辞典』（二〇〇五）、『英人日本学者　チェンバレンの研究』（二〇一〇）、欧文琉球学の総括・啓蒙書『外国人来琉記』（二〇〇〇）、「琉球王国の崩壊」（二〇〇二）、「大琉球国と海外諸国」（二〇〇八）等、すべてがカー原著の書誌に負う。カー書誌に基づく最新の欧文琉球学

の一大成果が仏人琉球研究者 Patrick Beillevaire の編集になる *Ryukyu Studies: Western Encounter*, Part I, II、全十巻（2000-2002）である。本シリーズによって国際琉球学は全く新たな転機、局面を迎えることとなった。今後の琉球研究学徒にとり、Beillevaire の労作はかけがえのない指針となろう。

カー琉球史学の淵源

戦後数年を経る一九五一年、米国政府の統治下にある極東地域復興、特に学術振興を目指す一大プロジェクトが発足する。米国陸軍省の支援のもとに Pacific Science Board of the National Research Council が組織化され、SIRIシリーズとして知られる一連の琉球研究モノグラフが出版される。翌一九五二年に、時の沖縄列島米国民政府民政部長ジェイムス・ルイス准将から Pacific Science Board に対し、科学研究を主目的とする研究成果のほかに、琉球史の概要をまとめた補助教材資料の編纂に当たるべしとの一大司令が下される。カー氏は原著巻頭にて「……琉球列島の施政にあたって、当時ルイス准将は、連日のように直面する諸問題の理解と解決にはおそらくそのような教材が欠かせない、と信ずるに至っていた」と述べている。そして Pacific Science Board の主要メンバーであったハロルド・クーリッジ及びジョージ・マードック両博士の勧めにより、そのような作業に当たるべしとするルイス准将の司令がジョージ・カー氏のもとに届いたのだった。

わずか一年後の一九五三年、カー氏は Pacific Science Board の元に全二四〇枚よりなるタイプ稿本 *Ryukyu: Kingdom and Province before 1945* を提出、それはその後まもなくにして本プロジェクトの立役者ルイス准将の元に届けられる。准将の死の直前のことだった。三年後の一九五六年に、米国民政府よりその和訳版が出版される。これが、すなわち今日識者の間で「赤表紙本」として知られる『琉球の歴

カーの「赤表紙本」の和訳本

史』である。原著者カー氏の手を離れたタイプ草稿版が、当時那覇在のDirector of Civil Information and Educationの監督下に琉球大学関係者、民政府職員数名を動員する和訳プロジェクトとして進められ、その結果として出来上がったのが、その赤表紙本である。和訳担当メンバーが比嘉春潮氏より教示、アドバイスに与ったことが巻末の「訳者あとがき」によって知られる。後年、そのタイプ稿を大きく改訂増補し、全く新しい形で米国のチャールス・タトル社より出版されるのが、全五四二ページに及ぶ本訳書の原著 *Okinawa ~ the History of an Island People*（初版、一九五八）である。このタトル社版でカー氏は「赤表紙本」の訳述作業の経過につき触れ「Pacific Science Board当局や私の世話になった日本本土、沖縄の学者、知人（そして私自身）への相談なしに進められた」と記している(Acknowledgments, xiv)。

＊

＊その頃、旧首里王城跡に設立された琉球大学英文科在学中の私は、キャンパスのいたる所に置かれていたその無料配布の「赤表紙本」、そして中山盛茂教授の講座「琉球史」で、この分野への洗礼を受け、開眼された。その頃、琉球史辞典の編纂に取り組んでいた中山教授がその何百枚ものカードを手元に熱弁を振るわれる名講義に魅せられた記憶は今なお脳裏に新しい。その後たまたまスタンフォード大学のアジア語学科に教職の場を得た私が、その赤表紙本に「海邦養秀」と題する序言を寄せる同大政治学教授ジェイムス・ワトキンズ四世の教官室を訪れたのも、思えばその赤表紙本の存在が契機となっていた。同大学キャンパスではまた、当時壮年の意気に溢れるジョージ・カー教授の謦咳に触れ得、その後、琉球関係欧文資料につき書信でうるさく問いただす私に快く答えて下さったカー氏の学恩をここに記すことのできるのを心から嬉しく思う。二度目の渡米でス

タンフォード大のキャンパスに到着するや、二日目に足を運んだのが中央図書館、その目的は夢にまでみていたバジル・ホールの『大琉球島・朝鮮航海探検記』原著との対面を果すことだった。かつての須藤利一、そしてまた近年は春名徹によるバジル・ホール琉球記研究と訳業などによって、今やキャプテン・ホールの名は南島琉球圏の人々の間では知らぬ者のないほどである。また二〇一二年に結成されたバジル・ホール研究会、バジル・ホール記念事業期成会の発足が注目される。期成会の一員によって、二百年近く前にロンドンで発刊されたその有名な『大琉球島・朝鮮航海記』の版元、ジョン・マレー社が二十世紀後半、マレー四世の代に買収されたものの、今日なお Hockler Headline 社の一部門として健在であるとの情報が寄せられてもいる。

国際琉球学・欧文琉球学への礎石

「……琉球学が真に飛躍的な進展をみせるためには、和・漢・洋に通じる知識の集積をもって初めて可能であると言えましょう」～早い頃の著作『異国と琉球』の巻末で、私はそのような感慨を吐露したことがある。特に「洋に通じる琉球研究分野」の開拓発展に一大展望をもたらしてくれたのがカー原著だった。そのような新分野、私の言う、いわゆる欧文琉球学にメスを加える原著者カーの面目躍如たる部分のいくつかに目を向けてみよう。

まず、カーの「ノロ文化」、「ノロ制度」という琉球の精神文化史の理解に欠かすことのできない分野への目配りを忘れることができない。カーのノロ制度の理解に役立ったのは、Robert Steward Spencer の手になる論文一篇 "The Noro, or Priestesses of Loo Choo," *TASJ*, 2nd ser.8, 1931, pp. 94-114, だった。この論文発表の舞台となっているのは、明治期以来欧米人の日本研究者に研究発表の場を提供し続けている日本アジア協会の学術専門誌 *Transactions of the Asiatic Society of Japan* である。昭和初期の発表になるこの論文の著者スペンサーは伊波普猷、真境名安興、島袋源一郎らによって始められ、その後まもなくにして廃刊の憂き目をみたと言われる『南島研究』誌の息吹に触れ、あるいはまた特に直接指導を受けた島袋源一郎より勧められるままに袋中上人の『琉球神道記』や羽地朝秀の『中山正鑑』、あるいは『球陽』をひもといては、それらの書の説く琉球開闢説に目を通したりしている。その頃「おもろ双子」（スペンサーの表記のまま）と取り組んでいた伊波より聞き及んだのであろうか、「聞得大君」と尚真王以来の新たな「ノロ」制度、その伝統を調べ、真境名安興の『沖縄一千年史』に引用される『中山世譜』に当たっては、その背景を究めんとの意欲を示したりしている。こうして昭和初期の欧人琉球研究者の知識がそのままカーによって吸収咀嚼され、その知識はまたカー原著の和訳版の形で今日の琉球文化圏の読者諸氏に伝えられることとなった。

＊スペンサーの英文原著論文は「青い目のノロ（祝女）研究者」として本書に収録。

和漢の文献を中心とする従来の琉球史学に新たな息吹をもたらすのが、カー史学によって開拓解明されつつある東アジア圏、特に旧王国時代の琉球国と欧米諸国との関係、交流史の分野である。この領域におけるカー原著の貢献、意義は計り知れない。そのことを最も鮮明な形で反映しているのが、すでに触れたカー原著巻末の欧文文献書誌であり、また本書の第三部六である。

戦前まで沖縄に残っていたという一四二五年という年号の刻まれる古文書によって古代史上の傑出した人物、かの第一尚氏の基を開いた尚巴志の人物像に迫り、貿易船を以って万国の津梁としつつ琉球国を統一し、至宝に満ちる王国の富を築いた時代をカーは、その頃ヨーロッパ各地に勃興しつつあった「都市国家」に比し、「中山」が、かのイタリアはジェノヴァの富、ヴェニスの美、そしてポルトガルのリスボンの力にまでは及ばなかったものの、経済成長のパターンは基本的には、ほぼ同様の経過を辿っていた、としている。今少しカーの声に耳を傾けてみよう。

「……沖縄において半世紀近くも存在感を示した尚巴志が、かのポルトガルの航海王ヘンリー王子と同時代の人物だったことは興味深い。両人とも自国の貧しさと国土の狭隘さを克服すべく海外に進出、商業活動の改善と伸張とに献身したのだった。ヘンリー王子は文芸復興期の発展に活路を見出す一方、ポルトガル人自身はまた、宣教活動への情熱に燃えていた。闘争好きなポルトガル人は、キリストの名のもとに極悪非道をもあえて正当化せんとの勢いにあった。尚巴志の背景にはルネッサンスにおけるような知的な力といったものはなかったとはいえ、明朝廷の、かの永続性に欠けてはいた海外進出の機運に刺激されたことではあろう。沖縄人には、しかし、己れの信念を広げるのに城や町を焼き、剣を振りかざすといった狂信者はいなかった。彼らは口論を好まなかった。兵力動員や武器の準備調達にかける力などなく、戦《いくさ》の余裕などなかった。このような弱者としての立場から、彼らが好むと好まざるとにかかわらず学んでいったのが、優和順応の精神だった」(第三章、一)。

以上のような陳述は、かつてどのような史家の著述の中においても聞かれなかった。国際的視野、知見を備えた人物にして初めてなし得ることである。そのような数あるカーの言葉に接するたびにわたしは、国際琉球学がようやくにして「国際」の名に恥じないレベルにまで達した、との感を深くしたものである。優和順応の精神、広く知られる「ユイマール精神」、「善隣国交」にかける島人の生き方、その精神の機微をカーがよく理解し、西洋勢、大和の「力・武」に対するに「和」の精神を以って対していた沖縄の人たちの心意気を温かい眼差しで描ききっていることを読者は文中のここかしこに見出すことだろう。＊

＊軍政府・民政府時代の「赤表紙本」の洗礼に浴している私は当初、その赤表紙本、そして後のタトル社本と対

面するたびに、ある種の「偏見」を払拭することができないでいた。私自身を含め、今日なお識者の間にさえ、ある種の偏見を抱く人たちの存することを知っている私は、しかし、カー原著を一語一語、一句一句たどりながら訳業を終えた今、その「偏見」がいかにも「偏見」に過ぎなかったことに気づき、いささか複雑な思いというか「安堵」に近い心情を味わっている。それが私の新たな、違った意味での「偏見」なのかどうか、そのことを正しく判定し得るのが、また本書を精読吟味する読者であることを確信できること、それは私には、ことのほか嬉しいことである。

進貢・接貢・冊封

この分野でもまた、国際交流史上における琉球国の存在、その理解に欠かせない文献、知的財産の多くが十九世紀から二十世紀の中葉に至るまでの欧米には残されている。カーがそれらを縦横に駆使し、吸収咀嚼《そしゃく》し、本書に採りいれていることは、丹念に読み解く読者には明かなことである。

十四世紀末は朱元璋のころ、すなわち明の太祖洪武帝の治世のころに淵源を有し、以後五〇〇年もの間、中華の帝国との間に友好の絆を築いてきた王国史の背景、その究明にカーの典拠とするのが論文：J. F. Fairbank and S.Y. Têng: "On the Ch'ing Tributary System" (1941) である。当時のハーバード大学における中国史の権威、フェアバンク及びデン両教授の手になる実に百十ページを超える労作で、同大エンチング中国研究所の紀要『ハーバード・アジア研究』誌に発表されたものである。明・清両王朝にはあくまでも「夷国」に過ぎなかった琉球王国との関係につき、カーは「……琉球がはじめて名目上の進貢関係を結んだのが一三七二年、次の年には朝鮮、安南、チャンパが記録されている。これらの国々のうち、その後幾世紀にもわたり、引き続き関係を維持したのは、琉球と朝鮮だけである」と述べている（第二章、二)。因みに、今私の手元にある同論文中、清朝初期は聖祖皇帝の康熙元年以降二世紀間、すなわち一六六二年より一八六〇年(文宗)までの進貢回数を見るに、最も朝貢回数の多い朝鮮に次ぐ琉球国が一一五回、この数字は琉球に続く安南、シャム、ビルマ、ラオス等に比し、格段に多い回数を反映している。

冊封琉球使関係史料の存在にも早くから幾人かの欧人学者が注目していた。まずペリー提督の主席通訳官として来琉したサムエル・ウィリアムズの著作が想起されよう。カー原著巻末の欧文書誌中、ウィリアムズの項目には冊封関係を含む中琉関係の論文五件が挙げられている。ペリーと共に琉球国の土を踏む十六年も前にモリソン号搭乗の一員として琉球を訪れているウィリアムズは、その時の経験をペリー随行録、モリソン号航海記の形で記録に留めている。

ウィリアムズは冊封使録三件を取り上げている。そのうちカーがまず徐葆光の『中山伝信録』(一七二二)に目を向けるのは、当然のことながら、この書が十八世紀中葉において、早くも西欧に琉球国の政治社会習俗の様相を伝える契機となっているからである。中国駐留の仏人宣教師ゴビールの手になる伝信録の仏語による要約版が西洋に伝えられたのは一七五二年のことだった。その後、十九世紀を迎え、かのキャプテン・バジル・ホールや、ホールの同僚マクロード医師をはじめ、華々しく展開する異国船来航期に琉球の地を踏み、航海録を発表する欧人識者の必ず参照する文献の一つとなっていた。カーは、その他、ウィリアムズの取り上げる冊封使李鼎元の『使琉球記』(一八〇二)のほかにも周煌の『琉球国志略』(一七五九)に説き及んでいる。

思うに、近時琉球国の歴史に特別な思いをよせる、例えば原田禹雄医師の手によって冊封琉球使録の数々が現代語訳、注釈の形で発表される時代を迎え、ひと頃とはまさに隔世の感がある。この「和漢琉球学」の分野でも飛躍的な進展を見せつつある今を生きる私たちにはこれほどの幸せもない。ただ私どもは、すでにこの分野においても先人欧人学者による業績の存在することを銘記すべきであり、またそのことを我々に伝えてくれるのがカー原著である。

先島の伝承・説話

薩摩の琉球侵攻以前の琉球国の諸相を語るカーが特に取り上げるのが第三章四項の「沖縄と先島諸島〜宮古、八重山、奄美大島」である。そこにみる説話の数々、その豊富な情報、内容に接する私は、カー原著の字句を追いながら、一々驚きを隠せないでいた。この分野に疎い私は、かの『宮古史伝』（慶世村恒任著）に接した時の驚き、いやそれ以上の感動を覚えずにはいられなかった。一九五二年五月に沖縄民政府の先島施政官チームより提供された原稿綴りがカー原著の記述の基であったという。

蔡温の『林政八書』

そのようなカー独特の研究方法、ユニークな手法はまた、かつての宰相具志頭親方蔡温の林業政策を語るカーの言辞にもみられる。ここでも蔡温翁の『林政八書』が一九五二年代に琉球列島民政府森林管理課によって翻訳刊行され、海外にまで配布され、「森林保護の歴史上、絶賛に値する」と言われる英文資料をカーは縦横に駆使し自著に採り入れている（第五章、四）。因みにこの『林政八書』とは蔡温の森林育成及び保護策を網羅するもので、一七三七年より一七五一年までに発令された一連の指令文書集成である。「置県後発行されたもので、林政上極めて重要なものである」といわれる（『琉球史辞典』）。

厳しいベッテルハイム観

本書を精読する読者は、著者カーの異常に厳しいベッテルハイム観に衝撃を受けることだろう。本訳者自身、ベッテルハイム研究で学位を得られた照屋善彦教授の論文 Bernard J. Bettelheim and Okinawa: A Study of the First Protestant Missionary to the Island Kingdom, 1846-1854 (1969) に早くから接し、その論文の和文完訳プロジェクトに携わった経験を有することでもあり、著者照屋教授の穏健、前向きなベッテルハイム観との対比に少なからず混迷の感を深くせざるを得なかった記憶を有する。＊

＊和訳版については照屋善彦著、山口栄鉄・新川右好訳『英宣教医ベッテルハイム～琉球伝道の九年間』（二〇〇四）を参照。

ただ、我々はカーが自己のベッテルハイム観を書き留めるに際し、でき得る限り公平な立場を堅持しようと努めている点を忘れるべきではない。カーの声に耳を傾けてみよう。「……沖縄でのベッテルハイムの活動に関するエピソードの数々の真相に迫り、少なくとも整合性のある公平な評価に至ることとする原資料には四種が存する。その第一は、厖大な量に上る彼自身の日誌、書簡群である。第二に、彼のミッション本部宛報告（そしてそれをクリフォードが要約したもの）、第三に、沖縄で直接ベッテルハイムに会い、その行動を観察した人たちによる日誌、書簡、公文書、そして最後に地元沖縄当局がベッテルハイム問題という難題と取り組んだ経緯を記す記録や書簡がそれである」（第六章、九）。カーがこれら四群の史料に配慮し、「公平な評価」を目指しつつベッテルハイム観を展開していることは言うまでもない。カーのそのような試みがどの程度の成功を収めているのか、少なくともそのような判定をなし得るのは、これまでのところカーの投げかける厖大な史料群の検討という至難な作業をこなし得る数少ない専門家に限られていた。

二十一世紀に生きる我々の眼前には、しかし、今や新たな時代が展開されつつある。まず第一に英人アントニー・ジェンキンズ教授の血のにじむような努力の結晶ともすべき *Journal and official Correspondence of Bernard Jean Bettelheim, 1845-54*, Part I(1845-51), 2005, Part II(1852-54), 2012, が世に知られるようになったことである。二〇一八年現在、沖縄県教育庁文化財課史料編集班によって、その英文原典二巻本の和訳プロジェクトが進行中である。和訳版完成の暁には、一般読者にも、より直接的な形で己れのベッテルハイム観の形成に近づける手がかりが与えられることとなろう。ちなみに、カーの言う資料群第四項の「地元琉球側の資料」については、例えば「沖縄県史料〜ベッテルハイム関係記録」前近代四（一九八五）などがすでに存する。

とはいえ、今こうしてカー原著和訳版はしがき、緒言、を綴る私は、もう何十年も前、カー教授の私宛私信にて「彼は悪漢だった」と衝撃的な言葉を投げかけられた記憶を未だに払拭しきれずにいることを告白せざるを得ない。その記憶は、後年、あるいは照屋教授の「ベッテルハイム論」に接し、またカー自身も注目している例えば **Earl Bull** 師の一連のベッテルハイム伝によって、べ師の聖書琉球語訳への取り組み、西洋医学の導入といった貴重な貢献のあることを知るようになった今日といえども、私の脳裏に一抹の影を落としている。そのような私のべ師に寄せる私情が、果たして「偏見」に過ぎないものなのかどうか、その判断は読者諸士にゆだねることとしよう。

ペッテルハイム琉球滞在中の1851年、沖縄摩文仁の海岸に来着したジョン万次郎の記念碑。薩摩琉球在番側では極力万次郎を隔離し、ペッテルハイムと会わせないようにしている。

崎原貢教授のカー原著改訂

カー原著改訂版がでたのは二〇〇〇年のことだった。新たな装丁をもって刊行された改訂版には巻末に歴史家崎原貢教授による三一ページにわたる「あとがき」が付されている。その冒頭に改訂者崎原は原著者カーにつき次のように述べている。「カーは、常に弱者や虐げられた者の味方だった。ただ、悪を正さんとの意気に溢れるあまり、時として公平さを欠いたところのあったことは否めない」。そのような崎原のコメントは、今しがた検討したカーのベッテルハイム観、あるいは、またカーの薩州琉球侵攻論（少なくとも崎原の目には）にもあてはまるところがあろう。しかし、それ以上にカー氏が、あくまでも沖縄の民、島人《しまんちゅ》の友人であり、味方であったことを示唆するものと解したい。

その「あとがき」は Part A「前近代の沖縄」、Part B「一九四五年以降の沖縄」、Part C「第四章の改訂」、Part D「原著の正誤表」の四項からなる。崎原教授の英文、その内容の理解には、カーのそれに比し、より難渋を極めたのであるが、私の理解できる範囲内で、教授の論点を要約してみよう。

まず Part A においては「武器排除について」と題し、以下の論議がなされる。第三章三の「尚真の治政～中山の最盛期」の特に尚真王の功業に触れるところで、カーが「尚真の治世三〇年目に、その功績を記念すべく王府の構内に碑が建てられた」としている典拠を「百浦添欄干の銘」なりと訂正、いや新たな情報として提示している。全十一項目からなるその銘文の第四項をカーが「武器の私有が禁じられた」としている点を、伊波普猷のかつての論考「古琉球の武備を考察して、空手の発展に及ぶ」（『伊波普猷選集』上巻）に求め、さらに、伊波が『琉球古今記』で、薩摩の琉球入り以降、武備の減少に反比例し、空手道が発達した」としていることなどに影響されたものであろうとしている。伊波（そしてカー）による上記銘文第四項の解釈が重大な誤りであること、それは仲原善忠が「琉球王国の性格と武器」（『仲原善忠選集』二）と題する論考で指摘していることで、銘文の正しい解釈は「……専ら刀剣弓矢を積み以て護国の利器となす。此邦の財用、武器他国の及ばざる所なり」（『琉球史辞典』）とすべきである、としている。さらにカーが「王府はまず按司（崎原は「petty lords」と訳している）が個人的に武器を所有する事を禁じた。次にそのような武器はすべて王府に差し出し、王府直轄の役人の監督下に貯蔵所に納めることにした」との陳述が何らの典拠もなしになされており、この武器を持たず、平和を愛する王国の民の物語をいかにも信憑性のあるものの如く強調せんものとカーが持ち出すのが、かのナポレオンを驚かせたという武器なき民の物語である、と崎原はいう。非武装国琉球の真相が、必ずしもさに非ずと論議しているかのような崎原は、すぐその後で「琉球の支配層は血のつながりによってその地位が保たれているのであって、同時代の日本国の武士階級のように武力をその背景としているのではない」と述べたりしている。

「鵜飼の鵜」論対「共生共存」論

カーは薩州島津の琉球入りの意義を要約するに伊波の「鵜飼の鵜」論議を引き次のように述べている。「我が沖縄人は長良川の鵜飼に供される鵜《う》の如きもの、魚を捕獲することを許されても、飲み込む事は許されない、といみじくもこのようにいったのは沖縄の学究伊波普猷である」（第四章、七）。このような悲壮的、否定的な見方に反し、崎原は一六〇九年以降、一八七九年に至るまでの薩摩と琉球との関係を規定するに、そのような一方的な論議は必ずしも真ならず、として **"Overall, the Ryukyu-Satsuma relationship during the Tokugawa period can be roughly described as symbiotic"**（下線、山口）と裁断している。「共生共存」論とでもすることができようか。言葉は悪いが、崎原の見方は「お互いさま、相互扶助の関係だった」としている、としてもそれほど大きな的外れではないと思う。崎原がカー原著改訂版の巻末で僅か三ページ半の論議を展開していることの正否、その判断はむしろ専門家の裁定に待つべき領域のように思う。ここでは、ただ、崎原の結論の一部を以下に掲げ、そのような専門家や一般読者の考察に資したいと思う。

"Ryukyu probably gained much more than it appeared to on the surface. Because Satsuma ruled indirectly through the indigenous government, the Ryukyu government system was stabilized and even strengthened, because it was in the interest of Satsuma. On the eve of the war of 1609, Ryukyu Sho dynasty was in decline, yet it continued until 1879, thanks largely to Satsuma's support of the status quo. It even enjoyed a modest prosperity. Two outstanding statesmen, Sho Jo-ken and Sai On, clearly attested to this fact"(Part A. 末尾).

崎原改訂部 Part C はカー原著の第四章、琉球王国独立の喪失前後（一五七三〜一六〇九）に注目する。冒頭にてこの部分の改訂作業に関し崎原は次のように述べる。「カー原著以降の研究成果に照らし、新たな情報を提供し、その上原著にみる陳述をより明確にし、訂正し、あるいはそれに追加することを目的とする」。全十一章からなるカー原著の特に第四章を取り上げているのは、この部分が薩州の琉球侵攻と、それ以前、以後の琉球王国の命運という琉球史上の一大椿事を扱う箇所であること、そして崎原教授の最も得意とする専門分野であるからに違いない。以下は崎原によるその訂正、改訂、追加事項の要約である。

一・甘藷の導入は一六〇六年ではなく、一六〇五年というのが最近の知見。

二・一六〇〇年の関ヶ原の戦い以降、外様大名のうち、反徳川勢に与した者は、直ちにお家つぶしの憂き目をみた。徳川に与した大名といえども、家康にとり危険な存在と見られた者は、その後数十年の間に色々の理由で取り潰しに合っている。

三．一六〇〇年より一六〇九年に至るまでの外様大名としての薩摩藩の存在、その勢力には依然として侮りがたいものがあった。藩主の座を放棄し、剃髪して仏道に入った島津義弘だったが、ついに徳川へ礼を尽くす江戸巡礼の儀を拒否し続け、果たさなかった。全面的に徳川に屈し、礼を尽くすべく江戸に赴いたのはその嗣子家久の代になってからだった。十六代守護職島津義久の琉球国王尚寧宛国書(『琉球薩摩往復文書案』(一六二〇年頃の編になる)を引き、崎原は次のコメントを付す。「琉球国を侵略したのは薩摩の兵だったが、彼らをそのような行動に走らせたのは将軍の圧力によるものだった」。

四．薩摩琉球制覇軍の総指揮官樺山の腹心本田親政の手に王国の行政がゆだねられて以後の琉球国検地の結果としてカーの記す石高の詳細、データを訂正。

五．将軍の地位を授けられるのは古来源氏と平氏の血筋を受け継ぐ者のみである。その両家のうち最も輝かしい伝統を誇るのが源氏であり、徳川と島津家がまず源氏とのつながりがあると言われる。鎌倉将軍家の基礎を築いた源氏の血を受け継ぐのが琉球の尚家であってみれば、国王尚寧を粗末に扱うこと、それは、すなわち徳川、島津両家の品位を落とすことに他ならない。琉球国の国王の存在、それが島津家にとって、かけがえのない名誉な事であったことを島津は十分に認識していた。

六．琉球国王そして重臣による「永劫の誓い」は、琉球国を日本国徳川支配の現状、レベルに適合せしめる企てに他ならなかった。その意図することが仮にも薩摩の独占支配という面から解されるとすれば、そのことには何ら新奇な点はない。外国貿易が富の蓄積につながり、したがってそれが武力の増長と戦への淵源であってみれば、徳川の裁可を得ぬ外国貿易を規制しようとの挙にでるのは当然のことだった。

七．薩摩に拘留された形だった王府の重臣の一人、国頭按司が、釈放後も薩摩に居残り薩軍の指揮官としての地位を与えられていた事実ほど薩州、琉球関係が「共生共存」であった事実を象徴するものもない。

八．尚寧以後の王国を「独立のフィクション、幻想上の独立」とする見解に対しては、最近の学界から以下のような異なった解釈が提唱されている。「半自治体、半独立体制」、それは、いずれの大名の領地においても等しく享受されていたことである。史上に名高い琉球国の東南アジアとの通商貿易は、一六〇九年以前、二世紀をさかのぼる頃には、すでに絶えて久しかった。琉球国の存続を可能にしていたのは、中国と日本国との中継貿易地としての存在だった。島津の傘下にあって、徳川とのつながりを維持すること、それは琉球にとっては、まさに死活問題だった。

Part D はカー原著にみる綴りの誤り、最近の研究成果よりみた陳述、事実、データの誤りなどの訂正箇所を示し、「正誤表」の役割を果たしている。ただ、本訳書の目的はカー原著の内容、陳述、そのものを忠実に反映、再現させることなので、次のようにカー原著の陳述に引き続き崎原の訂正箇所を同時に示してある：例えば第一章、一、の小見出し「三つのルート」の部にみる訂正箇所で崎原がカー原文の『「白人系」を削除』としているとしているところでも、カー原文の「白人系」をまず留めた上で、崎原の指示内容を明記してある（カー原著：「白人系」、崎原訂正：「白人系」を削除）のように。他はほとんどが綴りの訂正で、崎原が英文原著に訂正の必要ありとして提示している改訂文の総量は二ページ分にも満たない。これは逆に、カー原著の陳述、データが元々いかに厳密になされていたのかを反映する結果ともなっている。

今後の課題

早くから沖縄県公文書館参与としてカー文書の整理、目録作成に携わってきたアントニー・ジェンキンズ教授は「ジョージ・H・カー：目録作成に関する問題」と題する英文論考（『沖縄県公文書館研究紀要』第三号、二〇〇一年、三月）の冒頭において「ジョージ・H・カー（一九一一〜九二）は、沖縄の歴史に関する英語圏の著作者としての第一人者であり、今日でもその地位は不動である」（和訳文は嶺井優香）と述べている。その後、十年の歳月を経てジェンキンズ教授が世に問うのが *A CATALOGUE OF THE G. H. KERR PAPERS,* Okinawa Prefectural Archives,（２０１１）一篇である。ジェンキンズ教授の労作、そして今回のカー原著和訳版の出版を以て、今後のカー研究の基礎史料がほぼ整ったとしてよい。この分野でもまた「欧文琉球学・国際琉球学」を目指す今後の学究には、いまだ埋もれたままの琉球関係原資料探索への道しるべ、一里塚が示されたのであり、知的研鑽という苦しいながらも実り多い旅路への限りない裾野が広がりつつあることを付言しておきたい。

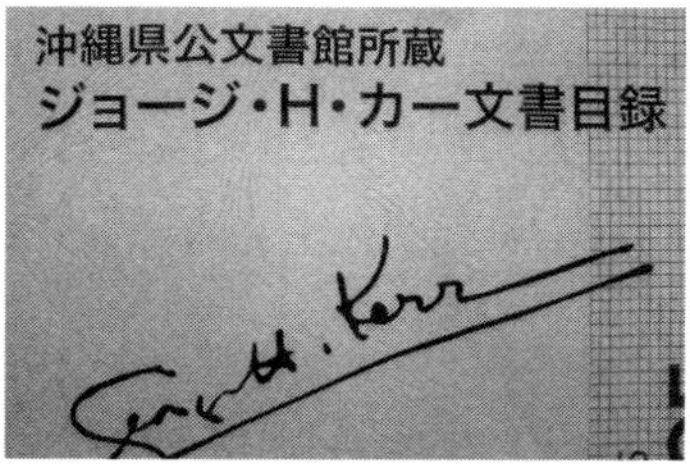

トニー・ジェンキンズ教授によるカタログ

＊＊＊＊＊＊＊＊＊＊＊＊＊＊＊＊

『沖縄〜島人《しまんちゅ》の歴史』の著者カーは、英文原著冒頭の「はしがき〜沖縄、米国、現今の歴史」で次のように述べている。

「……一八一六年、再び西洋列強が南から日本国に迫りつつある頃、かのナポレオンは英海軍士官キャプテン・バジル・ホールと沖縄の歴史について語り合っている。そして、そのような平和志向の国が永続し、生き残るはずがない、と言い切っている。後年、そのホールの令孫が『琉球の人々の最も顕著な民族的特性、それは身体的なものではなく、道徳面でのそれである。善良な気だてと上品な物腰、控え目で従順なその気質、客に手厚く親切であること、そして暴力や犯罪に対しては、それを潔しとしないことである』と書き残している」。

そのキャプテン・ホールの「令孫」が明治初期から中期にかけて琉球・琉球語研究に献身した東京帝大博言学科教授バジル・ホール・チェンバレンであることは言うまでもない。キャプテン・ホールの頃より二世代を経て、その血縁者が琉球・沖縄に暖かい眼差しを注ぎ、またその後二世代を経る第二次大戦終結前後にかけ、米国カリフォルニア大学バークレー校歴史学科、スタンフォード大学フーバー研究所所属の学究ジョージ・カーが沖縄史と取り組んでいる。その頃のジョージ・カーの背景には、かつての「ナポレオン的軍事至上主義志向」の米国軍人の影が重くのしかかっていた。そのような人物の多くが例えばエール大学のジョージ・マードック教授やスタンフォード大学のジェイムス・ワトキンズ四世教授ら戦中戦後の沖縄施政方針の確立に直接携わった人たちだった。ただ、そのマードックやワトキンズらが、一九四五年前後には軍服に身を包んでいたとはいえ、彼らは、軍人である前にまず何よりも片や人類学、片や政治学といった、それぞれの分野における一流の学究だった。そのような人物の影響下、保護、理解、指導、アドバイスのもとに壮年期の学究カーが沖縄研究に専心していたこと、これは沖縄の人たち、「島人《しまんちゅ》」にとって、とてつもなく幸いなことだった、とせねばならない。今日、日米を問わず、軍事志向の人たちの間に時として見受けられ、本人の品位を疑わせかねない言動に接する時勢にあってなお、そのような影がカーの著書にはひとかけらも見られないこと、いや、むしろ島人の誇りともなろう、史実の多くが語られていること、それは、訳者の私には、最も大きな「快い驚き」の一つだった。その秘密がまた何よりも「軍服に身を包む多くの学究」以外にも、例えば与那国善三、島袋全発、東恩納寛惇、仲原善忠、吉田嗣延、源武雄、比嘉春潮、川平朝申……ら多くの在京、沖縄地元知識人らの影が、カーの背景にあったこと、そのことを読者に伝え得るのを幸いに思う。＊

＊筆者の手になるジョージ・H・カーの英文原著和文完訳書『沖縄～島人（しまんちゅ）の歴史』巻末「訳者あとがき」に代えて。同趣旨を記す『沖縄文化研究』四〇号（法政大学沖縄文化研究所、二〇一四年）より

注記：　以下は、ジョージ・H・カーの原著本邦初訳本の刊行直後に『琉球新報』二〇一四年五月二二日、に寄せられた照屋善彦琉球大学名誉教授（歴史学）による紹介文である。

ジョージ・カー著、山口栄鉄訳『沖縄　島人の歴史』刊行に寄せて

照屋善彦

待望の好著の完訳が実現した。アメリカの歴史家カー氏の原本は半世紀前（一九五八年）に出版され、英語圏内で沖縄に関する学術的に最良の通史として、高い評価を受けて今日に至っている。県民の中でも同書を知る複数の者がその内容に感銘を受け、完訳を待ち望んでいたが、半世紀後の今日、ついに山口氏が成し遂げた。

カー氏（一九一一～九二年）はハワイ大学、コロンビア大学でアジア研究を専攻し、後に早稲田大学や台北高等商業学校で英語教師を務めた。台湾時代に多くの沖縄出身者と接していて、戦前より沖縄に関心を抱いていた。戦後、スタンフォード大学、カリフォルニア大学バークレー校に勤務した際に、琉球関係の欧文史料の収集・編集作業で沖縄史研究史上顕著な功績を挙げた。

カー氏の『沖縄　島人の歴史』が類書に比しての最大の特徴は、一九五〇年代までの沖縄の歴史研究ではあまり活用されてこなかった欧文資料の駆使で、この点で他の類書の追従を決定的に許さないものがある。筆者も琉球王国後期の琉球と欧米との接触研究で、カー本の資料目録を大いに活用させてもらった。

本書は、沖縄史の通史として古い神話時代から沖縄戦終了までの千年におよぶ長い歴史を、内外の資料・研究を駆使して体系的かつ学術的に叙述している。舜天、英祖、察度、第一尚氏、第二尚氏の各王朝の推移を日本本土、中国、東南アジア諸地域との文化交流などとともに詳述している。前述の内外の資料・研究とは、もちろん新顔の欧文資料のことである。

本書の六百ページにおよぶ内容を紹介するには、沖縄史研究の専門家ではない筆者の手に余るわざなので、王国後期の沖縄と欧米との接触に限定して述べたい。実は、本書の半分以上のページが一八世紀末から沖縄戦までの沖縄史に当てられているのが特徴である。その理由はこの一世紀半の沖縄史の叙述に、類書にあまりない大量の欧文資料が駆使されて内容が豊かになっている。さらに一八世紀末から沖縄の対外関係に欧米人の接触が増えたことである。初期の欧米人との接触は沖縄人にとって、緊張したが穏やかなものであった。この時期の象徴的な事件が、一八一六年のバジル・ホール艦長の来沖である。二隻の英国軍艦の乗組員と沖縄人との四〇日余の交流は心温まる物語となっている。本書の表紙カバーに印刷されている、陸上での沖縄側の歓待後に帰艦する客人（英人）を那覇のふ頭で見送る沖縄の官民の姿は、端的に友好的な風景を表現して余りある。バジル・ホール一行の沖縄人との友好関係と対照的であるのが、一九世紀半ばに来沖した英宣教師ベッテルハイムと米提督の日本遠征隊である。両者ともに沖縄社会に対する脅威として、琉球王府にとって受け取られた。ベッテルハイムは沖縄人の固有信仰に外部から介入し、人心を撹乱《かくらん》する闖入者《ちんにゅう》として嫌悪され、ペリー遠征隊は一年余も日本開国のための前進基地として沖縄を利用し、琉球王府の意志を踏みにじる侵略者として恐れられていたからである。また沖縄で横暴な振る舞いをしたのは英、米人だけではなくフランス人も沖縄で強者として露骨に振る舞った。カーは沖縄での振る舞いを「はつか鼠《ねずみ》と鷲《わし》」（本書では「禿鷹《はげたか》とハツカネズミ」となっている）の構図で表現している。弱者（琉球、ハツカネズミ）対強者（米国、白頭鷲=bald eagle は米国の国鳥・象徴）という構図を、原著で読んだ友人は一九六〇年代に「カーのこの構図は現代のアメリカ統治下の沖縄・米国関係の構図とそっくりではないか」と苦笑していた。

本書では明治維新、沖縄の世替わり、琉球の帰属問題、沖縄県民の皇民化問題などの興味つきないテーマが論述されているが、紙幅の都合上割愛したい。カー氏の原著が出版されて半世紀のあいだ、沖縄に関心のある世界の識者は主にカー本を通して沖縄史を認識してきた。その意味でカー本の功績は大きい。しかし、カー本の初版以後の半世紀の間に、沖縄史研究に若い研究者が輩出して多くの研究成果が発表されている。将来、本書に次ぐ新しい沖縄史を国際語（例えば英語）で著して世界に発信する必要がある。

本書の訳者、山口栄鉄氏（一九三八年生まれ、那覇出身）は在米の研究者で、これまで沖縄関係の英文の歴史資料を数冊も翻訳した、熟達した歴史家である。琉球大学卒業後、米国に留学し、スタンフォード大学、イエール大学で教え、退官後は数年間、沖縄県立看護大学で英語科教授として勤務した。同大学退官後は米国に戻り、コネチカットで研究生活を続けている。

三　カー氏との交信事始め

初めての交信

ハワイ在ジョージ・カー氏と親しく書信を交わし合いましたのは、一九八一（昭和五六）年の初め頃でした。当時、米国東部ニューイングランド地方のエール大学東アジア言語文学部奉職以来、十三年ほどの時間が経過していました。それ以前、一九七七（昭和五二）年には、私の初めての学術出版物に近い『琉球〜異邦典籍と史料』を世に問い、カー氏と書信を交わし始めた数ヶ月後の一九八一年（昭和五六）秋には、その頃の私の代表的な著作『異国と琉球』を東京で出版したりしていますので、私の研究生活でも大事な時期だったといえます。当時カー氏は、満七〇歳、不肖私は壮年期の四三歳でした。以上の出版物は、今でも新装版の形で入手でき、その分野の人たちに利用されているようで嬉しい限りです。

当時私は、理論言語学の分野に足を踏み入れて以来、何とかその分野で活路を見出したいと懸命でしたが、日進月歩、目の回るような早さで変転する言語理論の世界に、これはどうも自分の期待していた分野とは違うようだとの思いで、苦悩していました。琉球大学英文科在学当時から、ヨーロッパで驚異的な発展を遂げていた「歴史言語学」への思いが強く、印欧語族の祖語の一つ、サンスクリット語の発見と言う華々しい古典言語学の世界への憧れを捨てきれずにいました。

革命の余波

米国政府国防省支援になる沖縄からの米国留学生組の一人として米国中西部の州立インデイアナ大学大学院言語学科に配属されました。その言語学科は、東のエール、中西部のミシガン大学等と並んで米国でも五指に数えられる優秀な言語学科でした。大学院生活を始めて間もない頃、米国言語学界には、言語理論革命の余波がひしひしと押し寄せつつある状況に気づきました。当時、エール大学を中心に一九三〇年代以来ほぼ半世紀もの間、学界の中枢を占める言語理論として揺るぎない立場を構築してきた、いわゆる「構造言語学」が、私のいた言語学科でも、いまだ色濃くその影響を残していました。今にして思えば、しかしその影響は、「構造言語学理論」崩壊後、その分野の学者が生き残りを掛けて自分たちの信奉する言語理論の堅持に息絶え絶えだった「影響の残影」にしか過ぎなかったことがよく分かります。

一九五〇年代後半に突如出現した不世出の言語学者、天才の誉れ高い若きノーム・チョムスキーの新言語理論発表で、それ以前の「エール学派」を中核とする「構造言語学理論」がチョムスキー率いるＭＩＴ、マサチューセッツ工科大学を中核とする「生成文法理論」学派へと学問の中心が大きく変化、移行する、時代の移り変わりのまっただ中にあったのです。歴史言語学という、どちらかと言えば進歩が遅く「静的」な分野が、突如として数式、論理学中心の「ダイナミック」な学問分野へと変わっていったのです。ＭＩＴ発行の言語学関係学術誌に毎号発表されるおびただしい数の論文、その一つ一つについて行けなければ、たちまちにして時代遅れになってしまう目の回るような時代を迎えていたのです。

救いとなったカー原書

そのような悶々とした日が続く中で、救いとなったのがジョージ・カーの今や古典的著作ともすべき

『沖縄～島人の歴史』でした。私がまだ琉大英文二年在学中の一九五八年に発刊され、以後今日まで版を重ね、今なお英文による総括的な琉球・沖縄史の代表的著作としての地位を保っています。エールで日々、日本語学、日本文学、日本文語文法の講座を担当しながらも、余暇に図書館より借り出して時折りひも解くカーの歴史書が何よりの精神的救いとなっていました。カーの英文原書発刊の翌一九五九年には、比嘉春潮のこれまた名著の誉れ高い『沖縄の歴史』が刊行されています。比嘉春潮の新刊本をわざわざ沖縄の親戚の者に頼んで手に入れたのもその頃のことです。この分野での代表的出版物ともすべきそれらの著書は、今なお私の本棚にあります。ふと思いついてカー原著と比嘉春潮本を取り出してみましたら、春潮本表紙裏に「ニュージャージ州プリンストン大学にて、一九六六年一月三〇日」とあり、カー本の見開きには「一九六九年六月五日、エールにて」とあります。

長年親しんできたカー原本を何とか和訳して沖縄の人たちに紹介したいとの私の念願が実現したのは、二〇一四年の春でした。東京の名だたる出版社から出た『沖縄～島人の歴史』がそれです。私の研究スタイルは、通常二つの異なったテーマを同時進行で進めるといった行き方ですが、可成りの分量のカー原著和訳のプロジェクトは、その作業の経過、過程の一々が私の知識の糧《かて》となり、とても楽しいものでした。それ以前、カー氏と面識のあった幾人かの知識人が訳業を手がけていたが完成には至らなかったことも後で知りました。

まず『琉球～異邦典籍と史料』に結実

カーさん（以下、そう呼ぶことにします）の英文沖縄史の巻末に付された何と全六七ページにも及ぶ沖縄関係欧文文献録、注釈、索引は、その後の私の研究に中心的役割を果たして来ました。青い目の人たちが、文献史上、こんなにも多くの記録を残している事実に驚愕した私は、何としてもそれらの一々に目を通さずにはおれないとの衝動を押さえきれずにいました。大学の長い夏期休暇を利用して仕上げたのが先に挙げました『琉球~異邦典籍と史料』です。一六世紀初期の南蛮関係文献史料より一九一九年までの欧文文献の概要と原文より適宜摘出した英文部と私の訳したその和訳部とを収めてあります。

「己れの泉を掘れ」

何と言いましても、自分自身がれっきとした沖縄人で、その故郷沖縄、そして我ら島人の言語、文化、歴史を扱う分野に手を染め始めたことの幸せは掛け替えのないものでした。同時に、日本の英米文学者が「異国、他者の文化」を背景とする土壌より生み出された異国の文学作品に取り組む作業の限界をも直感していました。そのことに気づくか、そうでないかの意味は、とてつもなく大きいと思います。かつて、私はヘミングウェイ、ソーロー、ワーズワース、イエイツ……と取り組んでいる先輩らの前で確か私語に近い形で、そのような先輩達の努力には敬意を払いながらも、どうもそのような異文化の土壌に育《はぐく》まれた一大精神文化の産物ともすべき例えば文学作品の研究で最大の業績を挙げ得るのは、やはりその国、土着の学究ではないのかな、などと大風呂敷を広げてひんしゅくを買ったことがあります。ひところ、私自身ソーローの研究で例えば、松尾芭蕉の風雅・風流の精神、あるいはまた、本居宣長の「もののあわれ」などの日本的審美観を通してこれまでになかった形の分析を試みようとしたことさえありました。しかし、その着眼、着想には、我ながら新奇な点を認めながらも、結果は単発的、一時的な研究成果しか生み出せないことにも気づきました。また、自国語と他国語との運用能力の違いといった点にも早くから気づいていて幸いでした。たまたま米国で長年研究生活を続けているとの理由で、いかに英米語に通じていても、成人してからその英米語を第二外国語として学び始めた人にとり、その言語は終生第二言語でしかない。その運用能力は、せいぜいその外国語による書簡文を巧みに操れるようになるか、翻訳の分野で技量を発揮するぐらいが限界で、他者の言語、他者の土俵という専門分野で独創的な成果を挙げ得る例が皆無でないにしても至難なことでしょう。坪内逍遥がシェイクスピアの名訳を果たせることと、シェイクスピア研究で独創的な成果を挙げ得るかは、おのずから別のことに違いない。夏目漱石が英文学を専攻しながら、英国で苦悶の果てに故郷日本に帰り、その後日本人の「こころ」にメスを入れ、瞠目《どうもく》すべき成果を挙げ得た意味が私には、よく分かります。そういう意味で、ジョージ・カーは、私に自分の進むべき指針を示してくれ、何よりも長期的な取り組みの場、土俵を与えてくれた最大の恩人です。「己れの泉を掘れ〜」といった先人の言葉の意味を理解し始めたのもこの頃です。

シュオーツ家を知る

一九七六年十一月の暮れだったと思いますが、久しぶりの故郷帰省中に首里にありました県立博物館で開催中の欧米人による琉球見聞録などを中心とした文献記録などの展示会に足を運びました。確か、今では地元沖縄の人たちにも親しまれるようになっておりますが英人バジル・ホールの訪琉記原典とか、明治の末年ころ首里や那覇で初期メソジスト派の教会活動に従事していたヘンリー・シュオーツ師（地元沖縄の人たちにはシュワルツ師として知られていた）の英文原典『琉球島〜宣教師の一章』の存在などを知る契機の一つとなりました。カーさんの英文原著の文献録にも記されるシュオーツの原典を求めてニューヨークはマンハッタンの巨大な公立図書館で調査するうちにも、ついにその小冊子の現物が私の眼前に姿を現した時の様子などは、拙著『異国と琉球』にも記しておきました。

首里博物館での展示会でみた和英両語による当時のシュオーツ一家の宣教活動の説明文、そしてカー文献録を頼りに調査を進めているうちにシュオーツ家にはウィリアムという令息がいて、何でもそのウィリアム、九州の七高で英語を教えるかたわら、何度か父母や妹らのいる沖縄を訪問していることを知ったのです。そのことが私とジョージ・カーとを結びつける契機となりました。そのことには少々説明がいりますが、まずカーさんから貴重な書信を頂くことになった経緯に触れておきたいと思います。

ウィリアムの妹ふたりの名は、アナとローラ。ローラさんがハワイに健在だということを知った私は、早速ローラさんに手紙を差し上げました。今、私の手元にありますその手書きの書信のコピーには、一九八一年二月五日の日付が見えます。ローラさんが首里と那覇にいらっしゃったのは、十四か十五歳の頃、今では優に八十歳か、それ以上にお年を召されているに違いないことを知る私は、祈るような気持ちでその手紙を当時私のいたニューヘイブンの町の郵便局から投函しました。宛先はホノルル在のローラ・S・コーン夫人。ミドルイニシャルのSは、もちろんシュオーツのそれ。その手紙は無事ローラさんの元に届き、引き続き思いも寄らぬ展開を示すことになります。

ローラ・コーン夫人への書信

まず、そのローラ夫人への私の手書き三枚、そして二枚の写真のコピー、計五枚の書簡の概要を記しましょう。まず、自己紹介の形で沖縄那覇出身であること、数年前、首里の博物館でローラさんご一家の沖縄での宣教活動の概略を知り、また父君ヘンリー・シュオーツ師の著書『琉球島～宣教史の一章』(改訂版、一九一〇年)でその小冊子に含まれる貴重な写真類に接し、そのことを沖縄の『沖縄タイムス』紙一九七六年十一月の紙上で紹介、そのコラムをはじめ、幾編かの西洋人による琉球・沖縄見聞録のようなものをまとめる作業をしていることなどを記しました。添付史料の写真の一枚は父君ヘンリー氏の著書からのもので、那覇での地元信者を含む宣教団一行のグループ写真、今一つは、首里での展示会で見かけた琉装、ウチナーカンプー姿のアナ、ローラ姉妹、それに最近のローラさんとご主人と目される方の写真二葉のコピーでした。特にお姉さんのアナさん、そしてアナ、ローラ姉妹のお兄さんでしょうか、ウィリアムの消息についてもお教え頂けたらありがたいのだが、といったような内容でした。当時、シュワルツさん一家から聖書についての話を聞き、英語の教えに与っていたという沖縄地元の信者仲間には、若年の頃の伊波普猷や比嘉春潮がいたことを知っていた私は、そのグループ写真に、かすかにそれらしいお二人が写っていましたので、何か思い当たるところなどないだろうかと写真に傍線を引いてお窺いしたものです。だいぶ冒険といいますか、突拍子もない質問だとは知りながら、この際あえて、聞いてみようとの思いからでした。

ローラ・コーン夫人への書簡をお送りしてから、十日後に返信をいただいた時の感激は今でもよく覚えています。手書きのお手紙五枚に太文字のペンで新しい情報の数々がぎっしりと記されるお手紙の右肩上部には、ホノルルのご住所、そしてその下には Feb. 15, 1981 とあります。そのお手紙には、次のようなことが記されていました。

ローラさんよりの返信

「私の生まれは、一八九九年十月十六日、過去の記憶には、まだまだ自信があるとはいえ、私の沖縄時代の友人達の名や、顔つき等といったことになりますと殆ど思い出せません。しかも、私の知人、友人のほとんどが今次大戦で亡くなり、帰米後、内地や沖縄には一度も帰っていません。幼少時代、私はほとんど長崎や鹿児島で過ごし、父が安里村の首里へと続く古い石畳道添いに宣教用の家屋を建てた一九〇七年頃でしたか、僅かな間でしたが、そこに住んでいました。兄のウィリアムが大学二年か三年の頃、ひと夏、私たちを訪れたことがあります。兄が鹿児島の第七高等学校で教え始めたのは、一九一〇年ころ、私は、母と兄の三人で鹿児島にいました。安里村の家には、父と一緒にブル師一家が住んでいました。私たち一家が帰米したのは、一九一五年の夏です。沖縄でのことはよく覚えていませんが、母の姉が沖縄からといって沢山の土産物をもってきてくれたことは、覚えています。

それから、母はメガネを掛けていて、馬車で田舎へ行きますと、そこの人たちが母のことを「ガンチョーさん」と呼んでいたそうです。何でも、昔の「波の上のガンチョー、ベッテルハイム」の再来だと思っていたようです。

父の残してくれた図書類でバジル・ホールやクリフォードが「ルーチュー」を訪れたことを知りました。クリフォードが、ロマンに溢れる英国海軍の沖縄ミッションを設立したのですね。私たちの琉球滞在中、那覇港に立ち寄る外国人が船長に案内されて私たちの安里村ミッションハウスにやってくることがありましたが、その頃の外人居住者といえば、私たちだけ、だったからでしょう。

尚家の子女を教育

もう一つのエピソードをお知らせしましょう。姉のアナが母と一緒に尚家より呼び出されていろいろ聞かれたことがありました。たまたま尚侯爵家にはアナと同じ年頃の令嬢がいらっしゃって、これから東京へ行くに当たって、アメリカ人に会うこともありましょう、その場合には、どのように振る舞えばいいのでしょうか、といったようなことだったようです。鹿児島で島津家のお子さんらを家庭教師の形で教えたことのある母のことを尚家では知っていたのでしょう。奈良原知事はよく我が家を訪れていたようです。後年の偉大な学者、伊波普猷さんのことも記憶にあります。私たちは余り遠出をすることもなかったのですが、上海から一旅行者の来訪があったとき、そのころ沖縄で使われていた馬車で中城城あたりまでピクニックに行ったことがあります。いつもながら、私たち「西洋人」を珍しがって周りに大勢の人たちが集まってきました。お手紙にある私たち姉妹の写真は、ミッション関係のお一人が私たちを訪問して、お帰りになる直前、その方の思いつきで、東町市場前の写真屋まで行き、衣裳レンタル屋からの着物に、大急ぎで仕上げた髪型姿で撮ったものです。最近の私と夫の写真は、いつぞや知り合いのジャック（ジョージ）・カーさんが撮ってくれたものです。ご存知のように、カーさんは、『沖縄～島人の歴史』の著者で、沖縄に深い思いをお寄せです。

数年前、大田昌秀氏が崎原貢先生の案内で、私の元を訪ねていらっしゃったことがあります。初期のハワイ移民群像についてのオーラルヒストリーを集めていらっしゃるということで、マイクを前に話して差し上げたことがあります。机に向かって書き物をするより、マイクに向かって話すのは楽でした。

家族のその後のことをついて記しますと、一八八八年生まれの兄は、長年スタンフォード大学でフランス語を教えていましたが、一九五五年に亡くなりました。兄よりふたつ年下のアナ・デール・シュオーツは、数年前に死去、終世未婚でした。兄ウィリアムの一人娘には、二人の子供があります。彼女は弁護士として日本、中国はじめ世界中を駆け巡っています。父の残してくれた図書類の保管は、彼女ら夫婦に任せてあります。

敬具、ローラ・コーン

追伸：同封の私たち姉妹の写真ネガは、どうぞご自由にお使いください。ジャック・カーの手元にあったもので、彼がプリント用に使ったものです。

しばらくして差し上げた私の返信では、ローラさん姉妹の在沖中の貴重な写真のお礼、それから、ローラさんのお母様が沖縄地元の人たちに「ガンチョーさん」と呼ばれていたことが特に印象深かったこと。というのも私自身、幼少の頃、那覇生まれ、那覇育ちの母から、その昔、「大きな黒ぶちメガネを掛け、獰猛そうな西洋犬をつれて夫婦で那覇の東町を闊歩していた」という異様な出で立ちの「ナンミンヌガンチョー」こと、ベッテルハイム一家の話を聞いていたので。お手紙を頂いてから、エール大の伝統ある神学部図書館蔵のマイクロフィルムで父君ヘンリーさんの小冊子の初版本を見つけたことなど、その他いろいろと記しました。

カー氏よりの書信

その後、思いがけなくもジョージ・カーさんから私宛の書信が届きました。丁寧にタイプライターで記される書信の一枚目、右上には、ホノルル在カーさんのご住所が記され、すぐその下には、30 April 1981 とあります。幸い、ローラご夫婦とカーさんとは、たまたま沖縄に居住していた という共通の経験からなのでしょう、ホノルルでは互いにお友達という仲だったことが分かりました。先に私から問い合わせの形でローラさんにお届けした二月五日付きの初めての書信、そして上にあげました返信ふたつの書信がそのままカーさんのもとに回され、他にも何か山口に伝えるべきことがあれば、そうするようにとのことだったようです。

カーさんからの書信には、おおよそ次のようなことが記されていました。「Dr. Laura Schwartz Korn

から貴君の二月五日及び四月十九日付き書簡、そしてそれに添付された写真の幾枚かが、回されてきました。彼女の許しをえて、二、三あなたに興味のありそうなことを記しましょう。二月五日の書信に、「西洋人の沖縄研究史、沖縄観」に興味がおありだとのことでしたが、一九五四年に私は、カリフォルニア大学、バークレー校の客員講師として沖縄史の概説コースを開講しました。この種の講座は、米国でも初めての試みだったと思います。その講座と今ひとつ「一九四一年の時点でワシントンは、沖縄につきどれほどのことを知っていたのか？　当時、どれほどの関連文献があったか？」という命題でのセミナーを始めました。セミナーメンバーの調査研究によって生み出されたのが ***The Ryukyu Islands: a Reference List of Books and Articles in English, French and German***（三十三ページ、約六四項目だったように覚えています）です。そのマイクロフィルムよりのプリント版はハワイ大学にあります。琉球大学にもそのフィルムのコピーを送っておきました。琉大所蔵の「ブル師コレクション」は大事なものですが、その中の写真類には、キャプションに誤りが多く見られます。ブル師は、それほど几帳面な人ではなかった。あなたの四月十九日付き書簡には、興味ある事柄が多く見られます。一八一六年にクリフォードから初めて英語を学んだ板良敷は、また一八四六〜一八五四年にもベッテルハイム師に仕えていたのかね？　三十年のギャップがあるのは承知しているが、そのあたりの可能性についてはどうだろう？（山口注：カーさんが板良敷としているのは、もちろん一寸した思い違いで、そこはメーデーラのこと。カーさんの英文原書にもそのことは、はっきりと記録されており、その後、カーさんへの五月四日付き私からの書信で釈明しておきました）」。カーさんよりの、その書信には、その他、ベッテルハイム師についての厳しい批判などがありますが、その点に深入りするには、長くなり、そのあたりについては拙訳『沖縄〜島人の歴史』巻末の解説部に記しました。

より重要なことは、カーさんが沖縄へ訪れたとき、伊波普猷のお墓に参拝したそうですが、そこには、伊波の功績を記録するようなものが、何もなかったので、そのことを早速、県の関係者に伝えた、とあることとです。その後、浦添には見事な伊波普猷顕彰碑が建立されたことは、よく知られていますが、今この文章をしたためながら、はっと思ったのですが、その事実をカーさんご自身は、お気づきだったのだろうか、ということとです。

カーさんへは、五月四日付きで当方から返信を差し上げ、沢山のことを申し上げました。その中のひとつに、私の琉大英文時代の恩師、外間政章教授には、ペリー来琉記についての貴重なご研究等があり、この分野でも多くのことを学んでいることを記し、同時にカーさんへの謝意、そしてローラ・コーン様へもくれぐれもよろしくとの意を記しておきました。そのあたりのことにつきましては、そのようなカーさんとの交信直後、一九八一年の秋に出ました拙著『異国と琉球』の「あとがき」にも触れてあります。今回の「カー氏追想録」のプロジェクトに参加のお招きをうけ、恩師カーさんのこと、私自身の壮年の頃を思い出す契機ともなり、懐かしく思っています。＊

＊生前のカー氏を知る知名士の幾人かによって計画されていた『カー氏追想録』は、企画編集リーダーのお一人、比嘉辰雄琉球大学教授の急逝で一時中断されていたが、その後コロラド州立大学の杜祖健教授らの尽力で『沖縄と台湾を愛したジョージ・H・カー先生の思い出』（二〇一八年）として刊行された。右の一文は、その近刊書より。

四 「欧文日本学・琉球学」研究史の流れ

一八一六年

キャプテン・バジル・ホール英国艦隊一行琉球国那覇寄港。「欧文日本学・琉球学」（略して「欧文日琉学」）または「国際日琉学」構想の一大契機となる。

一八一七年

バジル・ホール一行と琉球行を共にしている旗艦アルセスト号搭乗のジョン・マクロード医師、『アルセスト号黄海、朝鮮、琉球島航海記』をロンドンで発表。その中で『中山伝信録』に基づく琉球史の大要を紹介。翌年発行されたバジル・ホールの原著と共に版を重ねる。

一八一八年

バジル・ホール艦長、今や古典的名著として揺るぎない地位を確立している『朝鮮及び大琉球島黄海探検記』を出版。たちまちにして版を重ねる。重ねるごとに今日でいうポケット版サイズ（しかし、なお立派なハードカバー）になり、原著の彩色挿絵が白黒になったり、一部が削られたり、また巻末のクリフォード士官の収集になる琉球語語彙などの資料部が省かれたりしている。そのような普及版として一層欧州

キャプテン・ホールは帰路、アフリカ沿岸のセント・ヘレナ島に寄港。幽閉中のかつての帝王ナポレオンと会見。

全土に流布していった。その名声ぶりは、原著出版と同じ年に米国フィラデルフィアにて海賊版（と目されるもの）が出ていることで分かる。その上、第二版以降、初版にはなかったバジル・ホールとナポレオンとの会見記が付されたことで、ますます世間の注目を浴びるようになった。そのエピソードは今日広く知られる。ということで、大型クオルト版、美麗極まりない彩色挿絵つきの原著の価値は計り知れない。キャプテン・ホール来琉二百周年記念準備期成会名誉会長山口は、早い頃の自著『異国と琉球』で「……バジル・ホールの訪琉記が当時欧州の読書界においていかに熱狂的に迎えられたかを示す事例は枚挙にいとまがない」として英国における一流評論誌『エジンバラ評論』はじめ、いくつかの評論誌にみる「琉球賛歌、讃辞」を紹介した。その後、近年に至りエール大学中央図書館よりホールやマクロードの著書を長文にわたって紹介する米国における評論誌を含む新たな評論誌数編が発見された。

一九四〇年

台北在の須藤利一氏（のちの東大教授）、バジル（として慣用化している Basil を、より本来の発音に近いバズイルとして）ホールの原著和訳版『バズイル・ホール大琉球島航海記』を発表。後年、春名徹の和訳版『朝鮮・琉球渡航記』出る。

須藤利一訳『バズイル・ホール大琉球島航海記』

一九四二年

『南島』第二集、巻頭口絵にバジル・ホール像と中村忠行氏の「口絵解説：バジル・ホール略伝」を掲載。同『南島』巻末の編集後記には「中村忠行氏のチェンバレン評伝なども掲載される」との編集子による予告が付されている。

その後、実に三十年の年月を経る一九七〇年代に、インデイアナ大学東アジア言語文学科より招聘され、客員教授としてキャンパスにおられた天理大学中村忠行教授に、自分がホールの令孫チェンバレンに興味を抱いていることを伝え、いささか驚きの色を隠せないかのような教授の指導を仰ぐ。その時の感慨を私は自著にて「先生の驚きよりも私の驚き、嬉しさの方が遥かに大きかった」と記す。『南島』掲載のホール像は、その後各種出版物に採り入れられる。

一九五七・八年頃

旧首里王城跡にあった琉球大学キャンパスの隅に吊るされていた「ペリーの鐘」の複製と説明文をみて、いつか実物を見たいとの執念に駆られる。その夢が実現したのは、十年後、エール大学に職を得たころだった。当時、メリーランド州はアナポリス海軍士官学校構内、本館前に吊るされていたかつての名刹護国寺の鐘は、その後沖縄に返還され、今は首里の博物館に落ち着きの場を得ている。その鐘とは、いうまでもなく、かのペリーが戦利品の一つとして王府に所望し、米国に運び去り、折

ホールの著書に描写される「平和を愛する琉球人像」に惹かれ、原著刊行7年後の1825年、米国在住の琉球人リリアン・チンの名で在米クリスチャン同胞に呼びかける長文の書簡を収録。

からワシントンに建造中のリンカーン記念塔の頂上に吊るす予定だったもの。しかし、南北戦争勃発でその計画は実現せず、ペリーとかかわりの深いアナポリス海軍士官学校に寄贈された。そのころ、琉大英文科の外間政章教授は、ペリー提督日本遠征記の琉球の部の訳述に取り組まれていて、当時の『今日の琉球』『守礼の邦』（だったか）に訳文をシリーズで掲載されていた。教授の研究は、『対訳　ペリー提督沖縄訪問記』として残された。教授はまた、戦前ベッテルハイムの孫娘、ベス・ベッテルハイム・プラット夫人の来沖時に通訳を務められた。戦後、国民指導員として米国を訪問された教授は、夫人との再会を果たされている。恩師外間教授との交信録は、筆者の『異国と琉球』巻末に収録してある。

一九六七年

スタンフォード大学図書館でバジル・ホールの『大琉球島および朝鮮航海探検記』の英文原著初見。その頃、同大学で『沖縄：島人の歴史』の英文原著者ジョージ・カーの講演を聴く。その著書以前のタイプ稿本和訳版で「赤表紙本」として知られる『琉球の歴史』（一九五六）に序言「海邦養秀」を寄せる同大政治学教授ジェイムス・ワトキンズ四世に面会。赤表紙本は、旧首里王城跡にあった頃の琉球大学キャンパス内いたるところに置かれて、いや積まれてあった。時には志喜屋記念図書館内の近代的洋式トイレの前にさえ……。

スタンフォードで経済学を教える平恒次先輩より「薩摩の琉球侵攻」に対する見解を求められる。大先輩平教授よりチンピラ後輩の山口に対する初の知的チャレンジだった。その頃、すでにカー、春潮両氏の著書に親しんでいた私は、先輩のチャレンジに何とか答えられたように記憶。平教授宅来訪中の久場政彦氏ら大先輩何人かの謦咳に接する。後年、準備中の『チェンバレン日琉語比較文典』（一九七五）、『王堂チエンバレン：その琉球研究の記録』（一九七六）、『琉球：異邦典籍と史料』（一九七七、新装版二〇〇〇）、『異国と琉球』（一九八一、新装版一九九九）につきカー氏と交信し、アドバイスを求める。バジル・ホール、ベッテルハイムという研究史上の重要人物、特に後者についての同氏の衝撃的な見解に接する。「赤表紙本」に次ぐカー氏の本格的な沖縄史研究の英文原著は後年筆者、山口が出版元の米国バーモント州タトル本社より翻訳権を得て、その完全和訳版『沖縄〜島人の歴史』（勉誠出版、二〇一四）として完成した。巻末の「ジョージ・H・カーの琉球史学：初期『国際琉球学・欧文琉球学』の最高峰〜訳者あとがきに代えて」は、同年刊行された『琉球文化研究』四十号に、ほぼ同文によるカー史学の概要が紹介された。

一九六九年

照屋善彦氏、ベッテルハイム研究でコロラド大学より博士号取得。後年、二〇〇四年、その和訳版『英宣教医　ベッテルハイム：琉球伝道の九年間（山口・新川共訳）』。二〇一一年には、ベッテルハイム生誕二百周年記念行事が行われた。

一九七一年

國學院大學の山下重一先生、同僚との初の沖縄旅行で首里博物館（当時は琉球政府立）内に展示されるバジル・ホールの琉球渡航記の英文原著を披見、大いに啓発される。後年教授は沖縄・琉球関係論文を『琉球・沖縄研究序説』『続　沖縄・琉球研究序説』にまとめて出版。同著上巻の後記で教授は次のように述べる。「彩色挿絵入りのこの本に魅せられた筆者は、旧知の古書店主に依頼して探してもらい、幸い間もなく本書とマククラウドの『アルセスト号航海記』を求めることができた」。さらに次のようにも記しておられる。「琉球館跡は小規模ながら復元されていて、中琉関係を示す展示が行われていた。一九三三年にここを訪れた東恩納寛惇教授（筆者の旧制府立高校時代の恩師で、忘れ難い方である）は、当時残されていた過去帳から五百人以上の名前を筆写したが、その後の戦争と革命のために琉球館も琉球人墓も荒廃してしまった」。後年、山下重一名誉教授の指導の下にバジル・ホール・チェンバレンの評伝をまとめ、國學院大學に学位論文として提出。同論文はのちに『英人日本学者　チェンバレンの研究：《欧文日本学》より観た再評価』（二〇一〇）として刊行。

一九七五年

那覇港近くの泊沖停泊中のペリー提督の艦長室でベッテルハイムとの面談を果たしている提督の主席通訳官サムエル・ウィリアムズの関係文書を収める「ウィリアムズ家文書」（エール大学蔵）中の「吉田松陰の自筆密書」を発見、「眠っていた松陰の密書」として『中央公論　歴史と人物』十月号に発表。エール大での同僚で、当時中国近代史の権威として知られていたジョナサン・スペンス教授配下の中国史専攻博士課程院生のための日本語読解特訓講座を開講。そのエール大初の特殊講座を担当。スペンスは、徳川時代史の権威ジョン・ホールの後輩。ホールの親友で坂本龍馬の研究で知られるマリウス・ジャンセン、プリンストン大学教授は当時米国における日本史研究の双璧。ジャンセンは終戦直後沖縄を訪れたことがある。ちなみに私がプリンストン東洋学科で講座を担当していた頃の中国史担当教授は、インディアナ大学より中琉交渉史の研究で博士号を得たタトアン・チェン教授。

後年、エールカレジ卒業のダニエル・シュレシンガー、筆者の指導の下に「ペリーとウィリアムズ」と題する卒論を仕上げ、ローズ奨学金と並んで権威あるマーシャル奨学金を得て英国留学。マラソンを特技とするシュレシンガー、沖縄でも走ったことがある。

同一九七五年

大先輩の旧琉球政府民政官シャノン・マキューン教授、米英両国において島嶼シリーズの一つ『琉球島』を刊行。同教授、後年米国アジア協会年次定例学会において「ゴビール師の琉球国地図」を発表。教授の監修の下に帝室アジア協会韓国支部より出版されたバジル・ホールの原著復刻版を教授より署名入りで贈られる。同書巻頭には教授の手になる二十ページに及ぶ解説文が付されている。

一九七七年

バジル・ホール一行と琉球行を共にしている海軍士官クリフォードにつき「クリフォード：琉球伝道史上の一先覚」として『新沖縄文学』三十七号に発表。クリフォードは後年、ベッテルハイムを琉球に派遣することとなる「英国海軍琉球宣教会」の創設者にして、ホールの原著巻末に付される琉球語彙の収集者でもある。同宣教会の活動の詳細を伝える数千点に及ぶマイクロフィルム全八本（ハワイ大蔵）を入手、現在ＮＡＮＳＥＩ（旧南西マイクロ）に管理を委託。

エール大古文書部所蔵の「ウィリアムズ家文書」で、ベッテルハイムとウィリアムズとの確執を知る。ウィリアムズは二度の来琉経験あり。一回目の琉球行を共にしたパーカー医師とはエール大同窓。ベッテルハイム、中国在パーカーに那覇より書信を送り宣教事情を報告。一八三七年来琉のモリソン号搭乗のギュツラフ、パーカー、ウィリアムズらはバジル・ホールの原著を熟知。

後年、ベッテルハイムは那覇で誕生した女児をルーシー・ルーチュー・ギュツラフ・ベッテルハイムと命名。ベッテルハイム一家五人はペリー艦隊に同行、ニューヨークに到着。琉球を去るにあたり琉球王府、過去足掛け九年におよぶ間、ベッテルハイム一家が那覇の市場で逃げ去る店頭のオバーらに構わずに手にした食品、商品、商品の代価として置いてあった硬貨類全てを回収、ベッテルハイム一家の帰国時に返却。食品、商品の売り手にはその都度王府が代価を渡す。艦隊の特殊客員としての一家の積荷は莫大な重量に達していたろうと伝えられる。

ニューヨーク到着後、ベッテルハイムは琉球事情についての講演、情報提供につとめ、メデイアで今一度琉球渡航をしたいとの意思を表明。エール大の東洋学者サリスベリー教授に書信を送り、新約聖書和訳稿出版の可能性を打診。クリフォードの努力、精神的影響はベッテルハイム以後、シュオーツ師（『琉球島：宣教史の一章』の著者）や一時期シュオーツ師と琉球宣教に従事したブル師に受け継がれる。比嘉春潮氏は二十八歳のとき、シュオーツ師より直接その書を贈られる。伊波普猷、その令弟月城らが同師に師事、ブル師はハワイ大蔵ベッテルハイム関係文書マイクロフィルム版の主任編者にして『漂える龍』の著者。琉球新報紙上、長期にわたる伊波普猷伝で健筆を振るう伊佐真一氏によるブル師伝『アール・ブール：人と時代』が存する。さらに戦後のボーリンガー師、『十字架と洋上の龍』の著者、らによって宣教活動が継承されている。ベッテルハイムの琉球語辞書の研究が沖国大の有志によって進められ、さらに膨大なベッテルハイム日誌の英文翻刻が県立芸大アントニー・ジェンキンズ教授の努力によって完成。二〇一二年秋よりは、その和訳を目指す一大プロジェクトが始まる。なお、現在英国バーミンガム大学図書館の蔵する「英国海軍琉球宣教会」関係特殊コレクションは、もともとロンドン在チャーチ・ミッショナリー協会より移管されたもの。詳細についてはジェンキンズ編『ベッテルハイム日誌』英文翻刻版、第一部解説参照。

一九七九年

異国人琉球来航史の研究家、大熊良一著『ブロッサム号来琉記：近世沖縄を綴ったもう一つの航海記』出る。「もう一つの……」がホールの著書を指すことはいうまでもない。

一九九九年

県教育委員会編『ペリーがやってきた：十九世紀にやってきた異国人たち』刊行

二〇〇〇年

沖縄サミット記念版『外国人来琉記』出る。

二〇〇一年

「英文日本学構想」発表、のち、『ビジュアル版　大琉球国と海外諸国』『英人日本学者　チェンバレンの研究：《欧文日本学》より観た再評価』『英宣教医ベッテルハイム』（共訳）などで方法論の実証を試みる。初期の実践成果、その萌芽は筆者の早いころの著作『異国と琉球』に見られる。

二〇〇二年

新設県立看護大学で初代英語科教授と図書館長の任にある折りにフランスのアジア研究所で「仏文琉球学」と取り組んでいるパトリック・ベイルヴェール教授編『琉球研究：西洋との遭遇』全十巻を図書館に

収蔵。このシリーズ本によって、それまで一々各国、各地の図書館を回って関係古文献を探索、検索、調査しなければならなかった労がほぼ完全に省ける時代を迎えることとなった。そのような学術上の進展をもたらすこととなった背景には、ジョージ・カーの『沖縄：島人の歴史』英文原著巻末に付される詳細極まりない琉球関係書誌がある。その意義、重要性は筆舌に尽くし難い。

二〇〇三年

下田市主催下田開港百五十周年記念シンポ、パネリストとして出席。『ペリー日本遠征記』原著完全復刻版全三巻のうち、初巻出る。発行元は南西マイクロ（現ＮＡＮＳＥＩ）社。解説　照屋善彦、監修山口、宮城保（県立公文書館館長）。

二〇〇四年

下田シンポ記録『開国：歴史を開いた港町、箱館、横浜、浦賀、那覇、下田』

二〇〇五年

バジル・ホール・チェンバレン原著完訳版『琉球語の文法と辞典：日琉語比較の試み』。これでチェンバレンによる琉球・琉球語関係全著作の完訳成る。

二〇〇八年

『大琉球国と海外諸国：欧文日本学・琉球学への誘い』

二〇一〇年

「欧文日本学」理論の実践例として『英人日本学者　チェンバレンの研究：《欧文日本学》より観た再評価』発表。

二〇一一年

年末、首里にキャプテン・ホール同好の士が集い、バジル・ホール来琉二百周年記念へ向けての諸活動について話し合う。

二〇一二年

早稲田大学国際シンポで「琉球古典音楽研究のハーバード学位論文」発表。同学会では英国オックスフォード大学、米国コロンビア大学、ハワイ大学などの図書館関係者による琉球関係コレクション・パネルが注目される。九月二十一日、「バジル・ホール来琉二百周年記念準備期成会」結成。「大琉球国と海外諸国：那覇、泊界隈に残された異国人の足跡」の記念講演。西洋人の心に届いた島人の志情《しなさ》き、肝心《ちむぐくる》を説く。会場となった「トマリン沖縄アーバンリゾート、那覇」では、沖縄県知事仲井真弘多、大田昌秀元県知事、比嘉幹郎元県副知事らのほか、鎌倉より馳せ参じた『バジル・ホール朝鮮・琉球航海記』の和訳者、春名徹氏らの参加で賑わう。期成会結成に際して在京英国大使デイビッド・ウオレン氏より届けられた祝辞が紹介される。『琉球王国の栄光』創刊号、二〇一二年九月。

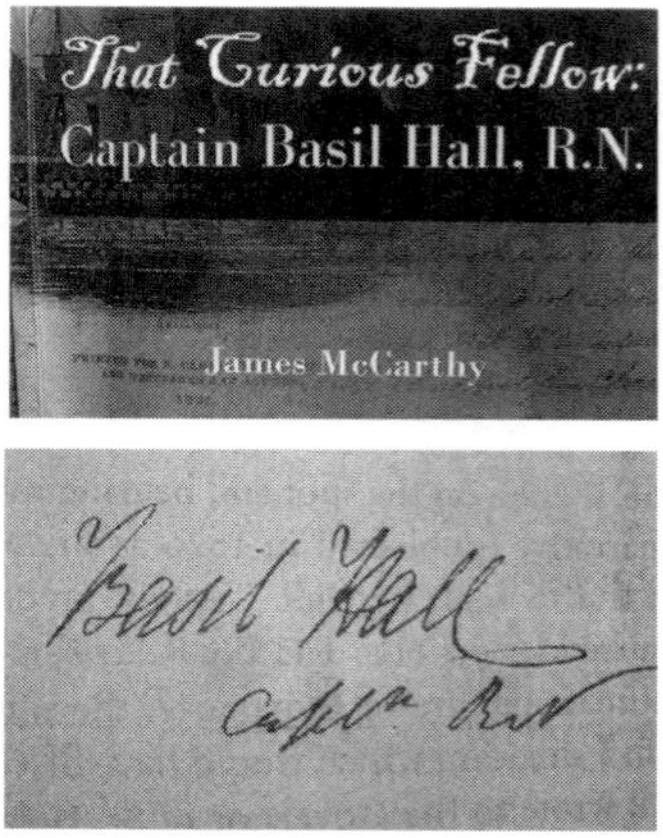

初の英文『キャプテン・ホール伝』とバジル・ホールの自署

エールカレジ卒のタイラー・ラオ、筆者指導の下に卒論「琉球方言の語構成」を仕上げ、宮古におけるフィールドワークに出発。十二月北京で「サムエル・ウィリアムズ学会」開催。筆者は「沖縄におけるウィリアムズ」のタイトルで発表。

二〇一三年

英語教育専攻の瀬長恵子、拓殖大学大学院言語教育研究科に修士論文『沖縄の英学に関する研究：朝鮮・琉球航海記』の評価を中心に』提出。

二〇一六年十二月十六日

待望の「バジル・ホール来琉二百周年記念碑」完成。泊港を目の前に控える緑地公園で除幕式。ここ二、三年にわたって実行委員長の重責にあった元県副知事宮城宏光氏の献身と氏を支えて建立の実現に向けて奔走した関係各位の努力の賜物。「沖縄タイムス」「琉球新報」など、地元のメデイアによってキャプテン・ホール一行と旧琉王国との極めて友好的な交流の歴史的背景が改めて紹介された。翌十二月十七日、那覇久米青年会館において「ホール来琉二百周年：イチャリバチョーデーの始まり……」と題し記念講演。記念碑建立の実現に至るまでの道程、その詳細については筆者の私家版『山口鉄泉回顧録：傘寿への門出』(二〇一七)に詳しい。

二〇一七年

「欧文日本学」理論の今一つの実践例『吉田松陰の再発見：異国に眠る残影』、『山口鉄泉回顧録：傘寿

66　緒方　修『青い目の琉球往来：ペリー以前とペリー以後』

への門出』（私家版）、『琉球弧追憶：滞米半世紀の今』（私家版）、

二〇一八年

比嘉辰雄・杜祖健編著『沖縄と台湾を愛したジョージ・H・カー先生の思い出』

五　米人琉球古典音楽研究家

「欧文琉球学」史上初のハーバード大学博士論文

琉球古典音楽、特に三線（三絃）の世界に魅せられて今や御前風「かじゃでい風節」を初め、「上り口説」、「安里やゆんた」といった民謡、島唄の世界にまで入っていく人たちが増え、空前の三線ブームを迎えるまでに至っております。私自身は終戦直後、例の「カンカラー三線」の洗礼に与った者の一人で、いまだ小学二、三年生の頃ではありましたが「旅ヌー」とか「滝落し」などを親父の弾く三線を真似ながら何とか弾いていた記憶があります。

米軍人ジャン・ラルー中尉の来琉

丁度その頃に違いないのですが、戦後も戦後、沖縄中がやっと激しい「鉄の暴風」の時代をくぐり抜け、巷《ちまた》では「軍作業」とか「戦果を挙げる」とか「タクヌチブルー」といった言葉が流行っていた頃、沖縄の米軍司令部に一人の若い米人将校が配属されてきます。ジャン・ラルーという方で、当時二十七歳、一九四五年七月のことです。ラルー中尉はその頃すでにハーバード大学やプリンストン大学といったアメリカのアイビーリーグで西洋音楽の理論と実践といった専門教育を終えていました。結局翌一九四六年八月までの足掛け十四ヶ月の間軍務に服しているのですが、その頃、軍政府内部では沖縄に大学を作ろうという動きがありまして、その大学の教員という形で米軍人軍属のために夜間講座を担当したりしています。琉球大学が発足する数年前のことです。

フィールドワーク

その頃、おそらくウチナーンチュの軍作業員が休憩時間などにつま弾く三線だったに違いありませんが、ラルー中尉は三線という初めて目にする独特の形をしたウチナー三線にまず目を見張ります。その三線に合わせて歌いだされるウチナー唄に耳を傾けるラルーは、これまで自分の知っている西洋音楽とは全く違った独特の音階を有するメロデイーにますます興味をそそられます。その頃米軍人には沖縄人の部落に出入りすることが禁じられ、オフリミツ、立ち入り禁止だったのですが、ラルーは司令部より特別許可を得て、近くの村々に出かけては、その頃ようやくにして落ち着きをみせ始めていた村人たちの催しもの、村芝居などにしばしば足を運んでいます。その際、ラルーは録音機や撮影機を携帯することを忘れませんでした。

世礼国男、幸地亀千代の知遇を得る

ラルー中尉来沖のひと月後、一九四五年八月には早くも軍政府の諮問機関として沖縄の有識者の面々からなる沖縄諮詢会が結成されています。すぐさまそのメンバーの一人、山城篤男にラルーは琉球音楽の専門家を紹介してくれと頼み込んでいます。その山城を介してラルーは当時沖縄の古典音楽界の代表的存在だった世礼国男、幸地亀千代の二人と知り合うことになります。その後、実に八年におよぶ琉球古典音楽研究に取り組むこととなるラルーが、その研究のスタートラインに立った瞬間でした。八年後の一九五二年に母校のハーバード大学に提出するのが、タイプ稿で三百ページ近い博士論文 *The Okinawan Classical Songs: An Analytical and Comparative Study* です。

「工工四」

ラルーの琉球古典音楽研究に決定的な指針となり、その方向を決定づけた四冊の本がありました。野村流師範の伊佐川世瑞と今一人、世礼国男の共著になる「工工四」全四巻でした。その「工工四」は戦前昭和十年に発行された初版本でした。たまたま私の手元には戦後発行されたものがありますが、表紙には「声楽譜付　工工四　上巻」とあり、見開きページには「附録　野村流音楽協会」とあって、大きな赤い「協会印」が押されています。初版は上、中、下の三冊、四冊目は野村流の始祖とされる野村安趙の高弟松村真信によって附録として編輯されたと伝えられます。

ラルーは幸地亀千代から直接三線の手ほどきを受け、世礼国男からは「クンクンシー」の解読、読解の指導を受けています。「工工四」初版本に序文を寄せる島袋全発や本土在住の山内盛彬からも助言や教えに与っています。琉球音曲の例としてラルーの挙げるのが「工工四」上巻に収められている「中城ハンタ前節」です。いわゆる「〜節」として知られる琉歌をラルーは *short lyric poem* と呼び、八・八・八・六の全三十音節からなる独特の歌風を有することを説明し、「戯曲」*Ryukyu poetic drama* そして「おもろ」や「クウェーナ」とも異なる大きなグループに分けることができるとして次のように述べています。

琉歌の歌形

Okinawan poetry exists separately from the operas in the epics of the Omoro and Kweena, which describe the mythical origins of the islands.There is also a large body of short lyric poems, the bushi, which survive as texts for the classical song repertoire. The bushi have a four line structure with the syllable arrangement 8,8,8,6. The Okinawan poems are almost exclusively concerned with parallels drawn between nature and human life, such as a comparison between the white caps of waves and the pearly teeth of beautiful maidens.The translation is a near impossibility, but the following may give some idea of the style ～として示すのが　Ⅰ「中城ハンタ前節」とⅡ「芋ヌ葉節」です。ローマ字で次のように記しています。

I. Tubitachuru haberu (8)　Floating Butterfly
Mati yu, mati haberu (ママ) (8) ＊　Rest a moment
Wamiya Hananu Mutu (8)　Then show me your gardens,
Shiranu amunu　(6)　For I can find no blooms

＊手元の戦後版「工工四」では二句目が「まづよまて　つれら」となっている。

ちなみに歌意については島袋盛敏の『琉歌大観』には「飛び立つ蝶よ、ちょっと待ってくれ、一緒に連れたっていきたい。私は花の木がどこだか分からないから、どうぞ案内してくれ」とあり、清水彰の『琉歌大成』には「飛んで行く蝶よ、ちょっと待て。一緒に行こう。私は花の木（遊里）をしらないのだから」。ラルーの英語訳の正否については今は問わないでおこう。

Ⅱ Umunu fwa nu chiyu ya　(8)　Sweet-potato leaves of dewdrops
Madama yuka churasa　(8)　Pure-crystal more-than beautiful

Akachu agumachi ni　(8)　Red-cord necklace into
Nuchai hachai.　(6)　Thread, hang-on-neck. ＊

＊より確かな歌意を伝えようと、ラルーは次のような「英文意訳」を添えている。A free paraphrase may help to clarify the meaning of this poem: "The dewdrops on the sweet-potato leaves are more beautiful than pure crystal; I will thread them on a red cord and place it around my darling's neck."　同じく『琉歌大観』、『琉歌大成』の歌意はそれぞれ以下の通り。「芋の葉の露は宝玉よりも美しい。赤糸にぬき集めて首に巻いたりかけたりする首飾りにしたい」、「芋の葉の露は真珠より美しい。赤い糸に通して首飾りにしてみたい」

写真資料

写真はラルーが沖縄で手に入れた「屋嘉比三線」です。だいぶ前のことになりますが、私はまだお元気な頃のラルー教授にお会いしたことがあります。その時、「これは大事なものだぞ」とおっしゃって箱入りの三線を取り出して見せて下さいました。多分その「屋嘉比三線」だったと思います。もしかしたら「真壁三線」だったのかな、とふっと思ったりしています。そのあたりのことにつりましては、かつて『琉球新報』の「日曜評論」と題するコラムで簡単に触れたことがあります。

生涯アメリカの大学で音楽教育に献身したラルー教授の博士論文につきましては長い間、いずれは入手して拝読したいものだと思っておりましたが、このたびやっと念願がかない、皆様にその詳細極まりない内容のほんの一部なりともご報告できますことをとても嬉しく思います。

「歌とう三線ぬ　んかしはじまいや　犬子にあがりぬ　神ぬみ作」という例の野村流音楽の始祖野村安

趙の著書や「工工四」などにもみられます琉歌風の言葉で知られます赤犬子《あかいんこ》というおもろ時代の人物についてもラルーは触れています。おもろの名人とも宮廷詩人とも伝えられます赤犬子時代以前、幾世紀にもわたって三線なしの、ただ鼓のようなものだけで歌う時代があったに違いなく、従って三線の始まりはともかく、琉球における歌の始まりは三線の琉球伝来以前何百年も前のことだろうとも言っています。「欽定工工四」として知られます野村安趙、その高弟松村真信らのいわゆる「野村流工工四」、伊差川世瑞や世礼国男らの「声楽譜付工工四」以前のいわゆる「書き流し工工四」の考案者屋嘉比朝寄が琉球国最後の尚泰王の命によって工工四を考案するに至ったといった時代考証の誤りはともかく、屋嘉比によって初めて中国風の採譜様式が採用され、それが今日の工工四に影響を与えるに至っているとして、琉球における工工四または「工六四」の伝統を正しく記しています。なお、ラルーはしばしば野村安趙と並び称される安富祖正元を祖とする安富祖流についても色々専門家に質していますが、宮廷楽を主とする流派であるということ以外には特に情報が得られなかったとしています。

ラルーの研究がいかに成果の大きいものであったかは、沖縄滞在中に早くも Native Music on Okinawa と題して音楽専門誌 *The Musical Quarterly*（一九四六年四月号）に発表していることで分かります。三線の勘所、ツボの基本をラルーが一絃（ウージル、男絃）、二絃（中ジル、中絃）、三絃（ミージル、女絃）の各開絃音、合、四、工を中心に左手指の位置を示し、「欽定工工四」に二十種みられる発声記号の一部を音符化したもの、「クーチョー小」として知られる沖縄の胡弓、「声楽譜付　工工四」よりの「謝敷節」とそれを音符化したもの、さらに、小唄都々逸（田辺尚雄『世界音楽全集』より）などを写真入りで紹介しています。

＊巻末に「謝敷節」以下、「長じゃんな節」「しゅら節」「百名節」「しょんがねー節」「安波節」「蝶小節」「うふら

節」「あぎ口説」「しゅつくえー節」「浮島節」を音符化し、ローマ字の歌詞とその英文直訳を付す。

略　歴

ジャン・ラルー博士（一九一八〜二〇〇三年）は植物学者として知られていた父親カール・ラルーのフィールドワークの地、スマトラで生まれました。一九四二年から沖縄の軍司令部に配属されるまではウェルズレー大学で教えていて、帰米後も同大学に復職しています。母校ハーバード大学より博士号を得てからは長年ニューヨーク大学の音楽部を率い、米国の人文科学部門で最高の名誉とされる American Academy of Arts and Sciences の会員でもありました。

ラルー博士の先駆的研究は、後年博士の研究とは独自に民族音楽研究家、カリフォルニア大学のロバート・ガーフィアス教授の手によって受け継がれています。これらの研究業績の発掘および研究史上の位置づけは私の提唱する「欧文日本・琉球学」（ラルー学位論文の場合は「英文日本・琉球学」）理論の意義を改めて認識する契機ともなるでありましょう。

付　記

ラルー中尉の来沖五ヶ月目のクリスマス、一九四五年十二月二五日に石川の城前少学校の校庭で戦後初めて沖縄芝居の公演が行われました。戦争で痛めつけられた沖縄の人たちに何とか精神的な癒しを与える機会にでもなればということで沖縄諮詢会のハンナ少佐の後押しで文化部長の当山正堅らが率先して行った企画でした。舞台はドラム缶数個の上に板を置いただけ、出演者の顔ぶれは何と戦前の珊瑚座で史劇の名優として鳴らした島袋光裕、伊良波尹吉、比嘉正儀、宮城能造、親泊興照、玉城正義、平良良勝……。

地方《じかた》には幸地亀千代、屋嘉宗勝、仲嶺盛竹らの姿がありました。『原日本おきなわ』と題する文庫版冊子で当時を回顧する光裕の言葉を著者の三隅治雄が詳しく紹介しています。ドラム缶舞台の上で繰り広げられたのは森川の子として知られる組踊「花売りの縁」の主人公、森川の子《しい》を演じる名優光裕の名せりふに校庭を埋める数千の観客が沸いたといいます。沖縄人の活力を示すエピソードとしてこれ以上のものもないのではと思います。その観衆の中にはきっとラルー中尉の姿があったに違いない、と私は思っています……。今回の早稲田国際シンポで上演されました組踊の演目がまた何と「花売りの縁」！ 不思議な「縁」を感じています。余談になりますが、名優島袋光裕のご子孫の元に嫁ぎ、今では師匠として活躍する島袋君子さんは、私が古里那覇に帰省するたびに親しい友人が設けてくれる席に必ず顔を出してくれます。

＊早稲田大学における復帰四十年沖縄国際シンポジウム（平成二十四年春）において「琉球古典音楽研究のハーバード学位論文 Harvard Dissertation on the Classical Music of the Ryukyus 」と題して口頭発表したもの。その後、加筆のうえ、新たに『那覇文藝　あやもどろ』十九号、平成二十五年、に収録された。

六　ガゼット紙論説の琉球処分批判

謝　辞

國學院大學梧陰文庫研究会主催のミニシンポジウム「琉球処分をめぐる国際紛争」（平成十四年十月十九日）にて発表。同大学山下重一名誉教授は、山口の報告に答える形で「井上毅のガゼット論説への反駁草稿」というタイトルで発表されただけでなく、ミニシンポの企画、実現にも尽力されました。梧陰文庫研究会のリーダーであり、また琉球・沖縄史にも深い関心を寄せられる山下先生に心から感謝の意を表したいと思います。

はじめに

二〇〇二年は明治五（一八七二）年の「琉球藩設置」より、百三十年目に当たる年でした。「ウチナーンチュ」として知られる沖縄の人々の中には、その琉球藩設置という「大動乱時代」の始まりに、例えばその帰結でしかない「置県」を上回るほどの意義を感じる者も多いと思います。小生もその一人です。そのような意義深い年に國學院梧陰文庫研究会がその第一八三回例会において「琉球処分をめぐる国際紛争」をテーマにミニシンポジウムを開催されたことは報告者の一人として欣快至極に存じます。本日のテーマには「〜ジャパンン・ガゼット対井上毅を中心に〜」という副題が付されており、私の方の報告では特に

「ガゼット紙論説の琉球処分批判」というテーマでお話を進める所存ではありますが、その前にまず以下のことだけは述べておかねばなりません。

幻の琉球藩

旧幕藩体制よりの脱皮と中央集権国家の成就とを目指して突き進む新興日本国の動きは、明治四年の「廃藩置県」の大号令とともにその勢いに一層の拍車がかけられることになります。「藩を廃する」という国策に逆行するかの如く、明治中央政府は翌明治五年（一八七二）には日本国の遥か南に「藩」を設置するとのいかにも解し難い国策に出ます。琉球国を「琉球藩」にしてしまうのでした。これまで存在しないところに「新たに藩を設ける」ことの意図するところはただ一つ。存在しないものを抹殺することはできませんが、今や「廃藩」という明治政府の大義名分、国策を遂行しえるもの、すなわちいずれは廃すべき「琉球藩」が存在することになったのでした。

五百余年もの間、曲がりなりにも王国としての国家形態を維持し、十八世紀、十九世紀を通じ欧米諸国には「大琉球国」として広くその存在を知られていた琉球国壊滅の経緯は、明治維新後の近代国家日本国創建の華々しい槌音にかき消され、ともすればその実像が闇に隠れシルエットのままであった部分が多かったようにも思われます。

国際問題化

特に日本国があくまでも国内問題として「始末」、「処分」せんとの「琉球問題」が外国列強、国際社会から猛烈な批判を浴び、一大「琉球事件」として国際問題化する経緯、その詳細は今日ようやくにしてその実像を現わし始めたとしてよいでありましょう。そのいきさつにつきましては、たまたまこのミニシンポの日に陽の目をみました私の編訳書『琉球王国の崩壊：大動乱期の日中外交戦』、それからほぼ時を同じくして出版されました英文姉妹編 *The Demise of the Ryukyu Kingdom~Western Accounts and Controversy*（山口・新川編・注釈）によって窺い知ることができましょう。この両書によって私たちは自国の版図に組み入れんとして琉球王国へ触手を伸ばす日本国の国策に真っ向から反旗をひるがえす国際世論のいかなるものだったのか、そして琉球国への介入が仮にも失敗の憂き目をみるとすれば維新後の新興国日本の存立の大義名分、国際社会の一員として独立独歩の旗印を掲げて近代化へ歩む基本的姿勢の名分をさえ失いかねないと、自国の存亡をかけて国際世論と対峙していた日本国中枢部の動きに接することができます。その動きは例えば「ジャパン・メール」、「ジャパン・ヘラルド」、「ジャパン・ガゼット」、「東京タイムズ」、「ニューヨーク・ヘラルド」、「ロンドン・タイムズ」など当時の日本国内国外の主要欧文紙の紙面を連日のように賑わす論調によって知ることができます。

『ジャパン・ガゼット』紙、維新政府攻撃の背景・序幕

「琉球王国」の存続を危うくする日本国の国策を激しく論難する国内新聞の論調は政府が次々に打ち出す「新聞条例」によって弾圧され、一般の国民はいわばつんぼ座敷に置かれた状態にありました。しかし、日本国民の声を押しつぶすことはできても国外の声、国際世論をまで牽制することはできませんでした。また高度の良識を備えた世界の目、特に西欧諸国のメデイアが黙っているはずがありません。特に、元米国大統領であり、南北戦争時には北軍の司令官として勇名をはせた、かのユリシーズ・グラント将軍の耳に「日本国の琉球王国に対する介入」が伝えられるや、その瞬間から日本政府は国際世論との対峙を余儀

なくされることになります。その一大ニュースはまず、米国における一流紙『ニューヨーク・ヘラルド』によって世に発表されます。「開戦をも辞さず～中国、日本国の琉球島占拠に抗戦の構え」の見出しを有し、国際面のほぼ全面を埋め尽くすそのトップ記事は、一八七九年六月十五日北京発となっています。横浜の外国人居留地における英文日刊紙の中で明治政府の対琉球国国策に最も熾烈な批判の声を浴びせるのが『ジャパン・ガゼット』なのですが、その詳細に立ち入る前にまず、そのような状況に至る背景、序幕に目を向けてみましょう。

グラント将軍と琉球問題との接点には以下のような背景がありました。米国大統領退官後のグラントが中国、日本国を含む世界一周旅行の途上、北京へも立ち寄り何週間か過ごすことを知った中国政府の上層部、摂政恭親王、天津の李鴻章総督らは日本・中国間の一大懸案でありながら、日本政府の冷ややかな態度に会い暗礁に乗り上げたままだった琉球国の帰属問題に何らかの活路を見出す最良のチャンスではなかろうかとして北京滞在中のグラントに調停役を担って欲しいと相談を持ちかけるのでした。一米国市民として悠々自適の旅を楽しむ己れの身辺に突如持ち込まれたこの「琉球問題」にグラントが初め当惑の色を隠せなかったのも当然のことではありました。しかし、政治外交上のありとあらゆる難題と取り組んできた百戦錬磨の英雄グラントにとり、極東の二大帝国間に横たわる懸案、一触即発の危機をさえはらむかにみえる問題の深刻さに気づくにはそれほどの時間を要しませんでした。そして自分を国賓なみの丁重さで饗応してくれる中国指導層の面々に、このあと日本国に立ち寄り次第、「冊封関係の継続維持」を強く望む中国政府の意向を伝えようと約するのでした。「ただし」と付け加えることをグラントは忘れませんでした。「日本国には必ずや日本国としての立場なり、主張なりがあるでありましょう。そのような日本政府の意向に接するまでは自分の立場、意見は全く白紙のままである」と……。

琉球の帰属～日米トップの鳩首会談

世界に名声を馳せる超一流の人物の来日に備え明治の中枢はいち早くその対応に手をつけます。明治政府による公式声明文の作成がその一つですが、それには伊藤博文門下の井上毅、金子堅太郎、伊東己代治ら幾人かのブレーン、政府の縁の下の力持ちたちが関わっていたでありましょう。

日本に足跡を印するやいなやグラントは駐日米国大使を通じ日本政府に政府首脳との会見を望んでいる趣意を伝えます。

酷暑の東京を避け、快適な日光山中での休暇を楽しむグラント一行の宿舎を訪れ、その門を叩くのは伊藤博文、西郷従道、吉田駐米大使らの面々、会談の主題は「琉球国の帰属問題」。その会談の詳細をいち早く知るのもまた日本国民ではなく、欧米メデイアの読者層でした。会談の終了後、その日のうちに夜を徹して長文のルポを仕上げるのはグラント直属のレポーター、ジョン・ラッセル・ヤング。「日本国日光発、一八七九年七月二十三日」の記事が掲載されるのもまた『ニューヨーク・ヘラルド』紙上でした。「東アジアに戦雲の陰りあり～日中両国をめぐる琉球問題」との見出しを有する、小冊子優に三十ページ分もあろうかと思われるほどの記録です。

日本国の国内・内政問題であるとしてこれまで中国政府の琉球国に対する覇権の主張を一蹴し、黙視し続けてきた日本政府、この日中両国間に戦火を交えしめる可能性を秘めるほどの重大な懸案が「国際問題」として西欧世界に露呈された今、日本政府はようやくにして政府の立場の開陳に腰を上げます。その政府の立場を記す「公式声明文」の内容も日本国民を対象に発表されたのではなく、まずグラント一行をはじめとする欧米の識者、そして日本国内に滞在する外国知識人を対象とするものでありました。というのも日本政府の半ば御用新聞的性格をもっていた『東京タイムズ』(*The Tokio Times*) 一八七九年十月十一日付きの英文公開記事として発表されているからです。「民は知らしむべからず……」の国策がここでも露呈しています。そのことを教えてくれるのが、また図らずも二部からなるその記事の冒頭にみる次の記述です。

「米国のジャナーリスト、特にジョン・ラッセル・ヤングらの努力と活躍によって琉球を巡って紛糾する日清関係、いわゆる琉球問題の経緯については米国市民のほうが東アジアの人たちよりもはるかに詳しい情報に接することができる状況にある」

第一部ではすでにいち早く日光会談の詳細を欧米読者層に伝えている『ニューヨーク・ヘラルド』紙の内容を敷衍するにとどまっていますが、第二部が「日本と琉球」とのタイトルで日本政府が開陳する声明文となっています。この声明文こそ、明治政府の中枢が日光においてグラントに手交したものであり、政府が琉球諸島掌握の正当性を成文化し、初めて国際社会に公表したものであります。ここで我々が忘れてならないことは以下の点でしょう。すなわち、この時点までには、日本政府が内政問題として琉球を「処分」、「始末」してすでに半年以上の時間が経過していることです。そのことの意味することは重大です。世界の動きが国際法、国家間の約束、信義、条約によって律せられる近代化の趨勢のまっただ中にあって、琉球王国と幾百年にもおよぶ国交のある中国政府中枢とただの一度たりとも公式の場で琉球国の命運につき信義を尽くす事なく、そのいわゆる「処分」、「始末」が行われていたのです。国際社会の一員たらんとして近代化を進める日本国がこの「国際問題」を関連諸国、特に中国政府の認証を得ぬまま処理していたのです。すでに近代化を成し遂げて久しい西洋諸国、すなわち日本国が模範とする西欧社会の良識がこのような状況を見逃すはずはありません。明治政府の声明文発布のあと一ヶ月も待たずして反旗を掲げて論壇に登場するのが、すなわち『ジャパン・ガゼット』紙です。ガゼット（以下、そのように呼びます）は明治政府の声明文を掲載した東京タイムズの競争紙、やっと本稿の主題にたどり着きました。

「聞け、今一つの声」

このような見出しでガゼットが明治政府攻撃の第一声を挙げるのは一八七九年十一月、以後翌一八八〇年の初めにかけ四回にわたって論説を展開します。極東アジアの古代史、地誌、言語、宗教、民族、習俗、近代史の各項目に従い日本国の琉球国への覇権の主張、その正当性を証明せんとの政府声明の論点を逐一批判し、反証を挙げるガゼットの論客は明治政府の施策になんら正当性の認められないことを論証すべく強い語調で論じています。まずその論説の結論に目を向けてみましょう。

「問題の明治政府による公式声明が、こともあろうに『英文』で、しかも『外国』の新聞紙上に発表された事実、そしてその中に述べられた諸事項がまさに『正真正銘、疑う余地のない史実』として前大統領閣下へ向け強く主張されている事実は、我々がこうして内容を詮索している声明文書中にみる記述の齟齬、誤謬を指摘しておくことを極めて正当なこととするであろう。そのうえ、声明文およびこの論説に引用された諸文献を詮索する能力を有する者には物事の真実と正当性、正義のためはもちろん、史学、地理学などの人文科学のためにもむしろ当然の義務であるとさえすることができよう」

歴史観と歴史解釈

明治政府は琉球国に覇権の主張をなす最大の根拠をまず「歴史」、いや「征服の歴史」に求めます。嘉吉元年（一四四一）、時の将軍足利義教が島津忠国の日本国に対する顕著な功績を称え、琉球諸島を与えて以来、その後の島津の琉球侵攻により琉球が島津の従属国に帰し、いわゆる「附庸」としての地位が確定したとしています。琉球侵攻によって捕われの身となり、島津藩は鹿児島の地において長年幽囚生活を余儀なくされる琉球王尚寧、そして三司官として知られる幕僚より得た「十五か条の訓令・誓約書」が何よりの証拠であり、その原文は明治政府の所蔵するところである、としています。他にも薩摩藩の下した訓令などの文書が証拠物件として存在することは琉球が近世そして近代史上ずっと薩摩の附庸であった動かし難い史実だとしています。

ガゼットは明治政府の振りかざすこれらの「証拠物件」を幽閉中の一国の国王そしてその臣下である三司官の意に反し、半ば強制的に仕上げられたものであるとし、「前時代的、非人間的、半野蛮的なものである」として一蹴しています。さらに琉球国の存立にかかわる一大懸案に関し、現代の責任ある政府役人、官僚がそれらの「盟約書」の特異性に意を用いず、何が正当な「証拠物件」となり得、何がそうでないかを見極めようとしなかったかに思えるのは甚だ遺憾である、としています。薩摩の琉球制圧という罪科は薩摩のそれであって、日本国中央政府のそれではないはず。にもかかわらず日本国の維新政府がその罪科を、それを楯に新たな主張をなすが如き行為は古代、現代を問わず文明国の遵法精神に反する、と結んでいます。

嘉吉元年云々が史実であるかどうかはともかく、日本政府の歴史観と歴史解釈、そしてガゼットのそれとに大きな格差のあることを感じずにはいられません。

民族的同系関係～日本国の真の主（あるじ）は誰？

「琉球の人々は系統上、日本帝国に定着する日本民族以外のどの種族よりも強い同系関係を有する」という日本政府の主張に対してガゼットは次のような文章をもって応じています。

「そのような同系関係を証する歴史的背景が仮に存したとしても、いわゆる日本民族そのものがアイヌ、ヤマト、高麗、中国（そしてそのほかにも色々な人種を加えることができようが）といった幾多の人種の混血によって出来上がっていることは火をみるよりも明らかである。琉球の人たちの方が一般の日本人よりも、より純粋で他民族との混血以前の要素を多く保っているかのようにさえ思われる。琉球の人たち自身、自分たちが『大和民族の真の祖』であると主張しているのであって、もし彼らこそが日本全土の主（あるじ）であるとすれば、いま日本の明治政権が琉球の地に覇権を主張していることが本末転倒であること、それは明治政府の役人以外の日本人一般の誰の目にも明らかなことである」

ガゼットはそのほか中国・琉球関係の本質、言語、為朝来琉説など公式声明文の論旨に関するすべての点について、声明文の二倍以上の紙面をさいて論評していますが、その詳細につきましては本ミニシンポの今お一人の報告者山下名誉教授の論考「『ジャパン・ガゼット』論説の琉球処分批判と井上毅の反論」（『國學院法学』第四十巻一号、二〇〇二年七月刊）を参照されますよう。またすでに挙げました「琉球王国の崩壊」、*The Demise of the Ryukyu Kingdom* には声明文、ガゼット論説の和訳、英文原史料が収められています。

「ガゼット」と軌を一にする「ロンドン・タイムズ」の論調

全四回にわたるガゼット論説シリーズの初回分が世に問われた一ヶ月後、すなわち一八七九年十二月には英国メディアの代表、『ロンドン・タイムズ』がガゼットとは独立に、しかしほぼ同様の論旨で琉球の帰属問題に論評を加えています。少々長くなりますが、世界のオピニオン・リーダー、『ロンドン・タイムズ』の主張に耳を傾けてみましょう。当時の西欧世界の識者の抱く「反琉球処分論」の概要を知っておくことは、私ども現代に生きる者の歴史観、歴史の真の理解に欠かせないと思います。一人ガゼットのみが明治政府の施策に矢を放っていたのでないことを示すことにもなりましょう。以下がそのタイムズ論説の一端です。

「琉球国に対し日本国が幾世紀にもわたって権力を欲しいままにしてきたこと、それは幾多の史実によって明らかである。しかし、琉球国は常に日本の一地方の附庸あるいは入貢国としての処遇を受けてきたのであって、琉球が日本国そのものの一部、分身として扱われたことはない。日本国が封建領主島津の領国薩摩藩を吸収し、その一切を中央政府の直轄地とした際、理論的には当然それ以前、薩摩の負っていた責務の一切をも吸収したことになるであろう。したがって以後附庸としての琉球は薩州に敬意を表するのではなく、中央政府天皇の附庸として存在することとなるのであろう。しかし、覇権の厳密な意味、解釈では中央政府すなわち『みかど』は自動的に新しい日本国に吸収併合してしまう権利はない。新日本帝国と旧地方各藩との関係の大改革、近代化、これが維新の大変革であって封建制下の一地方藩主の附庸をそのまま中央に吸収してしまうことは、封建制よりの脱却、維新の大義名分に反する」

その『ロンドン・タイムズ』はガゼットの論評とは異なった視点、すなわち琉球国の人々の心情に配慮した観点から次のようにはっきりと言い切ってもいます。『琉球国の国家形態を抹殺すること、そのような施策には賛同しかねる。何となれば琉球の人たち自身、己れの国家形態を満足すべきものと考えているからである』」と。

ガゼットの論客

私が米国在エール大学のスターリング記念図書館所蔵のガゼット紙の原文に接し、その論説の概要を世に紹介したのは自著『琉球～異邦典籍と史料』（一九七七、新装版二〇〇〇年）においてでした。それはガゼットのシリーズ全四回分をひとまとめにし、小冊子にしたもので、おそらくは連載最終回の発表とほぼ同時に刊行されたもののようです。そのような状況からガゼット紙編集当局あるいは主幹がその論説シリーズを重要視していた背景を知り得たものの、その論説の筆者が誰なのかということに関してはそれほど注意を払っていませんでした。絶大な権力を有する明治政権を向こうにまわし堂々と反旗をひるがえす「今一つの声」が存することを知っただけで十分でした。そのような気持ちは今も変わりませんが、欧文文献資料に基づく沖縄・琉球研究が急速な進展を見せつつある今日、例えばフランスのパトリック・ベイルヴェール教授の編纂になる『西洋の出会った大琉球』全十巻本（二〇〇〇～二〇〇二年）の出現などは、琉球国の帰属問題で揺れ動く国際世論のまっただ中にあって明治政府に堂々と戦いを挑んでいたガゼットの声が実は「一つ」ではなかったことを教えてもくれます。ベイルヴェール本、第二期第二巻本には、このミニシンポで取り上げていますガゼットの「聞け、今一つの声」のほかにも、一八七九年より一八八〇年にかけてガゼットの掲載した「琉球事件」関係記事が長短実に十七篇も収められているのです。それらの記事の多くは例えば「上海クーリアー」、「北支日報」などからの転載英訳記事ですが、そのうち「聞け……」のふた月前に出たガゼットの社説、論説に近い琉球事件関係記事が二篇みられます。一八七九年九月六日、九月二十日付けのもので、それぞれ「琉球論争 The Loochoo Controversy」、「琉球問題 Lewchewan Question」の見出しを有します。前者は日本政府による台湾への征討軍派遣が琉球藩民殺害の罪を負う現地生蕃の討伐を隠れ蓑《みの》とする「台湾島侵略」に過ぎないと決めつけ、琉球併合の合理化に二百七十年前、すなわち慶長期の薩摩藩による琉球侵攻当時の現存文書を持ち出す日本政府が「台湾事件」をめぐる清国政府との折衝にあたっては、わずか数年前に日清両国が互いに領土の尊重と不可侵の義務を負うことを確かめ合った条約の存在には目をつぶる態度を厳しく論難しています。後者は北方領土をめぐる帝政ロシアとの確執で清国が国力、戦力よりもまず正義、道義を楯に外交交渉の場に臨み、しかも満足すべき結果をあげているにもかかわらず、こと琉球問題をめぐる対日折衝となると清国政府に積極性が欠ける。これは何事か、と暗に清国政府を叱咤《しった》するような口吻《こうふん》を露《あらわ》にしています。琉球事件の解決に武力による拮抗があってはならぬことはもちろんである。しかし、仮にも琉球事件という一大問題の解決に日清両国が武力をもって対処するとの事態にいたれば、今のところ日清両国の戦力にそれほどの差があるとも思えない、と過激な文章で結んでいます。

以上のような激しい論調のガゼット論議、そのスタイルはそのまま引き続き発表される「聞け、今一つの声」となって明治政府攻撃の勢いはとどまるところを知りません。以上のような情況を勘案するに、ガゼットの反維新政府の論議，論調の編者、筆者はやはり今のところガゼット紙の編者か論説委員に違いないと思わざるを得ません。ガゼットの「聞け、今一つの声」は、その最終部を次のような文章で結んでいます。

「世の意見に耳を傾ける態度と日本国の国賓たるグラント将軍に対し当然払わねばならぬ畏敬の念とがあるならば、政府の声明文に誤った陳述をなした当局、その責任者は速やかにその訂正を公表し、率直に陳述の撤回をなすべきである。日本国には我々ガゼットの意見に賛同してくれる良識あふれる人たちが数多く存することを信じて疑わない。そして彼らは自国を率いる政府の最高責任者が、日本国のいかにも正義を尊重し、雅量に富んだ国であることを世に知らしめることに最大の慶びを見出すことであろう。今、日本国はそのようなことを示すのに絶対に逸してはならない最良の機会に直面している」

歴史の流れ、「近代化」の帰結

ガゼットのこのような文章が記されてから歴史の流れは二十一世紀の今日まで百二十四年という時間の経過を刻んできました。その歴史の経過はガゼットの示唆する方向、流れとは必ずしも軌跡を同じくするものではなかったかも知れません。そしてその流れ、それは「近代化、欧化の流れ」とでもすることができましょう。そしてその近代化の怒濤のごとき奔流の行き着くところが一九四五年八月だったこと、それはウチナーンチュをも含め我々日本国民皆の知るところであります。そのような歴史の流れの源流にまでさかのぼって歴史を振り返り、内省する機会を我々に与えてくれるもの、その一つが例えばガゼット論考であるとすることができるのではないでしょうか。

七　序説　琉球王国併合

―幻の「近代国家日本の創建」、そして壊滅への第一歩

史実の語る日本国近代史の実相

琉球王国存亡の危機、それは維新後の日本国存亡の危機でもあった。東アジアに君臨せんとして近代化を推し進める日本、そして中華の大帝国清王朝～この両大国に有史以来恭順の意を示しつつ独自の文化をはぐくみ、曲がりなりにも一王国としての存在を保ってきた琉球王国に対し維新政府は以後清国との関係を一切断絶すべしと命じたのだった。

明治の新興国日本のこの強硬手段に対し清国は、その附庸琉球国の保全に帝国の名誉を賭し、あえて日本国との戦いも辞さないとの決意を固めていた。明治天皇を頂く帝国日本の中枢部で、この「琉球問題」が明治朝廷の屋台骨を揺るがす一大事件であると認識されていたことは、例えば『台湾琉球始末』第四巻（梧陰文庫）にみる次の一文にうかがえる。

「朝廷、事態の重大なるを以て特に参議兼内務卿大久保利通を以て全権弁理大臣と為し、北京に派遣し璽書（天皇の国書）を授け、委任状を与えて和戦の機宜を決せしむ」

時に明治七年（一八七四）のことである。幾百年の歴史を有する琉球王国が「琉球藩」となってより僅かに二年、その後「廃藩置県」の勅令によって、琉球が日本に併合吸収され、王国の終焉をみるにはまだ数年の時間が残されていた。その数年間はまた旧幕藩体制より脱皮し、絶対主義国家へと変貌する新興国日本があくまでも国内問題として「始末」「処分」せんとする琉球問題が清国以外の外国列強、国際社会からも猛烈な批判を浴び、一大「琉球事件」として国際問題化する過程でもあった。

特に日本政府が琉球国併合の断行に踏み切る明治十二年（一八七九）には欧米諸国の知識人の多くが国際法、国際間の信義、道義に反するとして日本政府の独断的行動を論難、琉球諸島をめぐり白熱する国際論議は、その勢いを増しつつあった。

共時的欧文原資料

日本政府は、琉球を自国の版図に組み入れんとして手を染めた琉球王国への介入が仮にも失敗の憂き目をみるとすれば、維新後の新興国日本の存立の大義名分をさえ失いかねないと、自国の存亡をかけて国際世論と対峙していた。その様子は『ジャパン・メール』、『ジャパン・ヘラルド』、『ジャパン・ガゼット』、『東京タイムズ』、『ニューヨーク・ヘラルド』、『ロンドン・タイムズ』など、当時の日本国内国外の主要欧文紙の紙面を連日のように賑わす論調によって窺い知ることができる。そのような欧米における論説の存在、その意義は、琉球処分という一大政治事件がまさに日本国国内政治の舞台裏で繰り広げられていた同時発の情報であった点、数世代のちの近代史研究者の扱いえる「通時的史料」の意義とは自《おの》ずからその様相を異にする「生《なま》の史料」そのものである。本書は、そのような「共時的な欧文史料」の大要を紹介せんとの試みである。

琉球王国の末路、それは近代国家日本創建への第一歩であったと同時に、近代国家日本帝国の末路、そして壊滅への第一歩でもあった。江戸より東京への大変革に象徴される維新の大改革を成し遂げ、新興明治国家の建国に身命を賭する日本国の指導者には、自ら手を染めた日本国の「近代化」が幻であり、それがやがては自国の崩壊、徹底的壊滅を招来する第一歩であることなどは、無論知る由もなかった。

朝鮮王朝、江華島に炸裂する砲火

その幻の「日本国国威の高揚」は、すでに琉球国併合を遡ること実に四年、朝鮮国はその首都京城の喉《のど》もと江華湾の湾口を占める仁河沖の一島、江華島に炸裂する砲撃戦の火焔に象徴されていた。日本帝国海軍の軍艦「雲揚」の不法入港に砲火を以て応じる朝鮮軍に対し、初めからその相手国朝鮮の発砲を待ち構えていた「雲揚」は、相手のその「先制攻撃」の幾倍にもまさる艦砲射撃の火力で、たちまちにして江華島の陣地、砲台を木っ端微塵に壊滅させてしまっていた。その瞬間に、近代国家日本は、それ以前幾世紀にもわたって培ってきた朝鮮王朝との善隣外交に自ら進んで終止符を打ち、隣国圧制への悲劇の一歩を積みだしていた。明治八年（一八七五）秋のことである。

台湾征討軍

日本海軍が黄海は江華湾にその猛威を振るう以前、帝国日本の陸軍はといえば、遠く琉球国の南、台湾においてすでに「国威の高揚」を示す示威軍事行動を終えていた。総司令官、陸軍中将西郷従道率いる台湾征討軍派兵がそれであった。台湾島にて虐殺された琉球島および日本の難船漁民の不当な扱いに抗議するとの名目で「台湾蛮地処分」を画策する帝国日本の東シナ海における暗躍、それは明治七年（一八七四）のことである。台湾征討軍の軍事行動の詳細については、征討軍と行動を共にし、その全容を明らかにしている米人エドワード・ハウスの貴重な一書 *The Japanese Expedition to Formosa*『征台紀事』Tokio, 1875 が存する。

中国の致命的な外交

台湾をめぐる中国の責任を軍事力を楯《たて》に難詰する隣国日本に対し、中華の大国清朝廷の大人は、琉球国が清国の属国であるとしながらも、台湾の生蕃は「化外の民」なりとする外交上の決定的な失敗を犯していた。化外の民の住む台湾島がすなわち中国にとっても化外の地であるとの口実を日本に与えてしまっていたからである。この屈辱的な失敗に気づいた中国は、たちまちしてその態度を豹変、台湾をめぐる日中外交交渉は難航し、日中両国間に戦争勃発直前の危機をさえ招いていた。その結末については本書にみるメディア、欧米の識者が日中外交戦のプロローグとして扱う論議にみられる。

隣国の恩義を忘れた愛弟子日本

日本国がいまだ原始時代の様相を呈していた頃、すでに何千年もの中国文明を築きあげていた偉大な隣国中国から文物思想、その他ありとあらゆる恩恵を享受してきた日本国、その善隣国交による偉大な恩恵により「近代化、欧化」を成し遂げるまでに成長発展した日本国、その中華の大国の愛弟子であるはずの日本国が中国大人の国にいささかなりとも恥辱、屈辱感を与えていたのがその台湾問題だった。善隣国交、友好親善が国家の安泰につながる究極の真理であることを忘れ、近代化の旗印のもとに国威の高揚こそが国家の絶対的目標であるとして、富国強兵への道を踏み出していた。その第一歩が終局的に日本帝国の壊滅を招来することに、時の日本国の旗手たちは無論気づいていなかった。

維新政府の「影武者」

日本国の琉球国併合をめぐって展開、紛糾する日中両国間の外交戦、その本質は善隣国交、善隣友好関係の絶対性を主張する中華の国と武力による領土保有、拡張の絶対性を信じ、主張する日本国との対立である。その外交戦の顛末を詳細に記す貴重な一篇が本書の末尾を飾る長編、すなわちフランシス・ブリンクリーの手になる琉球事件総括である。

事実上、明治政府の御用新聞的性格を持っていた『ジャパン・メール』の主筆として暗躍する英人ブリンクリーは、いわば明治政府の「影武者」であった。欧米知識人そして欧米のメデイアが日本国の琉球島占拠に対して浴びせる批判の矢面に立って日本擁護論を展開していたのがブリンクリーだった。明治政府上層部との接触のあったブリンクリーは、日本が対中国外交戦で火花を散らす戦場のまっただ中にあって「敵国」中国北京政府の外交の中枢部である総理衙門《がもん》より日本政府に届けられる機密文書の類いをすぐさま入手し、日本国弁護の論戦に備えていた。

治外法権下に健筆を振るう

当時、東京、横浜を中心に次々と発刊される邦文新聞にみる反明治政府の論調を厳しく統制せんとして次々に発布される新聞条例により、時にはその邦文新聞が発刊翌日には廃刊の憂き目をみるといった状況さえあった。そのような「文明開化」(!)の時勢にあって、いわば治外法権下の欧字新聞を率い、自由に時事問題を論じることのできたブリンクリーは、当時の日本人のどのような知識人よりも明治の世の趨勢に通じていた。そのようなブリンクリーの手になる「琉球事件物語」と題する長文の論説は、明治政府の琉球諸島併合の強行措置、そして先島二島の割譲にからませながら、その実日本国に有利な貿易特恵国待遇の条約締結に躍起となる日本国の施策の詳細、その実像を伝えてくれる一篇として、その史料的価値には計り知れないものがある。

ブリンクリーの論旨を一蹴

優に小冊子一冊分の分量を有するブリンクリーの琉球併合論議総括、その論議を一貫して支える自説の論旨を筆者ブリンクリーは、総括の冒頭に掲げる「朝貢・附庸・宗主」の項で簡単明瞭に述べている。「朝貢制に基づく善隣外交、善隣国交の否定」がそれであり、ブリンクリーは、その論拠を「東アジアにみる朝貢の仕来りが、いわゆる西洋でいう『宗主』の概念と何らかの関係があろうなどとすることができないからだ」とする。ブリンクリーの長編全体を支えるその論議を一蹴し、葬り去るに、我々は多言を要しない。「全くその通り。西洋でいう『宗主』の概念とは何らの関係もない」だけで十分である。

明朝廷、朝鮮国、南海諸国との善隣国交

琉球王国の富みと幸せを支えていたもの、それは善隣外交、善隣国交以外の何ものでもなかった。中華の国は、明王朝の成立する十四世紀後半より十五世紀中葉に至るわずか半世紀余りの間に琉球の中山王、山南王、山北王は、明朝廷に実に百回を越える朝貢使節を送り、隣国明朝廷との間に確固たる善隣国交を打ち立てていた。琉球により近い朝鮮国とは、大国明朝廷への朝貢国同士という固い絆で結ばれ、ここでも互いに交易による善隣国交を打ち立てていた。

それ以前、大航海時代の波に乗って、すでに東南アジアに進出、マラッカ海峡一帯に世界貿易の一大根拠地を築いていたポルトガル人の間では、この海域における大先輩「レキオ」、すなわち「琉球貿易商人」の存在が話題となり始めていた。そのレキオは、ポルトガルの進出以前、遠く南シナ海の荒波を繰ってマラッカ、バレンバレン、パタニはじめ、シャム王国にまで交易の足場を広げ、すでにこの海域諸国との間に善隣国交を築いていた。

「万国津梁の鐘」

その善隣国交貿易によってもたらされる「至宝」は、琉球王国に満ち溢れていた。「舟楫《せんしゅう》」によって「万国の架け橋」となり、黄金時代を謳歌する琉球国は、大明国を車輪の両輪の間柄にあるとして敬愛し、「唇歯《しんし》」の仲としての「日域」、日本国への報恩の念を忘れなかった。この両大国の間にあって、幻の「蓬莱島《ほうらいじま》」かと紛《まご》うばかりの己れの国、琉球を「南海の勝地」としていたのが、善隣国交以外の何ものでもないことを琉球の人たちは知っていた。その琉球国の誇りを鐘銘として刻み、首里王城正殿の前面を飾ることとなっていたのが、かの名鐘「万国津梁《しんりょう》の鐘」である。名君尚泰久の命によって造られ、今に伝わるその梵鐘の鋳造されたのは一四五八年、かのコロンバスによるアメリカ大陸発見の実に三十四年も前のことである。

「守礼の邦」の民を称揚する欧米人の手記、航海記

「守礼の邦」琉球の人たちが、「日域」として敬愛する日本国は、その最南端の一地方藩主の命によって虐げられ、陵辱されるのは、その後百五十年を経る頃である。琉球王国の繁栄は、その歴史上の一件をも

って終わりを告げるのであるが、それ以後、琉球国最後の国王尚泰の世に至る実に二百七十年もの間、琉球の人たちは、善隣国交こそが唯一最も正しい国是であることを忘れなかった。そのことを我々に伝えてくれるのが十八世紀、十九世紀を通じて曲がりなりにも王国としての存在を続ける琉球国を訪れる幾多の欧米人による手記、航海記である。遠い海原を命を掛けて琉球海域に至る異国の訪問者を遇するに琉球の民は、常に最大の礼節をもってしていた。「日域」そして中華の国、明朝廷以後の清王朝にも全く同様の国是で接している様子を示してくれるのが、外でもないブリンクリーの長編琉球問題総括である。

「未決」の一大懸案

ブリンクリーのペンがこの総括一篇を生み出したのは「廃藩」後わずかに四年、琉球をめぐる「置県」、そして先島二島割譲および日中貿易条約改正の一大懸案は、「未決」のままだった。以来、百余年を経る今日、それらの案件は依然「未決」のままである。本書に収録される一大動乱期の日中外交戦の全容からそれ以外の結論を引き出すことはできない。その未決の一大懸案の解決、回答を模索する一大論議の場、土俵を本書は提供してくれるであろう。

琉球国の国是

その土俵上で、いずれは交わされるであろう論議は、一人かつての琉球国、今日の沖縄のみの進むべき道の模索であってはならないだろう。それは「日域」の国、中華の大国、朝鮮半島をも包括した東アジアの進むべき道のりの模索でもあろうからである。琉球王国の歴史は、その模索に決定的な回答を暗示しているとしてよいであろう。善隣外交、善隣国交こそを絶対的な道しるべとすべきである。本書の一大琉球問題論議から、それ以外の結論を引き出すことはできない。

二十一世紀の今日、はじめてみえる近代化の意味

近代化、欧化、富国強兵の雄叫びのもとにひたすら前進を続ける明治初期の帝国日本にあっては、ブリンクリーの日本国国威称揚の論議は、もちろん国の指導者層はもとより、日本国民がそろって賛同し、その論議の絶対性を信じて疑わなかったであろう。二十一世紀にあるわれわれは、しかし、明治初期より一世紀以上の歴史の経過を知っている。それは、いうまでもなくブリンクリーの与り知らない歴史の時間、その経過である。その時間の経過とは何であったのだろう。

本序説の冒頭にて触れた江華島事件後の江華島不平等条約に象徴される善隣国交より征韓外交政策への転換、日本国の侵略政策に反抗する京城軍人による壬午軍乱、そしてそれを契機として日本国の立てる対清戦争軍備拡張十カ年計画、そしてその強行、ブリンクリーのペンのインクのまだ十分に乾ききっていない頃の甲申政変にみる日清両軍の確執、朝鮮における甲午農民の反乱を契機に勃発する日清戦争、その後の下関条約による日本国の台湾、遼東半島領有、日露の決戦、満州、シナ事変、ノモンハン戦役、太平洋戦争、沖縄戦がそれであり、日本国の国威の高揚の結末が広島、長崎、そして東京湾は米艦ミズリー号上のできごとであった。

「敗戦廃県」

焦土と化した「日域」をかのミズリー号上の屈辱より解き放ち、その後わずか数年にして日本国再建、独立、そして今日の日本国の繁栄の礎《いしずえ》を築いたすべてが、かつての琉球国、沖縄県の存在、いやその「非

存在」にあったことを知らぬ者はいない。それがサンフランシスコ日米講和条約締結の背景であり、実像であった。その間の歴史上の経過をとりあえず廃藩置県ならぬ「敗戦廃県」として位置づけ得よう。欧化主義、富国強兵を旗印とする日本国の近代化が幻であったことを証明するのに歴史は明治の維新、革命よりミズーリ号上まで、わずかに七十七年の年月をもってしていることを忘れるべきでない。

ひるがえって、善隣外交、善隣国交によって東西の和平と友好に貢献していた琉球国は、実に五百年以上におよぶ輝かしい歴史を有する。このことから教訓を学ばぬ者はあるまい。そのような教訓を我々に教えてくれるのがまた、はからずもブリンクリーの秀逸なエッセイ一篇である。

注記：上の総括中にみる日清外交のいきさつ、結末に関する著者ブリンクリーの誤解の一端については本書巻末の山下重一教授による山口編訳『琉球王国の崩壊』の書評を参照されたい。

八　外人記者が見た明治新政府の近隣外交

注記：以下は、國學院大学悟陰文庫主催の「明治期の英文紙『ジャパン・ガゼット』を巡る琉球処分論争ミニシンポ」、そして『琉球王国の崩壊：大動乱期の日中外交戦』、その英文版 *The Demise of the Ryukyu Kingdom* 等の関連著書の発刊を機に行われた『東京沖縄文化通信』編集人玉城正保氏との対談録。

玉城　山口さんは一九三八（昭和十三）年那覇市に生まれ、一九六一年に琉球大学英文科を卒業、留学生としてアメリカに渡りその後アイビーリーグの名門エール大学に職を奉じ東アジア言語文学の碩学として学生の指導に当たり一九九九年にエール大学を定年退官し帰郷。その後沖縄県立看護大学で英語科教授としての活動ほか『琉球弧からの飛翔』『グローバル時代の琉球弧』『異国と琉球』など滞米三十六年をベイスにしたユニークな視点から貴重な著作を欧文、和文の二本建で発表、多くの人に愛読されています。

この度もまた『琉球王国の崩壊』を刊行されましたが、明治初期の英字新聞、雑誌に掲載された沖縄関連記事を丹念に収録し、正確な情報を提示しながら当時の日本外交の実態が垣間見られて興味深い読み物となっています。

本書で紹介された明治政府の外交政策は江湖に広く反響し、種々の意見を喚起することと思われますが、どのような発想で上梓に思い立ったのですか。

山口　アメリカで長年暮らしていますとコスモポリタン的といいますか、物事を世界的視野、国際的感覚で見ていくようになります。同時に自分のアイデンテイティーは一体何だろう、一度確かめておきたいとの強い気持ちに駆られることがあります。三十六年ぶりに沖縄に帰ってみてその思いを一層深くしたものですから、この機会に沖縄歴史の探求を、と進めてみたところ、明治維新後十年ほどの間の沖縄と明治政府との微妙な関係が判明してきました。

正確を期するため当時日本で発行されていた英字日刊紙『ジャパン・メール』『ジャパン・ヘラルド』『ジャパン・ガゼット』『東京タイムス』、さらには『ニューヨーク・ヘラルド』『ロンドン・タイムス』など日本国内外の主要欧文紙の紙面を連日のように賑わしていた関連記事を克明に収録。さらに、國學院大学の山下重一教授から数々の助言をいただきました、教授は、西洋思想史をライフワークとする傍ら、英国と大琉球島との接点に注目し、欧米文献資料を中心に欧米と琉球王国との交流史の解明に専心、『琉球・沖縄史研究序説』などの著作にまとめられています。中国文献資料の研究で知られる孫薇女史からは人名、時代考証等で多くの示唆をいただくなどして正確な歴史的事実に基づいたアイデンティティーに思いを致しながらまとめました。

玉城　慎重に正確を期した編集ぶりは一読して明白です。明治政府が発足したのは一八六八年二月八日ですが、一二日ほど前には鳥羽伏見の戦いがあったし、江戸城明け渡しも同年四月五日の勝海舟と西郷隆盛との会談後だし、彰義隊が壊滅させられたのも七月四日で明治政府に政権が渡ったといっても、いろいろと問題があったと思うのですが、歴史教科書にはあまり詳述されていませんね。

山口　新政府の方針が旧藩制度のままでは十分に浸透しないので一八七一年（明治四）八月、薩長土三藩から御親兵を集め武力を強化し、封建割拠の旧態を解体、全国に政府の直轄地三府三〇二県を置くが、十二月には再統合し三府七二県にする、いわゆる廃藩置県を実施した。ところが、そのときには沖縄県は入っていません。なぜ入っていないかといいますと、そこがポイントでいろいろと訳ありなのです。その辺のところは、早くから明治国家と琉球との関係史の究明に手を染められ、原史料の発掘に大きな足跡を残しつつある畏友、山梨学院大学教授の我部政男氏から十数個の段ボールに詰められた内閣文庫蔵原史料「新聞譯稿」など得難い史料が提供され大いに助かりました。

結論からいいますと、その時点では沖縄は藩ではなかったからです、ないものを廃するわけにはいかない。そこでいずれは廃すべき琉球藩という「幻」の出現となるのです。

沖縄は一六〇九年薩摩の島津軍に進攻され、首里城は落城、当時の琉球王尚寧は島津軍に拉致され、江戸まで連行され時の将軍に忠誠を誓わされます。それだけでなく、私たちの祖先が命がけで東南アジアの国々と交易して蓄えた財宝をことごとく略奪し、その後も薩摩藩は沖縄を附庸国として扱い、外交政策の全てをコントロールし、表向きは独立した王国として中国貿易を進めるよう指示、その収益、財宝は薩摩に持ち去る政策をとっていました。

玉城　薩摩の藩主は、自分は「桃太郎」で沖縄は財宝をもった鬼が棲む「鬼ヶ島」だと思ったのですかね。

山口　それに比べ当時の中国（明から清代）の周辺国への対応は、あえて武力で屈服を強いるのではなく、恭順の意を表し、表敬訪問をして朝貢さえしてくれれば、それで嘉とし、逆にお土産を倍以上も持たして返す善隣外交志向の国でした。特に琉球王国にだけそうするのではなく、史料をみても朝鮮、安南、ビルマなどの隣国も朝貢をしています。当時はそのことが、通商をしていく上でしなければならない儀式みたいなものでした。

沖縄の場合は、さらに国王の認証を受ける形で、国王の代替わりの際には「汝をして琉球王に任ずる」との辞令と王冠を携えて中国から大勢の使者がやってきました。彼らは数々の祝いの品をもってくるので大歓迎されました。

一方、その中国よりの使者一行が琉球滞在中、薩摩の琉球駐在取締官らは、田舎へ引っ込んで顔をみせないようにし、使者が帰るとぞろぞろと出てきてお祝いの品々を薩摩に持ち去るようなことをしていました。そのような状態が一六〇九年以来二七〇年にわたって続けられてきたのです。

明治政府は、それまで大小の藩主によって治められていた人々に国家という概念を注入し国民として統轄されるという意識改革を施すのには、ひとまず藩民と藩主の関係を清算しなければならない。そのためには、各藩が一斉に藩籍を廃止して、何藩の誰というより、日本国民の誰と外国の人には言える状態にすることが急務でした。ところが沖縄の場合には薩摩に支配されているとはいえ、対外的には王国としての体面を保ち、中国や他の国々と友好的通商を続けており、特に中国からは冊封の礼を受け多額の経済援助や留学生の受け入れなどの文化的支援を受けている関係もあって明治政府は他の藩のように直ちに藩籍を廃せよとはいえない。

そこで今から一三〇年前の一八七二年（明治五）、明治政府は慶賀使として上京した伊江王子らに沖縄を琉球藩にすると言い渡した。政府はさらに一八七五年、内務大丞松田道之を琉球処分官に任じ、以後中国との冊封関係の廃絶など処分方針を伝えた。しかし、そのことがたちまち大きな国際問題となり、連日横浜の英字新聞やロンドン・タイムズ、ニューヨーク・ヘラルドなどの紙上を賑わすようになった。その間の消息は拙編訳書『琉球王国の崩壊』に詳述しておきました。

琉球処分の受け入れには松田道之に二三〇〇人の憲兵および陸軍軍人を同行させ沖縄に派遣、沖縄を藩にし、琉球王尚泰を侯爵にして他の藩主と同じように東京に邸宅を与え琉球処分に干渉できない状態にし、いろいろ曲折の末、一八七九年に琉球藩を沖縄県にしています。

玉城　その頃、植民地拡大の論拠とされていたオランダの国際法の大家、グロテイス（一五八三〜一六四五）の先占の原則「たとえその地域を事実上支配する住民がいても、国際法の主体足り得る国家によって支配されない限り無主の地であり、最初に実効ある支配を行った国家の領有が認められる」との説を知っていたので急いだのでしょうね。

山口　そういうこともあったでしょう。でも私、山口の視点から申し上げて、明治政府は発足当初から国民の意思を汲み上げて政策に反映させる姿勢が感じられません。すべてを「近代国家の建設」という言葉で合理化し、西欧の国々は、国王が官僚と常備軍により主権者として統治する「主権国家」から、国民が主権者となり議会が国政の最高機関となる「国民国家」の流れになっているのにあえて逆らい、天皇を現つ神と信奉し批判を許さない「主権国家」としての国造りを選択しています。

さらに善隣外交のかけらもみせず、自国の富国強兵の道を進み近隣諸国への侵略を繰り返す無法者の国となっていったのです。沖縄の版籍奉還についても中国は「沖縄は歴史的に中日両国に朝貢していたのだから、どちらかが領有することなく独立国にすべきだ」と主張したが、日本は外交的に相手を納得させる努力をせず、一方的に領有を宣言した。

そのことが欧米のマスコミでも話題になり一八七九年一二月一二日付の『ザ・タイムズ』は「琉球が日中両国に朝貢していたことは、琉球が十分日本とは別個の一国家の形態を成していた証拠である。そのような琉球の国家形態が、いつ、どのような状況で消滅したのかを日本国は未だに説明していない、日本はその釈明の義務を負うことを忘れてはならない」との論説記事を掲載しています。

そのようなことがあって同年八月一二日、浜離宮で明治天皇と会談した前米国大統領グラント将軍の忠告となり、日本は琉球分割案を中国に提出するようになった。ただ、中国側の事情でこの提案は実効に至らなかったが善隣外交の哲学のない日本外交は、とめどなく舞い上がり、終に日本国滅亡（世の人々はそれを「敗戦」という……）、いや壊滅という大きな鉄槌を食うことになる。

九　青い目の「ノロ（祝女）」研究者

はじめに

欧文琉球学史上、おそらく初めて「古琉球」の精神界、特に「琉球ノロ（祝女）の研究」に手を染めていた欧人研究者を紹介しよう。その名は、ロバート・スチュワード・スペンサー。明治期以来、長年にわたって在日、在京欧米人日本研究者の論文発表の場となっていたのが『日本アジア協会誌』で、スペンサーもその学会の古い会員の一人。その協会誌の第八巻、一九三一（昭和六）年版に発表されたのが「ノロ、琉球の祝女」である。かの柳田国男や折口信夫の沖縄県来島を機に生まれた柳田の名著『海南小記』や折口信夫（釈迢空）の『沖縄採訪記』など、大正末期の発表になる古琉球採訪の旅の成果ともすべきそれらの著書の発表後、わずか数年にして中央日本本土の代表的欧文日本研究誌中に発表されたスペンサーの訪琉手記が以下に掲げるノロ研究一編である。スペンサーは、同じく大正末期の一九二三年に発表をみた郷土沖縄の史家、真境名安興の著書『沖縄一千年史』に親しみ、さらに郷土の知識人、島袋源一郎よりは『神職台帳』といった貴重な史料の提供を受けつつ古琉球の精神史の深奥に迫らんとの気概にあふれていた。また、年齢的には真境名より一歳年下でありながら、真境名の著書より二十二年も前、一九一一年（明治四十四）にはすでに『古琉球』の名著を産んでいた伊波普猷の著作や東恩納寛惇の史観にも触れていた。第二尚王朝は金丸、すなわち尚円王の台頭以後四百年にわたる治世のはじめ、尚円より尚真の世に至って中央集権化が達成される事情を、かの徳川家康による国家統一までに百年の差のあることを認めながら第二尚家と、徳川家康以降の流れに比す伊波の史観の妙味に理解を示しつつもスペンサー自身は、尚円以降、尚宣威、尚真までの三代は、むしろ織田信長、豊臣家、徳川家への流れに比すべきだろうとして、伊波に一矢を放っているところなど、私どもも現今の読者にとっても興味が尽きない。

また、ノロの存在を古代ローマにおいて、かの祭壇の聖火を守る処女神に比し、さらに時代をさかのぼっては、ギリシャの「火の神」信仰に同様の流れを見るという、欧米の精神文化に通じた学究にして初めてなし得るユニークな史論の展開にも注目したい。

それでは、かつての北山城の地、名護のノロ家をはじめ、読谷山《よんたんざん》では座喜味ノロ家、さらに島尻糸満のノロ家の門を叩いては、カメラを片手に聞き取り調査を進めるスペンサーの姿を私、山口の和訳文によって追ってみることにしよう。

ロバート・スチュワード・スペンサー著「ノロ、琉球の祝女」

琉球国を「忘れられた王国」としていたのは、たしかヘンリー・シュオーツ博士の著書の中においてだった。私がその句に接したのはもう何年も前のことだった。琉球の民のために幾年にもわたって献身したシュオーツ博士自身がその「忘れられた王国」という句を初めて使った人物だったのかどうかはともかく、少なくとも博士のような知識人が琉球国の状況について記していることに私は深く興味をそそられるようになっていた（訳者注：かつて、崇元寺裏の高台にあった宣教本部を拠点に明治末年より大正初期にかけてメソジスト教の布教に献身したヘンリー・シュオーツ師の著書『薩摩国、東郷の国にて：薩摩そして日本周辺にみる未知の諸地域に関する研究』の中の一章がスペンサーのいう「琉球：忘れられた王国」である。詳細については、訳者の

『異国と琉球』についてみられたい）。琉球について触れる英文、仏文、独文による文献は極めて少ない。古い時代より伝えられる和文文献、漢書の類は存するものの、真に知的、学術的観点から琉球を取り上げる書物はそれほど多くない。しかし、そのような状況にあって、新たな動きを見せているのが、地元琉球出身の学究グループ、中でも注目されるのが伊波、真境名、そして島袋源一郎諸氏のペンより生み出される琉球研究の成果である。二、三年前『南島研究』と銘打った研究誌の発刊が計画されたものの、残念ながら資金不足でその計画は水泡に帰した。

とはいえ、極めて表面的な観察者にも、古来中国、そして日本国より影響を受けつつ発展してきた古琉球の原始的生活、宗教、文化に関する多くの研究材料が眠っていることがわかる。沖縄本島以外の小さな島々においては、今日なお婚姻の慣習、葬法といったものがその原始的な姿を留めていることに気付くであろう。琉球における共産的な地割土地制度に終止符が打たれてから今日まで、たかだか四十年の年月を経ているに過ぎない。

琉球民族の移動、移住の経過について語る一部の学者の判断が誤っていないとすれば、琉球の地にヤマトの古神道の形跡を認め得るだろうし、さらにポリネシアやハワイ諸島との繋がりの可能性をも認め得ることだろう。この興味ある未知の民族移動の回路の先、ハワイ民族との関連に今一歩を進めてみれば、ビショップ博物館所属のハーデイー博士による考古学上の発掘資料等といった点にさえ行き着く。R. A. Thomson 博士のお話では、いま琉球史の翻訳と取り組んでおられるとのこと、その完成を望んでやまない。以下、英文によりしたためる拙文は、この分野を扱う英文文献に乏しい状況に鑑み、いくらかなりともその欠を補いたいとの趣意にでる筆者の初歩的な試みに過ぎない。

琉球における行政の中心都市、那覇の郊外に目を向ければ、すぐにも以下の様相に気づくことだろう。

すなわち、いかにも原始的で、組織的な基盤に欠ける形ではありながら、かなり強い形で神観念の存することに気づくに違いない。さらに一歩を進め、村人たちの生活様式を仔細に究めれば、その昔、かなりはっきりと組織化された宗教観念、祖先崇拝の存した形跡を認めえるに違いない。そしてそのことは、今日依然として人々の精神生活にさえ大きくその影を及ぼしている。すなわち琉球民族にみる原始的な「火の神」、「かまど・炉の神」信仰がそれである。この信仰組織は、かの偉大な尚真王によって王府の中央集権化が進められ、その国家の頂点を占める英才の指導指揮によって国家宗教として組織化されたものである。内地日本国において徳川幕府によって封建制度が確立される前、ほとんど一世紀も遡《さかのぼ》る頃のことである。この宗教組織を取り仕切っていたのが、すなわち女性の「ノロ」で土地の人には「ヌール」として知られる。以下便宜上、この信仰形態のことを「ノロ組織」と呼ぶことにしたい。

まず、「ノロ」という呼称について、この語に当てられる漢字が「祝」と「女」である。この語義、由来につき最も信頼にたると思われる説をなしているのが、この分野の権威、伊波普猷氏である。同氏は、「祝女」を「祈る女」としている。「祝」が日本の古神道の聖典の一つ「祝詞《のりと》」を示唆するものであってみれば、いかにも信頼に足る解釈のように思われる。これらの「祝女」すなわち「祈る女たち」がすなわち「火の神」「かまど・炉の神」の守護神であって、その信仰の起源、由来は現存する歴史文献により知り得るはるか以前に遡るものである。そのノロ組織の研究を以下三つの部門にわけて論述したい。第一項では、その由来についての考察、二項では、その信仰が確立を見た歴史時代に目を向け、最後にその「火の神」「竈《かまど》の神」信仰の現状に触れるとしよう。

ノロ信仰の由来と勃興

琉球国以外の国々におけると同様、琉球においてもまたその国建ての由来、伝承を神に求める。ちなみに、その伝承を留める記録には、明らかに日本本土、中国よりの影響がみられる。琉球の国土形成と民族発生の起源には二種の言い伝えが知られる。そのうち、より古い伝承を留めるのが一六〇三年に記録された『琉球神道記』である。次のような記述がみられる：

「昔、この国のはじめ、いまだ人の気配のない時、天より男女二人が下された。男をシネリキュ、女をアマキュという。二人は居を別々にして居住していた。ときに島は小さく、波間に漂っていた。そこにダシカ（梵字）と称される木が現れ、それを植えると山となった。二人に陰陽の和合はなかったが、居所が隣り合わせだった故に、そよ吹く風によって女性が懐妊、三人の子が生まれた。長子が頭領のはじめとなり、次女がノロのはじめ、そして三子が農民のはじめとなった。当時、国には火の存在が知られず、初めて火が竜宮よりもたらされた（訳者注：真境名の原著よりの引用文は、文語体）」。

二番目の典拠となるのが、『球陽』で、これは『中山世鑑』の漢訳版ともすべきもので、後者は一六五〇年に羽地朝秀の手になった琉球国最初の正史である。それにみる琉球国開闢《かいびゃく》の記述は、より深い記述をもって展開され、多分に外国よりの影響のあったことが窺える。次がその記述である：

「琉球国の始まりは次のごとくである。海洋の波荒く島の位置もまだ定まっていなかった。ときに男女の神が現れ、荒れ狂う海辺で一人の子を産んだ。男神の名が志仁礼久《シネリク》、女神のそれが阿摩弥姑《アマミコ》である。この二神は、石や土を海辺に運び、波濤を避けるために木々を植えた。こうしてはじめて山や森ができた。その後、人類の誕生となり、彼らは洞窟や原っぱに住んでいた。……ときの経過とともに知恵が発達し、敵が現れた。それから一人の人物が現われ、人々を各階級に分け、それぞれの住処ができていった。その人物は天帝子と称され、三人の男子と二人の娘ができた。長男は天孫子と呼ばれ、国王のはじめとなった。次男が按司のはじめで、三男が農民のはじめとなった。長女は、聞得大君と同じ君々のはじめとなり、次女がはじめてのノロとなった」(『沖縄一千年史』より引用)

　以上二つの古伝承には、考察、熟考に値する多くのことが含まれていて、その他の関連資料をも連用することによって、研究を進めてみたい。沖縄地元の学究の一人、東恩納寛惇氏は以上の諸伝承を次のように解釈している。すなわち、この島々にはじめて足跡を印したのは、やや武士階級に近い者たち、人口も男の方が女よりも多かったことだろう、と。そのような考えは、琉球の古い慣習によってそのことが窺えよう。すなわち、より強い経済的立場を有していた女性は婚姻後も夫の家に嫁いでいくのではなく、自分の両親の元に留まったまま、そこで仕事を続けていた。夫はといえば、その両親の田畑での仕事を終えたのち、夜になると妻の家にやってきて夜を過ごすのだった。島袋氏から聞いたところでは、琉球の最北部、国頭郡のあるところでは、今日なおそのような「通い婚」の習慣がみられるとのことである。

　学究東恩納の最終判断がどのようなものであれ、私見では上に挙げた二つの伝承というものは、明らかに二つの異なった時代背景、すなわち、異なった時代の政治的、宗教的発展段階を物語っているに違いない、と思われる。すなわち、新たに一人の男子と一人の女子が加えられたことの意味すること、これこそ、かの尚真王のもとで新たな貴族階級制度と新たなノロ組織が整えられ発展していったという、比較的後世の出来事の反映なのだろう。

後ほど、ノロ組織の歴史的意義に触れる際に、以上二つの古伝承につき私なりの疑問を提示することにしたいが、それなりに理由のあることでもある。ここでは以下の点のみを述べておくに留めよう。すなわち、ノロ組織が、琉球国開闢の伝承による琉球民族の誕生というところから存していたということ、ノロがカマドの石に象徴される「火の神」の守り神であることに思いを致すと、かの古伝承が示唆しているのが、かなり信のおけるものだということである。その神観念を代表するのが縦に長い三つの石を三角形に置いたもの、すなわち神体で、もともと鍋釜《なべかま》類を載せるものであり、これが原始的なカマドでどの家庭にもみられる。その前で、かつての祖先に対し祈りが捧げられるのであり、代々、その前に座して祈る祖先の存在を象徴するのが「火」である。ここで我々は、すぐさまかつてジョン・バチェラー博士が日本語の「氏神」がもともとアイヌ語のウンジ「火」と「神」とが結びついたもので、「氏《うじ》」の守り神、「氏の祖」がすなわち「火の神」だと示唆していたことに思い至ることだろう（『ジャパン・アドバタイザー』、一九三〇年二月二十六、二十八日）（訳者注：バチェラー博士は、長年アイヌ族の中にあって、その言語と習俗を究めたアイヌ研究の権威）。

ここで、名護の小学校校長を務める第一級の琉球研究家、島袋氏の説くノロ組織の発展論を私なりに述べれば次のようになろうか。

「そのころ、この国には火の存在が知られなかった。『琉球神道記』によれば、火は竜宮城からもたらされたという」。ひとたび火の存在が知られると、それは人々にとり最も貴重な宝となったに違いない。火が消えてしまわぬように、一家の娘にその火を絶やさぬようにとの使命が課された。文化文明の発展に欠かすことのできないこの大事な役目を負わされたことで、彼女にはある種のタブーが課された。結婚が許されず、生涯独身のままでいなければならない、というのがそれだった。さらに彼女は、汚《けが》れのない神聖な存在だと見られるようになっていった。彼女は連日その家のカマドの前に座して祖先との意思疎通をするに至った。やがて、ノロ、祝女に近い存在となった彼女の捧げる祈り、祝福を求めて多くの人が集まるようになった。

時を経て、本家から分かれた「分家」が生まれると、本家の「火」が分家のカマドにまで運ばれて点火され、そこに新たな火が生まれた。こうして血縁を象徴するのが「火の神」となった。さらに、本家の近くに新たな家族が定着し始めると、本家との間に婚姻を介してできたその分家にはまた新たな火ができていった。こうして、本家のカマドが改めて一族の守り神としての重要性を有するに至る。筆者の手元にある史料によれば、以上のように推論した発展の経過と一致することがわかる。部落の各家庭には、オコデ、すなわち、その家庭のカマドの守りがいる。各部落には、さらに根神に仕える中心人物としてのノロがいる。村々には、広い範囲にわたり、元々その地域の中心的なカマドに祈りを捧げるノロがいる。

これまでは、ノロの階級的区別が生まれるまでの個々独自の信仰ともすべきものをみてきた。それ以後は、ノロ組織の発展に関する新たな状況を生む段階、過程へ目を向けねばならない。ノロ組織全体像についてのノロ階級の細分化という点であり、首里琉球王府による中央集権化にともなうノロ組織全体の再編成がそれである。ノロ、サムレー、役人らすべての陣容を首里に集め、ごく一部の権力者の手によって住民を治めようというのである。

以上の点に関し我々は、ローマのヴェスタル　ヴァージン、祭壇の火を守る処女神との関連を思わずにはおれない。これらもまた、ギリシャのヘスティアの名のもとに行われてきた「炉の火」信仰に起源を有する。スパルタ国では、処女神がヘスティアの祭壇の守り神、しかし実際に礼拝の儀を執り行ったのは男性だった。ギリシャの都市では、他に植民地ができれば、本来の「母の都市」の火が、その植民地、「娘の地」に運ばれ、聖火の点火式が行われた（『宗教道徳百科事典』六巻参照）。ギリシャ神話では、ヘスティア女神には永遠の処女たることが宣誓され、炉の前での性の交わりが禁止された（ホメルスの「アフォロダイトの聖歌」に比される）。ヘスティア信仰がローマに伝えられ、その名がヴェスタと変わると、その信仰に政治的な意味合いが生じた。琉球におけるノロの機能の変化との共通点には、いかにも目を見張らされる。ヴェスタル信仰は国家信仰として重要な機能を持つに至るが、六歳から十歳までの若い候補者より六人の乙女が選ばれ、彼女らの頭髪が刈り取られ、木に掛けられた。それは、聖職者としての衣装の象徴と解され、以後三十年にわたって国家に仕えることとなる。そして、はじめの十年は聖職者としての見習い、次の十年は正式な聖職者、最後の十年は新たな見習い候補者の指導者としての役割が与えられた。もしも聖火が消えることがあれば、毎年三月一日には、儀式を以って再点火が許された。しかし、それ以外の日に聖火が消えることでもあれば、国家の危機としてその責はヴェスタルの聖処女に帰され、処罰された。性的純潔の誓いが破られた時には、特定の聖殿構内墓地に生き埋めにされた（『宗教道徳百科事典』第十巻参照）。

こうしてヴェスタル処女神信仰組織と琉球のノロとには、かなりの類似点がみられることがわかる。ただ、両者の政治的機能という点では、両者の間にかなりの違いが存する。ヴェスタル信仰の場合、ある種の国家的行事に参画し、神の言葉を代弁することで、いささかなりとも政治面で寄与することがあったにせよ、ローマの場合は、かの尚真王の施政におけるほど徹底したものではなかった。尚真王は、国家の統一には徹底的にノロ組織を利用した。すなわち、宗教上の畏怖という最も強力な武器で人々の生活すべての面にまで入り込み、強い絆《きずな》を作り上げたのだった。しかし、ローマの場合は世界制覇にともなう異国民の統率という国際的な問題を抱え込んでいた。一方の尚真王は同族民、すなわち自国民の統率のみを志《こころざ》せばよかった。

それでは、次に琉球における政治面でのノロ組織の存在がどのようなものだったのかに目を向けてみよう。

ノロ組織の政治上の一面

先に引用した『琉球神道記』と『球陽』にみる琉球開闢の次第からのみ判断すると、この国がはじめから、かなりまとまった一つの民族として存在し、十四世紀のはじめに至って、国が三つに分かれたと解さねばならない。しかし、おそらく今日琉球史の権威ともすべき伊波普猷氏は、そのような解釈に疑問を呈する。伊波の見解に目を向けてみよう‥

「琉球の史家は、口を揃へて十四世紀の始まりを機に南山、中山、北山の三つに分かれた、とする。しかし、これらの三つの地域がそれぞれ独自に歩みを続けた末に、やっと十四世紀の幕開けをみる頃になって、それぞれ王国の形を整えてきた、とすべきではなかろうか。ただ、人民を統括する中心ともなる何らかの経力の存したかのようではある（何らかの記録に基づいての発言?）。それは、しかし、かのアマミコ信仰の経緯伝承のなかにこそ島の統一といった潜在的な要素があったからこそ、とすべきではではなかろうか?国頭、中頭、島尻の三地域は、それぞれ人々の体格、気質の点からだけではなく、それぞれの地域における土着の風習にも違いがみられる。この点、島の人々の生活習慣から島尻の住民は、もともと漁労を職とし、中頭の人たちは、農業に従事、そして北の国頭では、たいてい狩猟を主としていた。そのような点からみると、その三地域においてそれぞれが独自に異なる政治形態を有するに至ったのは、偶発的なものではなかったといえよう。特に農業に適した地域では、人々が土地を中心とする確固たる基礎構造の上に統一への胎動があったこと、そのことは興味ある事象だ。先述の三地域内では、それぞれささやかながらも勢力を蓄えつつあり、それが各自の指導者を生み出す勢いとなったのであろう。そして生存競争で、各部族内にはさらに小分化が進み、それが統合離反を繰り返しながら、ついに十四世紀に至って北山、中山、南山という形になっていったであろうし、いずれにせよ、それに近い状況下での歴史的経過があったと考えてよかろう」（伊波：『琉球の政治』）

こうして三つの小王国が形成され、それ以後百年もの間続く紛争のなかで、各部族、部落内の小屋、住処の右の奥まったところには火の神の神体、手元には祖先の位牌があり、それらが硬く結びあって祖先崇拝の儀が執り行われたであろう。そして各家庭にはオコデと呼ばれ、おそらく未婚の娘である火の守護神がいたであろう。彼女らの上にはさらに、部落全体のカマド・炉の守り神としてのノロがいた。そのノロは、独身者で聖女であることが強調されていたが、いずれにしても純潔を守ったままの女性というのが普通の姿だった。封建的な家族のノロは、それぞれ小王国のなかで、次第に力を持つようになっていった。特に十四世紀以来、百年もの間、絶え間なく続く紛争時代にあっては、火の神信仰という共通の精神生活上の結びつきが、国の統一への力となっていったであろう。とはいえ、実際には、紛糾する世情が長く続いたままだった。

こうして紛糾する世情にあって、十五世紀のはじめ、島尻と中頭の境あたりの佐敷村から頭角を現わした一人物があった。巴志という名で小按司として知られていた。三十二歳にして勢力を固め、勢いを得た彼は、五十七歳のころまでには沖縄本島の統一を果たし、首里城を施政の中心とした。「この王に対し、一四三〇年、明国の永楽帝は「尚」という姓を与えた」（レブンウオース著『琉球の歴史』）。尚巴志は伊波によれば六十七歳まで生き（『一千年史』では六十八歳）、支配を揺るぎないものとし、その権威は外国関係にまで及んだ。その治世には、まだまだなすべきことが多く残され、王が次々と変わった。伊波の『琉球の政治』によると、尚巴志の死後、尚円王の出現までの十五年間に四人の王が島を支配した。『沖縄一千年史』の年表によると、尚巴志の死、一四三九年より尚円の勃興、一四七〇年までの三十年間に現れた五人の帝王の名が記されている。この間、世情は混乱を極め、その状況を伊波は「三山の貴人は再び乱を思う有様であった」と明言している。三山の頭領らは、またしても反乱の手立てに思いを巡らすに至っていた。

突如このような混乱に終止符がうたれるのは、一四七〇年のことだった。首里王府内において革命が起こり、金丸と名乗る男が王位に上りつめた。尚円となる金丸にはオギヤカモイという神号があった。この尚円王こそが、尚王統でも巴志に次ぐ偉大な人物なのだった。尚円王の目覚ましい施政につき伊波は次のように述べる：「金丸の世になるころ、首里城内に革命が発生、尚巴志を継ぐ者が退けられ、金丸と称される人物が国王の地位に祭り上げられた。これこそが尚家の祖、尚円王で、尚家による爾後四百年にわたる治世、支配の基礎を固めた人物である。徳川家康によって築かれた徳川家三百年の支配の基礎が想起されよう。それどころか、そのころの琉球国の状況は、豊臣以後、支配を確立した徳川家の様相に酷似する。徳川家第三代にまで至って、権力を手中にした次第は、尚家三代目の尚真（尚円の長男）が国の権力の集中化を成就した経緯に似ている。ただ、尚円の時代は、徳川家による権力の掌握以前、百年も前のことなのである」（『琉球の政治』）。

伊波のこの比較はとても妙味あるものである。伊波は、尚巴志、尚円、尚真の流れをかの偉大な徳川家家康以後三代のそれに比する。しかし、比較をより徹底したものにするとすれば、むしろ尚家三人を織田信長、太閤秀吉、家康の三人に比すべきではなかろうか。信長をかの小按司とすれば、混乱を極める世情にあって、頂点に上り詰めたとはいえ、その世情は織田信長の時代と同じく、いまだ動乱の打ち続く状況にあった。尚巴志と尚円との間には信長と太閤とのそれより長い時間の流れがあった。しかしいずれの場合も、世を制し、権力の掌握へと進んでいったのは武力だった。徳川が闘争の末、権力を手にした一方、尚真の場合は、尚王統の継承者として王位を継いだのだった（ここでは、尚円と尚真の間の尚宣威についてはしばらく触れずにペンを進めよう）。しかし、より注目すべき点は、徳川と尚王統のいずれの場合も、それぞれヤマトと琉球という異なった地域で、天才的な組織力をもって権力の掌握、統率を果たし、人民一人一人の生活をも支配するに至ったことである。混乱を極める世相が終局的に関ヶ原の決戦へと導いた経緯を尚巴志から尚円への革命期に比する方が、より確かな対応例とすべであろう。ということで、琉球史上の記録をみる限り、伊波が尚真王をもって、以後四世紀にわたる尚王統の基礎を築いたとする見解には、少なくとも私、筆者の見るところでは、違った解釈が求められるように思われる。

それでは、しばらく首里を中心に権力の集中化を図った尚真王の行き方、特に政治上の戦略がノロ組織の活用にあった点をみておこう。

この点に関しては、幸い史料が少なからず存する。『おもろ双紙』、そして首里城近辺にみる種々の碑文、碑石がそれである。ここでは尚真の治世の末期（一五〇九）に建立された「百浦添欄干之銘」に目を向けよう。尚真王の施政上の特質について十一ケ条が刻まれている。

まず、仏教がもたらされ、国王が帰依、寺院が建立された。種々雑多な土着の習俗慣例が、広く仏教文化、道徳観念によって置き換えられた。租税が軽減され、身分、階級間の争いが禁じられた。八重山における反乱が鎮圧され、王権が再確認された。武器の所有が禁じられ、人々の日常生活に金、銀、絹がもたらされ、豊かになった。この点、伊波は「刀剣、矢の類が中央に集積され、国防のみがその目的とされた。したがって、それらは国の宝とみなされるに至ったが、このようなことは他国ではみられない」と誇らしげに記している。法と遵法精神とで国が治められた。身分ある階級の環境浄化、向上を目指して、首都首里の公園などによる美化が進められ、娯楽設備が完備された。王城内に芸術作品が展示され、音楽の導入で、美的審美感にますます磨きがかかった。中国に三年進貢の代わりに一年ごとの進貢使が派遣され、関係が強化された。中国より各種の道具、書籍などの文明の利器がもたらされた。中国皇帝の宮殿に倣った王宮、宮殿の建立をみた。

『中山世譜』の記録を引く『一千年史』は、尚真王の治世時代に、階級ごとに衣装、装飾品が制定され、式典、諸行事における仕来りが決められた、とする。さらに、貴族階級による武器の所有が禁じられたうえ、かれらに首里居住が命じられた。各階級の頭領には、年一度の里帰りが許された。王は、その第三子を北山城近くの国頭に居住を命じた。その地域の有力者の監視が目的だった。首里において互いに拮抗する諸按司間の紛争勃発を防ぐため、首里城近辺の土地全体をヒラと称する区域、区間に分割し、諸按司をそこに住まわせた。島尻地方よりの按司には真和志平、中頭出身の者には、南風平《はえひら》、北山からの男たちには北平《にしひら》居住が命じられた（奄美諸島および十島を含む琉球では、「北」という文字は決して「きた」とは読まれず、「にし」とされた。「きた」は、北より突然やってくる敵に対する恐怖心を思い起こさせるから、ということらしい。沖縄では為朝を指すという。十島では恐れの対象は源氏、したがって「西」は「いり」という）。

尚家による国家統一への動きは、それ以後も続き、尚家の血縁者、孫などを身分あるものへ授けるとか、強いるといった巧妙な政略結婚をもってした。伊波によると、家名が勝手に変更されたりしたとさえ主張し、その例として羽地尚象賢《しょうじょうけん》を挙げる。記録によれば、もともと違った姓名を有していたという（『沖縄女性史』参照）（訳者注：スペンサーは「尚象賢」としているが、今では「向象賢」として知られる。尚質王の従兄弟、羽地朝秀がその功によって王子位を与えられたものの、「尚」を畏れ多いとして「向」としたうえで、それを「しょう」と発音していた、というのが通説）。

特に我々の興味を引くのは、かの賢明な尚真が治世を中央集権の形で、己れの権力をますます強固なものとするために、原始的な祖先崇拝の心理を利用したことである。

この施政方針で特に注目されるのが、ノロの居住の場、そして信仰の場を王城の外に移し、特に尚家ノロ組織の最高位にある者を王城近くの場に移したことである。この尚家ノロの名は、聞得大君、そしてその新たな居住地の前面にあってその地の存在、位置を表示しているのが「園比屋武御嶽」である。これによって、尚家ノロの地位が強化され、全島ノロ組織の最高位にまで押し上げることとなっただけでなく、政治的中央集権化と同時に宗教上の集権化を声高に宣言したのだった（訳者注：それまで国王とほとんど同位にあった聞得大君の地位が、その後、国王、そして王妃の下にまで格下げされるのは、後段にスペンサーも記しているように後年、尚貞王代になってからである）。

幸いなことに、日本歴史には以上の琉球国の歴史の流れに似た事象が認められ、しばらくそのことに注目しておこう。『日本書紀』に見る記述がそれである（アストンの英訳『日本紀』）。

「……これ以前、天皇の大神殿では、天照大神とヤマトのオホクニダマの二神が共に礼拝の対象だった。天皇は、しかし、この二神の力を恐れ、共に暮らすことに安心できなかった。そこで天皇は、天照大神をトヨスキイリヒメに命じ、ヤマトのカサヌヒ村にて礼拝するよう求めた。そこには新たにシキの聖域がつくられた。さらに、ヌナカイリヒメノミコトに命じてヤマトオホクニダマを奉じるようにした。だが、ヌナカイリビメノミコトが禿頭で、細身だったため礼拝の儀を行うには不適だった」

伊波は『経済学論』誌に発表された河上博士の論旨につき長々と論じている。すなわち、河上によると、天照大神信仰を宮殿の外に移すことによって、ヤマトの氏《うじ》信仰が国家の信仰として成立する基礎作りの役目を果たしたという。伊波は、これと聞得大君の居所と信仰の場が首里の王城城壁外に移されたこととが明瞭に対応するという。学究マードックは日本の垂仁天皇時代の事象について触れ、より深い政治的意義があるとして次のように語っている。「(礼拝の場を城外に移すこと) は、出雲の神とヤマトの神との争いの一つを物語るものであり、ヤマトの支配者が執拗に出雲の神の力を砕こうとしていたことを示すものであろう」とする。さらに、神社を移し、信仰の立役者を二人の皇女に任せる様子が描かれ、引き続き疫病の蔓延《まんえん》に触れたのち、ヤマト地方において出雲の神信仰がミワの大神として確立される経緯を描いている。マードックはさらに次のように続ける。「オオナムジ血統の高級神女らが打ち続くヤマトの攻勢でヤマトの血統を継ぐ神女らとの拮抗を余儀なくされ、結局偉大な出雲神社の神霊あらたかなる魂を掌握するに至る。それは神職者の権力把握以上に、より深い政治的意義を有する」(マードック著『日本の歴史』巻二)。

垂仁天皇の時代という悠久の昔にあった事象についての世の史家の見方が終局的にはどのように落ちつくのかはともかく、尚真王によって始められた改革が琉球国の統一への計略の一段階を示すものであろうことには、一片の疑いもない。尚家ではそれ以前すでにノロの階級的区別が始まっていた。次のような古謡が知られる。「伊平屋のあむがなしわらべあむがなし如何し七離おかけめしやいが」(伊平屋のあむがなしよ、幼いあむがなしよ、いかにして七つの島々を治めるのだろう)(『沖縄女性史』)。後段、『神職台帳』により、我々はあむがなしが、ある部門のノロ組織で最高の地位にあることを知るであろう。それだけではなく、尚家発祥の地、かの伊平屋における初代あむがなしが、尚円の姉君なのだった。こうして、尚真王時代以前にすでに階級区別の萌芽のみられたことが分かる。

賢明な尚真は、この制度を許される限り、極限にまで推し進めた。国王と同じぐらいの地位にいたのがノロ組織の長、聞得大君で、国王の身内の者だった。その下の階級に大阿母《おほあむ》がなし、または大阿母志良《おほあむしら》れ、と続き久米島の場合は君南風（きみばへ）と称された。聞得大君以下のこれらの階級の者が各地方部落、部族のノロだったようで、戦乱の時には、例えば八重山における反乱群の鎮圧に貢献した功をもって、強い影響力を有する地位が与えられることがあった（『沖縄一千年史』）。国王の配偶者となるのは、疑いもなく尚家一族の者であったろうし、また王家の娘らが高い位《くらい》につくのが慣例となっていた。

以上のようなノロの下にもさらに下級ノロがいて、一門や、村々の守り神となっていた。そのようないわば封建的な宗教制度の下では、それぞれの地域においていろいろなノロ階級が生じたであろうが、主として各地のノロの任命権を握っていたのが聞得大君だった。すなわち、ノロが代わるごとに、首里の聞得大君より印章つきの辞令が下された。辞令を手にした者は、その地方において有力者としての地位が与えられただけでなく、一定のノロ地という貴重な土地が分け与えられた。中央集権化の王府の影響下にあったのは、以上のようなノロだけで、それ以下の階級の者、例えば各家庭におけるオコデや神人《かみんちゅ》には影響がなかった。筆者は、そのようなオコデや公式に任命されたノロ同士に争いのあった古《いにし》への事象について耳にしているが、そのような争いは、間もなく中央政府の介入で鎮圧されたかのようである。

新しい聞得大君の就任に当たっては、大勢のノロが首里に集められ、おほあむしられとの面会の儀に与るといった形で公式のノロ組織の簡易化が図られ、より効果的な形となった。さらに、そのような形で国家の祭祀に参画したり、ノロの祭儀訓練の場となったりし、次第にノロの連帯意識を強めていった。

名護の島袋源一郎氏のご好意で県古文書部よりの『神職台帳』という、年代の分からない古文書の複写一式に与ることができた。それには、離島以外のノロ組織の詳細、数字などが記されている。本稿の末尾に掲げることにしたい。

有難いことに、その古文書から、かの聡明な尚真王によって今一つの改革が為され、ノロ組織がより深い発展を遂げたことが分かる。先に触れたように、地方の頭領らが首里に集められ、そこに居住することが求められた。頭領らには、その元々の管轄地に代表者を年一度帰還させることが許された。しかし、そのような規定は、今や首里にあって、自ら己れの管轄地にある祖先の墓地の前で礼拝の儀を執り行いたいという、深い信仰心に溢れる者たちの不満やるかたない状況を生み出していた。そのような頭領らの気持ちは、政治的な心情以上のものだった。頭領らがそのような元々の管轄地にとどまっている間に彼らの間に不義の念が生じないようにとの首里王府の指導者層の考えたのが次のようなことだった。それはまた、いかにも権力者の硬い決意の表れとでもすべきものだった。すなわち、首里三平の各々の地に「遥拝所」を造ることが命じられたのだった。三平の長は、その遥拝所から、遠く離れた己れの所轄地に向かって祈りを捧げるようにというのがその趣意だった。こうして首里赤田の南風平には首里殿内、真和志平には真壁殿内、儀保平の儀保殿内には、それぞれ祭壇が設けられた。当然のことながら、それぞれの殿内における礼拝の仕来りは、大元《おおもと》聞得大君の祭壇におけるそれにならうものだった。各村々におけるノロは、中央ノロ家の承認を得て未婚の女子から選ばれた。そして彼女らは、その地のシラレ、またはアムガナシとなった。こうして尚家直轄のノロ組織が完成した。

地方では、しかし、田植えの時期、旅立ちの日、婚礼葬礼の日などといった、より重要な意義を有することなどを決めるのは中央よりの認可を得たその地のノロで、彼女らは、聞得大君より授かったノロ地より得られる収入によって生活していた。

このノロ主導の信仰組織による人民の生活の徹底したコントロール、同時に徹底した政治力、統制による中央集権化に思いを致すに、尚真王やその後継者による支配地、領地の面積がそれほど広大なものではなかったにせよ、たかだか半世紀わたる尚真の発揮した指導力、治世によって以後四百年にわたる尚家支配の基礎が築かれたことに瞠目せざるをえない。

しかし、いかに完璧な政治組織といえども、いつまでも続くものではない。そのことは政治家が一番良く知っている。効率良く運営されていた尚組織の中に、亀裂の芽が潜んでいた。一五〇九年に建立された尚真王の功績を讃える記念碑には、ますます盛んになる中国との関係が記され、文物文化に進展のあったことがわかる。そのことは特に王府界隈では顕著であったが、地方ではそれほどでもなかった。その上、女性は男性に比し、心理的にも世の変化への対応が遅く、古くからの宗教上の観念、習慣に固執しがちである。そのようなことに思いを致すと、この国に外よりもたらされる新たな観念と、古くからのノロのそれとがぶつかり合い、亀裂の生じる時代を予想するのは必ずしも難しいことではない。

やがて来たるべき拮抗、混乱の時を迎えるまでの長い時間の経過をとりあえず一飛びするとしよう。尚真の時代が終わりを告げたのは、一五二六年。尚貞王が王位につく一六六九年、その五年後の一六七四年には、かの尚真が聞得大君の信仰の場を城外に移したという記憶すべき事象にも似た事件に行き当たる。

長い間、琉球王は島尻の知念、玉城、そして久高島への行幸《ぎょうこう》を続け、それらの地域における祭壇の前で祈りを捧げるというのが慣例となっていた。一年おきに三月と四月の間に行われるこの島内巡行は宗教上、政治上深い意味を有した。この巡行には、国王に引き続き聞得大君、司雲《つかさぎみ》、按司など、高位のもの、そして多くのお付きの者を伴っていた。この荘厳極まりない様子は、人々の心に改めて自国の栄光の様相を覚醒させたことだろう。

一六七四年にはこの慣例が廃止された。国王は、その代理として下庫裡当《したごうりあたり》として知られる式部官を送り、爾後その慣例の簡易化が進んだ。それだけではなく、城内には遥拝所が設けられた。国王が、直接足を運ぶことなく、その遥拝所から久高島の神々に祈りを捧げ得るように、ということだった。その遥拝所は今なお城内に存する。尚貞王の下で宰相の地位を占める、かの才覚豊かな向象賢は、その改変の事情につき、官報ともすべき『仕置』のなかで触れている。すなわち、隔年ごとの大行列には危険性が伴うゆえ、それを取りやめ、この宗教行事の重要性に鑑み、国王の王位にある間に一度だけ執り行うこととする。向象賢が打ち出した諸改革から見てもそのことは特別な意義を有する。『仕置』のなかで、次のような事情のあったことがわかる。記録によると、長年にわたって多くの式典に携わってきた聞得大君の下で吉凶の占い手としての役割を担ってきた時之大屋子《ときのおほやこ》として知られる者がいた。しかしこのような行いは迷信なりとして、廃止された。さらにこのような事件に関して次のようなことが知られる。すなわち、向象賢の命により、聞得大君の身分が王妃の下に格下げされたのだった。かつては、聞得大君が国王とほぼ同位か少なくともその側に仕える立場にあったことに思いを致すと、今やその地位が宰相以下だということの意味には計り知れないものがある。宗教組織全体の地位が弱くなり、宗教と政治とが切り離されたことを意味する。それ以後は、少なくとも迷信の存する限りにおいてのみ、ノロはその強い地位を保ったのであり、ノロの任命権さえも、今やその組織に非同情的な王府の下にあったのだった。今日、ノロが依然としてかなりの影響力を有するとはいえ、向象賢がその絶対性を断ち切ったのだった。

そのあたりの事情については、今少し説明が要るだろう。そのことにつき伊波は二つの理由を挙げている。非道極まりない薩摩の島津家の存在がその一つ。琉球国内の事情に一々口を挟む島津によって琉球王府内に奴隷的感情が芽生えたとする。琉球国の発展には少なくとも心理的には、王制の果たした意義は大きい、と伊波はいう。そして薩摩の制圧の前に立ちはだかった最後の砦ともすべきものが、女性中心の保守勢力だった。そこで異国の侵入圧政に対する最後の反対勢力を打ち砕く手先として使われたのが宰相向象賢だった、という。この点、筆者の私は伊波の趣意を拡大解釈したかも知れない。だが、伊波が上のように示唆していることは明らかである。

とはいえ、向象賢の人物像について伊波が述べていることは、私には、にわかには受け入れがたい。伊波は、向象賢のことを鉄の手段をもって聞こえる、すなわち「鉄安」の人だとする。だが、向象賢を薩摩の「手先」とするその人物像とは相容れない。

伊波が次に挙げる理由は、より適切だとすべきだろう。中国との関係で、次第にその存在感を濃くする儒教が少なくとも首里王府界隈の男性の考えに変化をもたらし始めていた。そのことは、おそらく地方、特に女性には当てはまらないだろう。そのような知的変容がもたらすのは結局、迷信に対し次第に無関心になるか、それに対する嫌悪感の増長だろう。この迷信こそが薩摩による琉球制圧以前の琉球国に弱体化をもたらした要因だ、と向象賢や他の知識人らは考えたのだろう。もしそうであれば、歴史上の経緯がより理解しやすくなる。十六世紀初頭において尚真の中央集権化と一体となっていたノロ組織が十七世紀の幕が閉じるころには、政治の舞台から影を失いつつあった。しかし、ノロ自体は今なお、それが消え去っていないこと、そのことを証するのが、現在の状況である。それでは、琉球の人たちの間におけるノロの現状に目を向けるとしよう。

琉球にけるノロ組織の現状

琉球島内いたるところに、いまなおノロが生きていて、信仰上の仕事に携わっていることがわかる。しかし、ノロの多くの役目が今やユタによって取って代わって行われている。町の界隈、田舎のいたるところにユタの居所を示す黒と白の線模様の旗が掲げられている。所によっては、いまなおノロが絶大な存在感を示している。例えば糸満で聞いた、ある小学校校長の話を伝えよう。たまたまその校長は地元出身ではないが、何か新しいことをやろうとしても町の人たちの反対に会ったりすることがある。でも、ひとたび、その町のノロの同意が得られれば、たちまちにして町の人たちに受け入れられる、とのこと。

経済上の事情、条件がノロの影響力に大きく作用している。かつては古いノロ組織の下では、その地の貴重な農地の一部がノロ地としてノロ家に属していた。そして残りの農地が、何年かごとの、ある決められた時期に分割され、各村々に再分配されていた。やがて土地の個人による所有が認められるようになると、ノロ地でも代々ノロの継承を決める規定が変わって行き、その結果ノロの継承経緯にも根本的な変化がみられた。

そのような事情をよく示すのが、次に掲げる三つの地方であり、その地において筆者はかなり深い観察調査を行うことができた。本島内でも那覇や首里からかなり離れた名護では、ノロ家が小高い聖地、丘の上に建ち、丘の裾野にあるノロの下で働く関係者の家々によって取り囲まれている。そのノロ家について注意深く調査した島袋氏の話では、ノロの継承が昔さながらの方法でなされている、という。どのノロの場合も、その継承者はノロの兄弟の娘である。ということで、現今のノロには結婚が許さていているといえども、継承者が男性の系統からということで、ノロ家祖先の意を継ぐ者ということになる。昔ながらのことわざに、ノロ家の系統が変われば神が変わる、というのがある。現在、名護のノロは、中学在学中の女学生で、しばらくは父親側の叔母が代わってその任にあたっている。

名護と那覇のほぼ中間に位する読谷山の座喜味家ノロを訪ねたのであるが、そこではノロ組織が独自の形で発展していることに気づいた。そこではノロが結婚していて、夫はノロ家の名を名乗っていた。そして、そこの孫娘が未来のノロ継承者と決められていた。この形で、ノロ家の遺産にまつわる問題の解決に役立ってはいたが、男性系統との趣旨に改変を必要とされていた。

最後に、女性が夫とは別々に会計を司るとの変わった経済感覚で知られる糸満では、ほぼ完全に変わった形でのノロ継承が行われていた。ノロ家の息子は、他家よりの嫁を迎え、その嫁が義母を次ぎ、ノロ地を正式に継ぐという形になっていた。経済的な事情からそのような形になったことは間違いない。男系中心の祖先側直系の血を継ぐノロ家が正当とされるノロ組織本来の形が崩れてきているのだった。そのような状況下にあっては、ノロが純潔でなければならないとの考えは、もはや古くさい過去のドグマでしかない。


村々で依然としてノロが中心いなって取り仕切るのが、年中行事、年間を通じて行われる各種の祭りである。以下に挙げるのが、そのような祭りについて私の得たある一地方における祭礼の一覧表である。各地方、村々によっては祭りの種類には、種々雑多な形態のものがあることだろう：

年中行事
一月一日　年頭の拝み　　三月　芋の苗祭り（首里では二月）　　五月　稲の苗祭り
六月　大祭り　　七月　海の神祭り　　八月十日　祭り　　九月　宮種祭り、または稲の抜き穂（日本本土におけるカンナメ祭に相当するものだろう）　　十月　火の御願　　十一月　芋苗祭り以上のような公的行事以外にも、ノロの元には旅立ちの日や事業を始めるに当たってのアドバイスや祈りを求めて人々がやってくる。祈りごとが済めば謝礼金が納められる。私の見るところでは、かなり頻繁にそのようなことが行われ、また依然ノロ地を保有し、かつてのように無税ではなくなったものの、それがノロ家の支えとなっているようである。

各ノロ家には、代々のノロの位牌が備えられ、またそれとは別に一家の位牌がある。またノロの衣装が大切に保存されていて、通常麻地の白っぽいものとなっていて、普段着の上に着用する。頭部には白地の布が巻かれる。さらに曲玉をちりばめた飾りがあって、大変に貴重なもの。曲玉のあるものには、とても大きなものがある。名護のノロ家の首飾りには三インチほどのものが三個付けてあった。座喜味家のものには曲玉一個だけだった。島袋氏によると、さらに二十個の曲玉を付けたものがあるらしい。これらの衣装や首飾りは、とてつもなく神聖なものとみなされている。これらを人前に出すには、先代ノロの位牌の前で香を焚き、祈りを捧げた上でなければならない。座喜味ノロは、衣装を着たまま外に出ることを拒んだが、位牌のある家の入り口近くに座した形での撮影を許してくれた。それから普段着に着替えた上で中庭に出てきてくれた。

ノロ信仰の中心的な対象となっている神体といえば、原始的な形のカマドで、釜を支える三つの石がそれである。これらは通常奥まったところに備えられている。名護では、日本本土の神道の影響で新たに神社風の建物ができるまでになり、聖域、祈りの場となっていて、前面には、神道を象徴するものが設《しつら》えてある。座喜味では、逆にノロ家に沿って造られた板廊の先、奥まった囲いの中に神体があった。そこでは、石の神体を祈りなどの儀式なしに、なんらのためらいもなく見せてくれたが、曲玉の首飾りや衣装の場合にはそうでもなかった。

通常ノロ家では、代々ノロに授けられた辞令、そして新時代の日本政府よりの通達になる許可証が大切に保存されている。

以上は、琉球において過去幾世紀にもわたって受け継がれてきた火の神信仰という興味深い習俗の片鱗を示したものに過ぎず、その原始的な宗教には、なお考究すべき面が多々あろう。とはいえ、年々関係事例、資料が消えつつあり、それらが絶滅してしまう前に、より完全な形での記録、研究が望ましい。

『神職台帳』によるノロ一覧

聞得大君（尚家）

- 真壁　おほあむしられ　110　ノロ
  - 本島
  - 離島
- 首里　おほあむしられ　ノロ
  - 本島　53
  - 離島　10
- 儀保　おほあむしられ　45　ノロ
  - 本島　37
  - 離島　8
- 伊平屋島　あぬがなし
- 久米島　君南風
- 宮古島　おほあむ
- 八重山島　おほあむ

（伊平屋島・久米島・宮古島・八重山島）ノロ

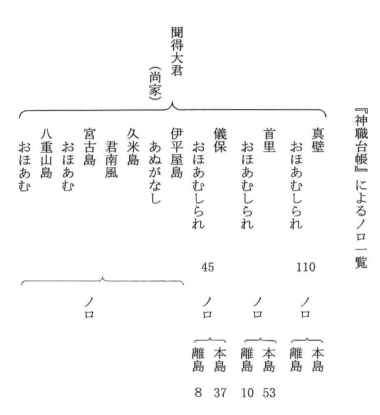

十　欧文琉球学――回顧と展望

注記：以下は、欧文琉球学・国際琉球学の胎動期に現状報告と展望を試みる同学の雄、仲地清教授の手になる解説シリーズである。文中の肩書きなどは、執筆時のもの。

仲地　清　「グローバル沖縄研究」

エール大学：先駆けは山口講師、欧文琉球文献研究の宝庫

一九八七年、国際琉球研究学会（代表世話人・平恒次イリノイ大学教授）の発足を契機に沖縄研究を国際的視点で研究する機運が高まっている。今日までの和文、漢文中心の沖縄研究から欧文の資料と海外の研究者の理論を活用することで沖縄研究を単に地域の学問から広く世界の学問に広げることも国際研究学会の目的の一つである。

私は、国際研究学会の一員として学会の趣旨に賛同する立場から「カナダ・アメリカにおける沖縄研究の歴史と課題」のテーマで研究する機会があった。以下は、一九九〇年の春から夏にかけて、沖縄人材育成財団の国外研究員としてアメリカ、カナダで調査した報告である。

欧文琉球文献に関する先駆的な研究者はエール大学東アジア言語文学科主任講師の山口栄鉄さんで、彼の一連の著『琉球　異邦典籍と史料』（一九七七、新装版一九九九年）、『異国と琉球』（一九八一、新装版一九九八年）に主要文献が紹介されている。恵まれたエール大学の古文書館に埋もれた琉球文献を研究者の手引きとして紹介した功績は大きい。これら一連の著は、今後の欧文による琉球関係の文献調査の道案内書である。この道案内書を基にエール大学に眠る琉球関係文献に目を通すと、一番古い文献はブラージュ・ダルボケルクの『ダルボケルク伝』（ポルトガル語、一七五五年）で、その中に「ゴーレスの島はレキオ」と記録され、「レキオ人」らしき人がマラッカまで貿易に来たことが記されている。この本は、一五一一年にマラッカを攻略、植民地にしたダルボケルクについて息子が後日書き残した伝記である。レキオ人が果たして琉球人であったかが研究の焦点である。

一六世紀初頭以後、琉球を訪れた欧人による文献の中で一番の功績はイギルス人バジル・ホール大佐の著した『朝鮮西部沿岸及び大琉球島航海探検記』（一八一八年）で、その初版はエール大学に残る。ホールは、一八一六年、ライラ号で来琉し、琉球に六週間滞在した。その時の模様を記録した琉球紀行の章に琉球の生活風景、社会状況、植物相が記録されている。また同地でクリフォードは琉球の言語を採録している。この探検記は一八一八年にロンドンで出版され、引き続きオランダ、ドイツ、イタリア、アメリカでも翻訳出版され、当時紀行文学の名著として称賛された。「武器のない大琉球」とするホールの表現は、フランスのナポレオン公をはじめヨーロッパ諸国の王を驚かし、その本に触発されて琉球に向かった西洋人は多かった。

これまでもたびたび紹介されている本にペリー提督の『日本遠征記』（一八五六年）、『ペリー提督自筆日誌』（一八五二～五四年）（一九六八年）、そして米国政府海軍省編『米国海軍日本遠征関係公文書、一八五四～五五年』（一八五六年）がある。遠征隊随行の通訳官ウィリアムズ博士がペリー提督から琉球国総理大臣、尚宏勲にあてた「琉球国王への接見」の漢文翻訳古文書もある。波の上のガンチョーのニックネームで知られ、沖縄に最初にキリスト教を伝道したベッテルハイム師の一連の著もスターリング記念図書館に納められている。『ベッテルハイム書簡』（一八五〇年）、『ピーター・パーカー師あてベッテルハイム書簡〜前期三年の琉球伝道報告』（一八五三年）、ベッテルハイム師訳『路加伝福音書』（一八五二年）などである。さらに琉球語研究の古典的名著、バジル・ホール・チェンバレンの『日琉語比較文典語彙』（一八九五年）で、日琉語対訳文例、琉球歌劇一編、語彙千三百余語が含まれる。チェンバレンは『大琉球航海探検記』を著したキャプテン、バジル・ホールの孫にあたり、バジル一家が琉球研究に果たした功績は計り知れない。

宮古・八重山関係ではエドワード・ベルシャー船長が著した『サマラン号航海記』（一八四八年）があげられる。ベルシャー船長は一八四三年の暮れから一八四五年六月にかけて八重山諸島に六週間、宮古諸島に二週間滞在し、先島諸島の風俗、習慣、政治形態、信仰、罰則などを記録した。

これら以外にも貴重な欧文文献がエール大学に眠っているはずである。エール大学に勤める山口講師が地の利をいかして、時折紹介しているものの、まだまだ全てに行き届かない。加えて、米軍が沖縄占領開始以前のエール大学文化人類学部の琉球研究文献、琉球史の記録のある中国語文献も残っている。エール大学は、欧文琉球研究の宝庫である。

ハワイ大学：沖縄研究のメッカ、大学出版局から多数の本

ハワイ大学は次の六つの点でアメリカにおける沖縄研究のメッカである。1。米軍が太平洋戦争当時の沖縄上陸作戦前、沖縄統治準備の沖縄研究はハワイで行われた。2。米国民政府の米国留学生の大多数は

ハワイ大学で学んだ。３。琉球史の第一級資料フランク・ホーレイ文庫がハワイ大学にある。４。沖縄をテーマに博士論文を仕上げ、沖縄関係の講座を担当する研究者がいる。５。沖縄からの初期移民の移住地で、ハワイ大学に移民関係の資料、出版物がある。６。ハワイ大学出版局からその他の分野の沖縄関係の書籍が出版されている。

アメリカ軍は沖縄上陸直前にハワイに住む沖縄出身者を対象に文化人類学の見地から琉球人を研究して来たる占領政策に備えた。その著『琉球諸島の沖縄人〜日本の少数集団』（陸軍省、一九四四年）は「琉球人は大和人と違う」と結論している。

ハーバード大学人類学教授のアルフレッド・トッザー博士が中心になって研究した『シビルアフェアーズ・ハンドブック』もハワイで執筆された。同著はアメリカ軍の占領手引書で学問的内容の評価は難しいが、兵士が沖縄を知る手段になりえた。

沖縄研究をアメリカに広げたという点で特筆されることは、米国占領下の米留学制度である。この制度は、親米知識人の育成という批判もあるが、留学生がアメリカの大学で沖縄関係の論文を仕上げ、それが特にアメリカに沖縄研究を広げる大きな役割になった点は評価してよい。

一九四五年から一九七二年までにハワイ大学で学んだ留学生から三つの博士論文と二十七の修士論文が提出された。博士論文は松田貢氏（ハワイ大学卒業後、琉球大学で講師をしていたが病気で亡くなった）の『琉球王国の政府、一六〇九年〜一八七二年』（歴史学、一九六一年）、崎原貢氏（ハワイ大学准教授）の『徳川時代における薩摩藩の財政の中の琉球の重要性』（歴史学、一九七一年）、山里清氏（琉大教授）の『珊瑚の研究』（生物学、一九六六年）の三つである。

二十八の修士論文の内訳は文科系で歴史学三、音楽学二、言語学一、社会福祉学一がある。自然科学系で化学五、土壌学四、動物学三、放射能学三、植物学二、微生物学二がある。

復帰後の自費留学生、比嘉悦子さん（民族音楽研究家）は一九七六年、『琉球の古典音楽：言葉の表現の分析』で、大谷きみ子さんは一九八一年に『玉城朝薫の研究：二童敵討』で音楽学の修士論文を仕上げた。また東西文化センターに勤める大城清子さんは一九八〇年に『ツーリズムにおける日本語』で教育学博士論文、新里るみ子さん（ピッツバーグ大講師）は一九八四年に『沖縄方言の研究』で言語学博士論文をまとめた。

次に特筆すべき点は、すでに多くの人々が紹介したようにハワイ大学にはフランク・ホーレイ文庫がある。イギリス人のジャーナリストが、戦前収集した琉球関係の文献をハワイ大学が購入してホーレイ特別文庫を設置した。歴史学部の阪巻駿三博士の尽力とハワイ沖縄県人会の協力で京都からハワイに移した。琉球歴史研究第一級の資料で、沖縄県の財政で沖縄にこそ保管すべき財産である。

ハワイ大学では県出身の崎原貢准教授が「日本史」と「琉球史」を教える。崎原教授はハワイに住む条件を生かし、自ら移民研究をするかたわら、移民研究のアドバイザーでもある。ハワイ大学と沖縄県人会が一九九〇年に出版した『ウチナンチュ』は英文で書かれた学術書である。仲宗根宗温さんは講座「沖縄の踊り」を担当する。かつては文化人類学のウィリアム・レブラ教授が沖縄カルチャーの講座を担当していたが、数年前に亡くなり講座はとだえてしまった。

レブラ教授には一九五〇年にはハーバード大学で八重山の島々の宗教をまとめた『琉球の宗教』の博士論文がある。この論文はそのタイトルでハワイ大学より出版された。同じ文化人類学の分野で、ハワイ大学教授のトーマス・マレンズキーは東村平良部落を研究した『平良・沖縄村』を一九六三年にハワイ大学から出版した。

言語学では『首里方言の研究』でコーネル大学から一九七三年に博士号を取得したデイビッド・アシュワード准教授、『諸屯〜前近代史の北部琉球方言の研究』で一八八四年にエール大学で博士号を取得したレオン・セラフィム助教授がいる。

ハワイ大学東アジア図書館の松井正人館長はホーレイ文庫に詳しく、これまで東京の本邦書籍と協力してホーレイ文庫の一部を復刻する大きな仕事を仕上げた。県出身の仲村淳さんは専門司書として東洋研究に便宜を図ってくれる。すでに述べた本のほかハワイ大学出版局からはリチャード・ピアソン教授（カナダ、ブリテイッシュコロンビア大学）の『琉球島の考古学』（一九六九年）、阪巻駿三博士の『琉球書誌稿』（一九六三年）、『琉球地名人名辞典』（一九六四年）など重要な文献がある。

このような裏付けから、ハワイ大学はアメリカでの沖縄研究の発生地である。

ホーレイ文庫：海を渡る琉球文献、比嘉春潮、仲原善忠らが研究

研究者間ではよく知られている琉球研究の第一級文献を蔵する「ホーレイ文庫」はハワイ大学図書館東洋部の三階にある。

戦前、琉球関係の文献を収集したフランク・ホーレイはイギリス人で一九三〇年ごろ、ロンドンタイムス東京支社長として日本へ渡った。京都、山階に三十年住み、一九六一年に亡くなった。妻は島袋久子で、沖縄出身者らしい姓だが定かでない。

ハワイ大学歴史学部の阪巻駿三博士、比嘉春潮氏、仲原善忠氏らの働きでホーレイ没後の一九六一年、琉球文献は海を渡った。戦前、沖縄にあった琉球史料は、戦火で焼けたので、ハワイ大学の「ホーレイ文庫」が唯一、頼みの文献となった。ホーレイ文庫所蔵の文献は和文文献七百六十五件、韓国及び中国語文

献四十四件、欧州語文献五十五件、計八百六十四件。

ホーレイ文庫のハワイ行きの大事業を成功に導いた阪巻教授は一九二九年から一九三一年まで京都の同志社大学で英語講師をしたことがあり、その時期にホーレイ氏と接触したと思われる。阪巻教授は一九〇六年にハワイで生まれ、ハワイ大学学士号、コロンビア大学博士号の経歴を持ち、一九三九から一九七三年までハワイ大学に勤めた。政治学と東洋史の研究者だった。ホーレイ文庫がハワイ大学に着くとハワイ大学は琉球研究の権威者比嘉春潮、仲原善忠氏を東西文化技術交流センター（現東西文化センター）の客員教授として招聘し、文庫の整理研究を依頼した。その後、中世琉球交流史の権威、京大の小葉田淳教授も招待された。日本人研究者に加わり、協力したのが、当時東西文化センターの所員だった文化人類学者のウィリアム・レブラ博士とトーマス・マレズキ博士だった。

研究スタッフの分類研究の成果は、阪巻駿三編『琉球文物叢料』（一九六五年）でまとめられた。その後、松井正人、黒川智佳、宋美名子共編、崎原貢解説で『琉球、注釈文献』（一九八一年）改定版がでた。これらの目録を読めばホーレイ文庫の蔵書がわかる。

本の重要性については、それぞれの専門分野で見方が異なるので、ここでは古い順に幾冊かを列挙して一部を紹介しよう。陳侃『使琉球録』（一五三四年）、南浦文之『南浦文集』（一六二五年）、『琉球人登城行列』（一六三〇年）、袋中『琉球神道記』（一六四八年）、『中山沿革誌』（一六八四年）、新井白石『琉球国事略』（一七一一年）、新井白石『琉球国来聘使』（一七一〇年）、程順則『雪堂燕游草』（一七一四年）。

また珍しい本では、沖縄に初めてキリスト教を伝道したバナード・ベッテルハイム牧師の『約翰伝福音書、聖差言行伝』（一八八五年、香港出版）がある。琉球方言で訳された唯一の聖書である。

ハワイ大学は一九八〇年に宝玲叢刊編集委員会（代表ロバート・境教授）を設置し、沖縄関係資料の復刻版を出版した。今まで出版したのは『琉球教育』全十四巻（一九八〇年）、『琉球所属問題関係資料』全八巻（一九八〇年）、写真集『望郷・沖縄』全五巻（一九八一年）、『江戸期琉球物資料集覧』全四巻（一九八一年）、『琉球風俗絵図』全一巻（一九八二年）である。

これまでの復刻版は東京の本邦書籍が引き受けていたが、鈴木社長の死で、続刊が不確かになってしまった。学問の公開性、もともと沖縄の財産だったことから、沖縄県教育庁が出版権を取って復刻するのがベストの策である。

米軍統治時代：沖縄上陸前から着手、研究者は戦後琉球学の雄

沖縄研究が海外へ発展する一九四五年から一九七二年まで続いた米軍の統治も寄与した。

米軍は沖縄上陸直前にすでに沖縄研究に着手し、一九四三年にコロンビア大学の軍政府と行政に関する研究学部は『南西諸島』を発行した。すでにハワイの項で扱ったように、陸軍省は一九四四年『琉球諸島の沖縄人～日本の少数派』を、海軍省は『シビル・アフェアーズ・ハンドブック』をまとめた。これはエール大学文化人類学部のジョージ・マードック博士が中心になっている。これらの資料はエール大学に残っている。

米軍は占領政策を進めるにあたり次々と資料作成を行った。『サマテーション・オブ・USミリタリーガバメントアクティビティー・リュキュウアイランド』『琉球シビルアフェアーズアクティビティ』『琉球アイランドファクトブック』などである。一九五七年に発行された米民政府のプロパガンダ誌であった『今日の琉球』『守礼の光』、月刊誌、週刊誌がなかったころ、県内の研究者の発表の場として重宝がられた。

戦後間もない一九五一年から五二年にかけて沖縄統治の資料作りを目的とした琉球諸島学術研究のプロジェクトがワシントンの連邦学術委員会太平洋科学研究部によって組織され、文化人類学者が参加した。ダグラス・ハーリングは奄美大島を、クラレンス・グラッケンが沖縄本島、ウィリアム・バードが宮古島を、アレン・スミスが八重山島を担当した。グラッケンは南部の具志頭村玻名城と北部の宜野座村松田を調査した。

引き続き、太平洋科学研究部は「戦後の沖縄の調査」プロジェクトを一九五三年九月から一九五四年六月にわたって実施した。フォレスト・ピッツが東風平村友寄、越来村、ウィリアム・レブラが兼城村兼城、上本部村北里、ウェイン・サットルズが知念村山里、恩納村山田の地理、言語、土地利用、保健、教育等を詳細に総括的に調査した。

後日、このうち幾人かは沖縄研究の専門家として育っていった。レブラは一九五八年にハーバード大学に「沖縄の宗教」の博士論文を提出した。その後、ハワイ東西文化センター研究員、ハワイ大学の教授へ進み、沖縄文化の講座も担当していたが、一九八六年に他界した。一九六八年には『沖縄の宗教と社会構造』を著した。またグラッケンは『偉大な琉球、沖縄村落の研究』を一九五五年に出版した。

ハーリングはシラキューーズ大学文化人類学の教授になり、沖縄資料文庫の開設に夢をかけていたが志半ばに亡くなった。

一九六一年にホノルルで琉球研究をテーマにした太平洋学術会議が開かれ、その時の発表者の大半は琉球諸島学術研究プロジェクトのメンバーで、発表の内容はワシントン大学のアレン・スミス教授の編集で『琉球文化と社会の研究』のタイトルで一九六一年、ハワイ大学から出版された。また同じ調査メンバーが中心になって沖縄をテーマにしたアジア研究学会が一九六三年に那覇市文化センターで開かれている。

次に論及すべき仕事は一連のジョージ・カー氏の沖縄歴史の研究である。戦争前から東洋史に造詣の深かったカーは、一九五二年、当時の米民政官ジェームス・ルイス准将の要請で琉球史研究に着手した。その最初の業績は一九五三年にスタンフォード大で研究した「琉球、一九四五年前の王国と地方」で、太平洋科学学研究部からタイプ印刷でまとめられている。後日『琉球歴史』のタイトルで琉球民政府から出版されて県民にもなじみ深い。カーはこのタイプ印刷本をさらに詳細に研究した『沖縄、島民の歴史』（東京タトルブック出版、一九五八年）の業績がある。この本は体系的、客観的な点から英語でつづられた最高の琉球歴史の評価を受けている。ハワイに移り、ホノルル芸術協会に勤めながら比嘉春潮、久手堅憲次氏の協力で作った琉球文献録は一九六〇年に琉球大学から出版された。同著には二千二百の日本語文献が英訳つきで掲載されている。これまでの多大な功績に対して沖縄タイムス社から表彰を受けた。

さらに忘れてはならないのは一九六二年七月から一九六四年二月まで民政官であった地理学者のシャノン・マキューン博士である。キャラウェイ高等弁務官の下で働いたが、折合いが悪く退任した。その後、フロリダ大学に移り、沖縄地理研究に尽くした。

マキューン博士は沖縄に住む地理学者と一緒に『琉球列島プロジェクト、研究と分析』の研究誌を一九七〇年から一九七三年にかけて続けた。また『琉球島』（一九七五年）は沖縄の地理、歴史、政治、文化、社会について要点を盛り込んだ沖縄学の入門書である。

沖縄戦の体験、琉球民政府勤務を通して沖縄研究に興味を寄せた人々はほかにもいる。ノーマン・キングは『琉球諸島・文献集』を一九六七年に陸軍省から出した。ロバート・フラストは『沖縄冒険』（一九五八年）、ジェームス・ロビンソンは『沖縄・人々と彼らの神』（一九六九年）、ジェイムス・アウブリッジ『沖縄、太平洋のパウン』（一九七二年）を出版した。

このように軍政府の存在は海外における沖縄研究に直接的、間接的な影響を与えたといえる。

米留学生の役割：意欲的な研究活動、米国で学術論文、次々

米国の二十七年間の沖縄統治のために、米国民政府の奨学金を受けて米国の大学で学んだ学生は多い。これらの学生たちは沖縄関係の博士論文、修士論文を大学に提出し、アメリカにおける沖縄研究の糸口を作った。これらの論文はアメリカと沖縄の知的財産になった。

一九四九年からスタートして一九七二年に終わった米留学制度による留学生数は千百一人で、そのうち博士号が二十八人、修士号が二百六十二人、学士号取得者が百五十五人誕生した。

まず、沖縄関係をテーマにした博士論文を紹介しよう。ハワイ大学歴史学部に松田貢氏が「琉球王国の政府　一六〇九年～一八七二年」を一九六七年に提出した。松田氏にはおなじハワイ大学で仕上げた修士論文「イギリスと琉球一六〇〇年～一八七九年：日本国に併合される以前のイギリスの琉球王国と琉球人との関係」がある。ハワイ大学の東洋史を引き継ぐであろうと周辺から嘱望されていたが、病気で亡くなった。生前の大きな仕事に京都大学の小葉田淳教授と共著で出した『歴代宝案』の英語版がある。この本は英語による琉球史の基本文献として高い評価を受けている。これは崎原貢准教授が以前から提唱している英語による琉球基本文献のパイオニアといえよう。生前松田氏が使用した資料は琉球大学図書館に松田文庫として設置されている。

同じく歴史学専攻で、ハワイ大学准教授の崎原貢氏は一九七一年、ハワイ大で『徳川時代における薩摩藩財源の中の琉球の重要性』を著した。崎原准教授はハワイに残り、移民史研究も枠を広げている。新しい著に『簡略沖縄史～おもろさうしを基に』（一九八七年）がある。琉球大学の照屋善彦教授は「バナード

・ベッテルハイムと沖縄：沖縄の最初のプロテスタント宣教師の研究、一八四六年～一八五四年」を一九六九年にコロラド大学で書いた。

経済学の分野ではカリフォルニア大学の伊志嶺朝好教授が「日本の関税と沖縄の砂糖産業」を一九七一年にウィスコンシン大学に、新潟県の国際大学の嘉数啓教授は「沖縄の歳入歳出システムの分析」で一九七一年にネブラスカ大学からは博士号をそれぞれ取得した。

ロードアイランド大学の比嘉美佐子教授は「一九四五年以前、以後の琉球列島の家族の住宅」のユニークな論文を一九七三年、ミネソタ大学に提出した。

自然科学の分野ではすでにハワイ大学の項で記したように琉大の山里清教授の「珊瑚礁の研究」がある。これらの博士論文は、沖縄が米軍占領下に置かれていたという状況の中で、米留学制度を利用してアメリカに渡り、アメリカの学界に沖縄関係の論文を永久に残した。これらの論文が米国における沖縄研究の広がりの礎をつくった。

一方、沖縄を題材にしなかったけれども、別のテーマで博士論文を残した方々もいる。ワシントン州立大学の赤嶺利夫教授は「高校生の内申書とワシントン州立大学での学力テストの関係」のテーマで同州立大学から教育学博士号を取得した。これらは沖縄からの米国留学生の最初の博士号だった。同じくワシントン州立大学に教育学博士論文を提出した方は元琉大学長の東江康治氏で「〇×式テストと

クリフォード主宰の「英国海軍琉球宣教協会」より初のプロテスタント宣教医として琉球に派遣されたベッテルハイム師。原画をもとに筆者の知人、ロージャー・ヴァンダム画伯がペン画にした肖像。

そのエラーのモデル」を一九七一年に仕上げた。その時の指導教官はすでに琉大からワシントン大学に移っていた赤嶺利夫教授で、米留学の先輩、後輩が協力したよい例である。

東江学長の弟で琉大教授の東江平之氏は一九六一年にエール大学から「意味に関する言語文脈の効果」の研究で教育心理学の博士号を取得している。

政治学の分野では元琉大教授で、新潟国際大学の教授の宮里政玄氏が「南アジアの中立主義に対するアメリカ外交、一九四七年から一九五五年」の博士論文を一九六一年オハイオ州立大学に、同じく元琉大教授の比嘉幹郎氏は「現代日本の政治における行政官僚の役割」の博士論文を一九六八年、カリフォルニア大学に提出した。

戦前1937年初夏、祖父ベッテルハイムの足跡を追って沖縄県を訪れた令孫ベス・ベッテルハイム・プラット夫人。夫人の右隣は仲地紀晃医師と又吉康和氏。

経済学の分野では、ピッツバーグ大学教授の真栄城朝敏氏が「Kクラス基準による展望の比較」を一九六五年、ミシガン大学で仕上げた。イリノイ大学の平恒次教授は「日本の賃金差の変化、一八八一年から一九五九年」を一九六一年、スタンフォード大学に提出した。これを基にした著書『日本の経済発展と労働市場』が一九七一年、コロンビア大学から出版され、ハーバード大学院のニューコメン賞に輝いた。

英文学の分野では琉大教授の米須興文氏が「イエーツの研究」で一九六八年にミシガン州立大学から、瀬名波栄喜教授が「ワーズワースの研究」で一九七二年、ミズーリ大学から博士号を取得した。

また教育社会学では、放送大学の比嘉正範教授が「口語学習における同似性に関する六つのベースの経験的比較」で一九六二年に、ハーバード大学の博士号を取得した。石川清治琉大教授は「学校図書館に対する教師の態度、教師の性格に一致させた図書館サービス調査」で一九七二年、ジョージ・ピボデイー師範大学の博士号を取得した。

復帰以前に、米留学制度の下で修士号を取り、復帰後博士課程へ進み博士論文を仕上げた人もいる。琉大の伊志嶺恵徹教授は、コーネル大学から一九七四年に「アメリカと日本の違憲立法審議権の比較研究」で法学博士、元琉大教授で亡くなった友寄英一郎氏はシラキューズ大学から一九七四年に「歴史を理解するための地理的環境および考古学の要因、琉球の場合」で社会学博士号を取得した。

これらの博士論文は米国の図書館に保管されているが、沖縄の研究者、読者でも広く利用しやすいように日本語への翻訳、または出版が望ましい。

シラキュース大学：東部の拠点目指す、功績大きいハーリング教授

ニョーヨーク州の北方、シラキュース大学の人類学者ダグラス・ハーリング教授は生前、ハワイ大学の琉球研究文庫「阪巻コレクション」と対比してシラキュース大学に「琉球研究図書室」を設立して、東の琉球研究のメッカにしようと尽力した方である。

ハーリング教授と沖縄の結びつきは一九五一年九月から一九五二年三月にかけてワシントンＤＣの連邦学術委員会とハワイの太平洋科学委員会の依頼を受けて奄美大島を調査研究したことがきっかけだった。その調査報告で「琉球列島の民政府職員が日本語を使って行政することは緊急を要し、日本語の訓練をしなければならない。琉球の歴史、文化も理解する必要がある。行政官は現地の文化の理解度を含めて採用

すべきである」との改革案を出した。

沖縄研究にたずさわった多くの米国人と同様に、ハーリング教授も沖縄研究に特別の関心を示しはじめた。沖縄から帰国後、シラキュース大学図書館に琉球研究図書室を作ることを計画した。この事業に協力したのは哲学者のジョン・デューイだった。デユーイ夫妻はアジア研究、アジアからの留学生に関心を示し、援助を差し伸べた。デューイ夫妻が設立した「ジョン・デューイ財団」が沖縄関係図書の購入の援助を担った。

一九六八年に元琉球民政府職員のノーマン・キング准将の琉球関係蔵書を購入し、図書室を豊富にした。キング氏は陸軍省が出版した『琉球諸島・文献』の著者である。高等弁務官の元諮問委員のレオン・ウオルターも協力者の一人だった。ウオルターは沖縄の子供たち向けの物語に興味をもち、沖縄から関連書を贈った。現地沖縄の協力者には比嘉春潮、比嘉寿助、宮城常豊、仲原善忠、島尾敏雄氏らが名を連ねている。

このような形でシラキュース大学が集めた蔵書についての目録が『琉球コレクションのカタログ』で、一九六九年にまとめられた。またハーリング教授自身には『沖縄の習慣、昨日そして今日』(一九六八年)の著書がある。専門書として『社会における事実と理論』(一九六四年)もある。

ここでハーリング教授のバックグラウンドを付け加えておこう。一八九四年、ニューヨーク州生まれで、コルゲート大学を卒業した後、コロンビア大学で社会科の修士号を修め宣教師として日本へ渡った。日本滞在中に関東大震災を体験し、そのことをバッファロー市の新聞「バッファローニュース」に連載した。そのシリーズは後にコロンビア大学から『神と地震の国』で出た。けれども、ハーリング氏は属していた教会のドクトリンと合わないということで教会から破門された。

米国帰国後、コロンビア大学で非常勤講師を務めていたが、シラキュース大学市民と行政の訓練学部に採用されて移った。一九三〇年代の大恐慌時代、研究職も日のあたる場所でなく、特に文化人類学の仕事は少なかった。しかしながら、日本との太平洋戦争が近づくにつれて、日本通の学者が重要視され、彼の講演は大衆の人気を得るようになった。彼はハーバード大学に設けられた陸軍省の民間行政専門学校の教授になって、占領地へ赴く将校たちの訓練にあたった。戦後、ふたたびシラキュース大学に戻った。晩年、コルゲート大学から科学博士、シラキュース大学から法学博士の名誉称号を受けた。

元民政官で地理学者のシャノン・マキューン氏はハーリング教授の教え子にあたり、人と人とのつながりが沖縄研究を豊かにしていったことを物語っている。ハーリング教授のシラキュース大学を、東の琉球研究のメッカにする目論見みは、ハーリング教授の亡き後、中だるみになったが、後続の研究者が出ることを期待したい。

外国人の博士論文：三十年で沖縄関係二十二題、政治が多く、言語、音楽など

一九五二年から一九八二年までにアメリカ人によって書かれた沖縄関係博士論文は二十二題ある。内訳は政治学関係が九論文で米軍政府、復帰運動、米琉関係などが取り扱われている。次に多いのは文化人類学の三論文、言語学の三論文、教育学の三論文、歴史学の二論文、音楽の一論文である。

それぞれの博士論文の著者、題、大学名、提出年月日は次の通りである。政治学関係ではフレッドリック・ステイレスが「琉球、アメリカの付随関係、軍事、民事行政の分析」をジョージタウン大学に一九六〇年。コーヘン・アブラハムは「沖縄の文化、教育に対するアメリカ統治の影響」をコロンビア大学に一九六一年。ハーバート・アレクサンダーは「合衆国と沖縄の付随関係」をニューヨーク市立大学、一九七

二年。ビネンジイキ・ジョハネス「沖縄返還のダイナミックス、政治過程のケーススタディー」をタフツ大学、一九七二年。ウオルター・アンドリュー・ダンサープは「米外交政策と沖縄の日本復帰」をジョージタウン大学に一九七三年。フレドリック・シェールズは「沖縄におけるアメリカの経験、外交政策と政策決定のケース」をコーネル大学に一九七七年。シーゲル・アルバートは「沖縄に対するアメリカ外交、一九四五年〜一九七二年。政策決定における組織の反応」をウェスト・ヴァージニア大学に一九七八年。リチャード・マーテインは「第二次大戦後の日本、アメリカ関係における沖縄の役割」をジョージア大学に一九八二年。

文化人類学の分野では次の三論文。ネイラー・ハーリーは「二十人の琉球人学生の心理的文化的研究」をニューメキシコ大学に一九五二年。ジェームス・テイグナーは「ラテンアメリカの沖縄人」をスタンフォード大学に一九五六年。田中まさ子は「沖縄の村における親戚と外戚」をロチェスター大学に一九七四年。

言語学では、オーウェン・ロブレスは「沖縄の方言。シンクロニック分析」をミシガン大学に一九六三年。シュワース・デビッドは「シュリ方言の研究」をコーネル大学に一九七三年。

教育学は次の論文。ホーレス・キングは「琉球大学とミシガン州立大学間の教育、行政、文化の影響」をミシガン州立大学に一九六三年。ケビン・コーリンは「琉球列島における教師教育」をミシガン州立大学に一九七三年。

歴史学では次の論文。チェン・タトワンは「中国・琉球の関係」をインデイアナ大学に一九六三年。リヨン・パク・ワアは「中国と日本の不明確な戦争、琉球諸島を巡る紛争、一八七一年〜一八八一年」をカリフォルニア大学に一九七八年。

音楽学ではラルー・アドリアンは「沖縄古典音楽：分析と比較研究」をハーバード大学に一九五二年。戦後の早い時期からいろいろな分野にわたってアメリカの研究者が沖縄研究に取り組んだことは明らかである。アメリカ軍の沖縄統治という政治環境が多くのアメリカ人に沖縄の政治研究への興味を抱かせたことは理解できる。しかし、言語学、音楽、人類学の分野にまで広がっていることは驚きである。

これらの論文を沖縄県立図書館が収集保管、または翻訳出版することの重要性は言わずと明らかである。

米軍基地内：メ大学に正規な講座、学生の興味抱くきっかけに

長年、米軍基地撤廃運動を続けている沖縄県民にとって米軍基地が沖縄研究に寄与していることは想像しがたい。基地の中にあるメリーランド大学、オクラホマ州立大学、セントラルテキサス大学、レイマン大学などが直接、間接的に沖縄研究と結びついている。メリーランド大学は正規な沖縄の歴史、文化の講座を開いている。

沖縄の嘉手納基地内にメリーランドアジア分校が開校したのは一九五六年だった。当時、日本本土、韓国、沖縄の分校を加えて千七百人の学生が受講した。一九五七年には新たに台湾とグァム分校が加わり、全体で五千七百人の受講生に膨れあがった。

一九六八年には沖縄と本土でカウンセリングとパーソネルサービス、キャンプ・ザマで行政学の修士課程を開講したが受講生が続かずに、現在は沖縄だけにカウンセリングとパーソネルサービスの修士課程が残っている。

現在、アジア分校はさらに拡大し、香港、ミッドウェー、オーストラリア、フィリピンが加わり、沖縄校が一番学生数が多い。

沖縄校には沖縄関係の講座があり、それが学生たちが沖縄研究に興味を抱いた一つのきっかけであった。三年前に亡くなった文化人類学者のバーバラ・ゴールデン教授は「琉球諸島の生活と文化」の講座を長年担当した。ゴールデン教授は一九六〇年頃来沖し、琉球大学で東洋史を学び、筑波大学で文化人類学の博士号を修めた。宮古の多良間島の研究者だった。また、琉球民政府の元教育部長のゴードン・ワーナー教授は復帰後も沖縄に住み、「沖縄戦」「沖縄の武道」を教えている。

基地内をテーマにした論文も残っている。ジョン・チューマンは「沖縄のアメリカ軍属の学校に就学する六歳から七歳の児童の研究〜文化と皮膚の色が混ざった児童、混ざらない児童の比較」を一九七五年、ミシガン州立大学に、チャールズ・マトラーは「沖縄の嘉手納基地の教育予算、一年を通しての教育スケジュール」を一九七八年、南カリフォルニア大学に、ハードルド・クリフォードは「沖縄の国防省所属の学校の歴史、一九四六年〜一九七八年」を一九七八年、オレゴン州立大学日それぞれ博士論文を提出した。マーシャ・クローマーは「二重文化および二重言語の学生の研究」一九八四年、南カリフォルニア大学に、スーザン・オーシェルは「沖縄の軍隊に所属する親の移動、人間関係、学校に対する反応」を一九八四年、ミシガン州立大学に、カシェリン・ワーガーは「米銀所属の学校の生徒の他国人に対する認識、態度、知識、趣味の測定」を一九八六年、それぞれミシガン大学で仕上げた。

一九八六年から沖縄県と軍の特別協定によって沖縄の学生が基地内の大学で学べるようになり、その結果、日本人学生とアメリカ人学生の接触が拡大されることが予想されるので、アメリカ人の沖縄への関心は増えることが期待される。

また亡くなったゴールデン博士の生前の業績を記念して沖縄研究の学生を増やす目的でゴールデン奨学金がメリーランド大学に設置された。これも沖縄研究を発展させるきっかけになりそうだ。

十一　沖縄戦直後発行の日刊英字新聞　*The Daily Okinawan*

リンデン軍曹来沖

沖縄戦の戦塵いまだ消えやらぬ一九四六年、那覇軍港に接岸した米艦から降り立ったばかりの一人の若い米海軍兵士の姿がありました。まだ十八歳前後のデイビッド・リンデン軍曹です。肩に背負った大きな軍用背袋を降ろし、一息つくとすぐ傍《かたわら》で仕事をしている米軍属のヒリピン人兵士に声をかけます。「ちょっと失礼、那覇の街はどこ?」。うさんくさそうに顔をあげたそのヒリピン人兵士、あごで答えるかのように「ほらそこ・・」とただ一言。そのあごの指し示すあたりに目をやったリンデン軍曹の前には街らしい姿は全くありません。見渡す限り荒廃した原野と軍需物資と鉄くずの山々、それに奥武山入り口に巨大な鳥居の姿だけが淋しそうに立っているだけでした。その原野を貫くかのように、軍港より北に延びる真っ白な軍用道路らしいものが一本走っていました。思えば、戦後一号線として知られてきた道路の初期の姿でした。

リンデン軍曹の為に差し向けられたジープに揺られながらその軍用道路をまっすぐ北上するうちに、やがてこれからほぼ二年もの間沖縄での職場となる英字新聞「デイリー・オキナワン」紙の社屋に到着します。戦災を免れた野嵩の集落、普天間神宮のすぐ隣りに広がる広大な敷地内の中の一角でした。

沖縄現地発行の日刊英字新聞

The Daily Okinawan（以下、「デイリー紙、またはDO紙」）は、一九四六年から一九四八年まで刊行されていた日刊英字紙です。沖縄戦後、沖縄現地駐留の米軍人、軍属向けに太平洋戦争後の混沌とした世界情報をいち早く伝えること、そして沖縄の歴史、文化、風俗、地誌の概略を伝える使命を帯びていました。南洋、オーストラリアをはじめ太平洋全域の米軍、軍属を対象としていた例えば今一つの英字紙「星条旗」などと異なり、世界情報の他に沖縄現地で地元の情報を重点的に扱う英字紙であった点、沖縄の戦後史上、見逃すことのできない重要な資料だといえましょう。特に戦後沖縄の「アメリカ世《ユー》」のはじまりの、そのもっとも早い頃の状況を伝える記事、写真などの映像記録が数多く収録されている点、この分野の研究に資するところが大きいと思います。

山田真山画伯の貢献

さて、スポーツ担当編集人の肩書きを得て、デイリー紙で働き始めたリンデン軍曹は、その後生涯を通じて親友の絆を結ぶことになる一米軍軍曹、それに デイリー社で働く沖縄人スタッフの幾人かと親しくなります。前者がデイリー紙のリーダーで、これもまた若い編集長のノバート・カーテイー軍曹、そして後者のお一人が他でもありません、デイリー紙上に古い沖縄の風物を描き連載していた壮年期の山田真山画伯でした。真山画伯のお嬢さんも デイリー紙のスタッフの一人でした。

山田真山画伯の担当していたコラムは「OKIES」と呼ばれていました。これは明らかに「沖縄絵」の省略形で、それに複数を表すSをつけたものでしょう。「沖縄絵シリーズ」として当時の目の青い読者に歓迎されていました。デイリー紙上に画伯が健筆を振るわれた「沖縄絵」の数は、私の調査し得ただけでも百点に及びます。そのほとんどが古琉球の風物、風俗そして仏像画です。

『沖縄絵物語』

数年後の一九五二年に山田真山画伯はデイリー紙掲載の沖縄絵シリーズの原画より四十点を厳選し、美麗な画集として発刊します。これが『沖縄絵物語』です。和風に綴じられた大型美麗本で、表紙には Okinawa by Yamada, No. 1 とあり、裏表紙には Okinawa : Her Beauties and Tradition とあります。巻頭に当時の琉球政府主席比嘉秀平、元沖縄群島政府副知事山城篤男両氏による序文と推奨の辞が英和両語で記され、さらに山田画伯の「発刊に際して」との、これも和英両語による文章がみられます。ちなみに英文の方は山城篤男氏の手になるものと伝えられます。比嘉秀平、山城篤男ら戦前の英語教育界の先端をゆくリーダーの英語力のいかなるものだったかを知る上で貴重な資料ともなっています。画伯は、その和文版でデイリー紙に沖縄絵シリーズを掲載することになったいきさつを次のように記しています。

「……私は一九四六年、終戦後沖縄において発刊されていた英字新聞の『デイリー・キナワン』の乞《こ》いを入れ、オキナワの歴史および風物画を連載した。これは今次大戦により灰燼《かいじん》に帰した琉球のかつての姿を絵を通して一般に紹介したいという私の念願でもあった。しかしながら一切の記録や参考資料を失ったばかりでなく、筆墨にも事欠きまことに不自由を極めたのであるが、幸い私は戦前明治神宮の壁画琉球藩設置の図を日本から委嘱《いしよく》されたとき、沖縄の歴史資料を調査する機会を得ていたので新聞社から乞われるまま記憶をたどりつつ描き綴ったのがこの画集となった……」。ところで、画伯のいわれる「琉球藩設置の図」は、今日なお明治神宮壁画美術館に保存展示されており、何年か前、筆者の私自身その巨大な壁画を自分の目で確認できたことを報告しておきたいと思います。

その後、一九五三年には、たまたまその年が、かのペリー提督来沖百年目にあたり、沖縄各地で各種行事が行われました。そして画伯はその年に『沖縄絵物語』の続編ともすべきものを刊行しました。タイトルページに英文で The Commodore Perry Centennial Issue "Okinawa" 1853-1953 Commemorating 100 years of Ryukyuan and American Friendship と記されています。その画集には、ペリー提督一行による有名な首里城訪問図のほか画集 No.1 で扱えなかった画伯のデイリー紙掲載 OKIES シリーズの幾枚かを補う形で全三十枚の図版が収録されています。

「リンデン・ファイル」と「カーティー・ファイル」の発掘

かつてのデイビッド・リンデン軍曹から私に電話のあったのは平成十八年の秋のことでした。若きリンデン軍曹が那覇の軍港に降り立ってから実に六十年後のことです。デイビッドさんは、その頃たしか七十七歳前後、退役軍人によくみられる精悍《せいかん》な面立ちはデイビッドさんの場合もまた例外ではありませんでした。ニューヨークの郊外、ロングアイランドに住むデイビッドの元に沖縄での DO デイリー紙勤務時代の古い DO デイリー紙関係ファイルがあるが一度みてみたら、ということでニューヨーク市マンハッタンで落ち合うことにしました。場所は沖縄料理をメニューにもつ唯一の日本料理店「すいび」。DO 紙についてては、たしか米国の国会図書館が所蔵することを知っていた私は、自分に興味のある古琉球の文物資料とはおそらく縁遠いに違いない戦後沖縄関係の英字新聞などと勝手に決め付けて、はじめはそれほど大きな期待も寄せていませんでした。デイビッドが持参したファイルには古い写真類に混じって一九四七年頃の DO 紙の原物が幾つかありました。褐色に変色した同紙にざっと目を通した私は、そこにシリーズで掲載されているいくつかの古琉球の風物画に目を惹かれました。OKIES by Yamada と記される白黒の見事な古琉球の風物画にはいずれも見覚えがあったのです。今は亡き義兄具志頭得助から私の元に残された山田真山翁の『琉球絵物語』の中の見慣れた絵ばかりだったのです。私はあの見事な古琉球の景観図がもともとデイリー紙に掲載されていたものだということを初めて知りました。

デイビッドとの会話から、さらにいくつか大事なことを知りました。何とデイリー紙時代の編集長のノバート・カーテイーとは沖縄時代からずっと家族ぐるみで友好を保ってきていて、数年前他界したカーテイーのフロリダの家にはもっと沢山 DO 紙関係資料があるはずで、今はカーテイー夫人のドナ未亡人が保管しているだろうとのことがその一つでした。さらにその昔デイリー紙時代の沖縄人スタッフの一人で、すでに触れました画伯の令嬢とも途切れ途切れではあるが文通などで連絡し合っているとのことだったのです。

私が「カーテイー・ファイル」に目を通すことができたのは平成十九年春のことです。フロリダ在のドナ夫人が母の日で令嬢のレズリーさんの所に寄った折に私のもとにボストンバッグ一杯の DO 紙関係資料を届けてくださったのです。ドナ夫人の来訪、そしてその場にわざわざロングアイランドから駆けつけてくれたリンデン夫妻とドナさんにとっては久しぶりの、私には初めての食事会となり、沖縄談義に花を咲かせることになったのでした。

その場で私はまた新しい事実を知りました。六十年前、山田画伯が連載していた OKIE シリーズの原画の幾つかをリンデンさんが大事に保管していることでした。リンデンさんが大きな邸宅に額縁入りで大事に保管し、今でもその邸宅を飾っているのが山田真山画伯の手になる OKIE シリーズ、すなわち「古琉球の景観」図だということも記しておきたいと思います。六十年前に画伯の手を染められた古琉球の景観図が画伯の旧知で、熱烈なファンのお一人でもあるリンデンさんのお宅に大切に保管されていることを伝え得るのを嬉しく思います。

米人画家による沖縄風物ペン画

DO紙には真山画伯のシリーズとほぼ同時期に二人の米人画家の手になる沖縄風物シリーズが掲載されています。そのほとんどの原画もまた　デイリー　紙元編集長の未亡人ドナ夫人が大事に保管してくれていました。夫の故カーティー氏の「いつか、きっと役に立つ日がくるから……」との言葉を夫人が忠実に守ってくれていたことは沖縄の人々にとり、とてつもなく有難いことだと思います。ドナ夫人が私に託された原画プリントの数は六十枚近くにのぼり、それぞれに数行の英文キャプションが付されています。真山画伯のシリーズが水彩画による古琉球の風物誌となっているのとは対照的にこれらのペン画シリーズは、戦後間もない頃の沖縄の風物を軽快なタッチで描き切ったもので、真山画伯の景観シリーズとは全く趣きの異なったものとはいえ、それなりに興趣あふれる沖縄の風物誌となっています。

カーティー夫人来沖と「デイリー・オキナワン紙、里帰り展」

「いつかはきっと役に立つはずだから」との夫君ノバート・カーテイーの遺言にも近い言葉が実現するのは平成二〇（二〇〇八）年秋のことでした。宜野湾市教育委員会主催、沖縄県地域史協議会、琉球新報社共催による「デイリー・オキナワン、里帰り展」がその年九月三日から二十八日にかけて行われたのです。場所は、かつてのデイリー紙社屋のあったところからそれほど遠くない宜野湾市立博物館。

琉球新報社編集局にデイビッド・リンデン軍曹、そしてノバート・カーテイー軍曹旧蔵DO紙の存在を伝えたところ、すぐその意義に理解を示し、その頃、新報博物館館長の任にあった岡田輝雄記者を紹介してくれました。それ以後、DO紙の現物送付などのやや複雑な手続きを経て、宜野湾市における「里帰り展」の企画が急速に進展した次第です。

「デイリー紙の刊行より、実に半世紀以上の年月を経て実現した「里帰り展」を巡っては二、三、是非ともここで記録に留めておきたいことがあります。かつてのDO紙編集長のノバート・カーテイー軍曹のドナ夫人に里帰り展の企画についてお知らせしたところ、この際、是非とも沖縄を訪問し、「里帰り展」をご自分の目で見ておきたいとの意を伝えてきました。まだまだお元気なドナ夫人、大西洋岸のフロリダ州よりの沖縄訪問という長旅の疲れも見せず、同行の令息お二人で姿を現しました。那覇市内のホテルにご案内し、旅装を解いてから、翌日でしたか宜野湾の展示室に案内でき、静かに涙ぐむドナ夫人の姿に接したことを我が事のように嬉しく思いました。

それから、里帰り展の開催を機にほぼ連日、琉球新報紙上に「復興にかけた日々‥『デイリー・オキナワン』里帰り展」、「あの日あの時懐かしく」、「米兵らと働き楽しかった‥元従業員の許田盛徳さん（七八）」などの見出しで報道されました。「許田さんは、コザ高校卒業後、デイリーに入社。タイプや編集を担当した。会場には戦火で焼け残った普天間の松の大木で昼寝する許田さんの写真や新聞制作の風景もある」。「許田さんの証言で琉球新報の前身、うるま新報の瀬長亀次郎社長、池宮城秀意氏（のちに社長）が出入りし、デイリーから新聞用紙の提供を受けたことも分かった」。許田さんは「うるま新報に紙を提供したり、沖縄タイムス創刊の相談にも乗っていて、私が通訳をした」と述べ、沖縄の新聞再生を支えた状況を証言した、と話しています。

ドナ・カーテイーさんには、宜野湾博物館より、そしてデイビッド・リンデンさんには高嶺朝一社長より、それぞれ感謝状が贈られました。

米琉親善の萌芽

「リンデン・ファイル」、「カーテイー・ファイル」にみる資料類には、そのほか『うるま新報　こども版』、一九四八年一月発行の二ページだてオリジナルなどの幾つかがあり「一九四九年から沖縄に大学が出来るぞ」、「琉球銀行を近く那覇にせつ立」、「軍政府も学資えんじょ」などの見出しがみられます。欄外には「一九四六年七月十八日第三種郵便物認可」と印刷されています。

周囲にコンセットの林立するデイリー紙の社屋内でカーティー編集長やリンデンスポーツ記者らと肩を並べてタイプ打ちに励む地元沖縄の若い男女の姿を収める大きな写真原板の数々をみていますと、そのわずかに一年前、いや数ヶ月前まで日米間に血みどろの攻防戦、地上戦が行われていたことなど全く想像できません。いったん戦いが終結するや、すぐさま沖縄に乗り込んできた青い目のジャーナリストたちは、沖縄の文物風景に殊の外興味を示し、在沖の同胞に沖縄の在りし日の面影を伝えんものと懸命になります。そして沖縄随一の芸術家山田真山画伯に声をかけるのでした。米琉親善の萌芽がこうして見事に実を結び、かつての真山画伯の努力の跡に接し得ることを私たち誰もが幸せに思わずにはおれないと思います。

米琉親善の萌芽は、しかし、カーテイー軍曹、それにその前任者でDO紙のおそらく初代編集人だと目される非軍属のポーター氏夫妻、そして引き続きリンデン軍曹などの若い米軍人ジャーナリストが沖縄にやってくる数ヶ月前、いや一年ほど前にはすでにその兆しが見え始めていたのです。終戦直後の収容所で山田真山画伯は一米人通訳官と顔見知りになります。その若い米兵の名はマリウス・ジャンセン。そのジャンセンこそ、その後名門プリンストン大学の日本史学教授として大成し、一方のエール大学の徳川時代史の権威ジョン・ホール教授と並んで戦後米国史学界の双璧といわれるようになる人物なのです。ジャンセン教授の著書『坂本龍馬』は日本人学者の龍馬論より優れているとして学界で賞賛された労作です。

そのジャンセン教授は生前夫人と共に沖縄を訪れ、かつての　デイリー 紙のスタッフの一員として働いたことのある真山翁の奥間（山田）百合子さんら、画伯の身内の方々と硬い握手を交わしています。

また上に触れました　デイリー紙の初代編集長と目されるポーター氏のことについては、真山翁の身内の方々など今でもよく覚えておられます。ちなみに今は亡き宮城悦二郎先生が『沖縄大百科事典』に寄せられた　デイリー紙の項には次のような文章がみられます。「・・編集長ポーターは、当時まだ揺籃期《ようらんき》にあった戦後沖縄初の新聞『うるま新報』を物心両面から支援し、用紙、インクなど資材の確保に奔走した。……元新聞記者であったため、沖縄の新聞関係者の窮状に対し深い理解を示した」。「リンデン・ファイル」にわずかではありますが今日に至るまで保存されているその『うるま新報』の現物などは、米琉親善にかけるポーター編集長の思いを今に伝えるよすがともなっています。

十二　東恩納寛惇翁の三味線名器発見

はじめに

先に琉球音楽研究史上初のハーバード大学博士論文、ジャン・ラルーの『琉球古典音楽考』を紹介したが、その後その論文の和訳プロジェクト発足のニュースを耳にするにつけても、ふと思い浮かぶのが東恩納寛惇翁と名器発見のいきさつである。

名器「江戸与那」発見

壮年期の寛惇翁が偶然、三味線の名器「江戸与那」を発見し、入手するのは、昭和一四年の春のこと。東京は山手における、とある古書市に足を運んだ折のことだった。私がそのことを知ったのは、今ではなかなか入手し難い書となった寛惇翁の小品『童景集』に目を通している時だった。「島袋源一郎を憶ふ」、「真境名笑古を憶ふ」、「野人麦門冬の印象」、「鷺泉（尚順王子）先生に上る書」「太田潮東（朝敷）」をはじめ、六十数編に及ぶ珠玉の随筆を収める同書の末尾にみる「三味線供養」と題する一編にそのことが記されている。

終戦後間もない頃の那覇で親父の奏でるカンカラー三味線の音色に引かれるうちにも、その親父の手製のサンシンを手にしては、「旅いぬう（上い口説）」や、なんと「滝落《たち》（う）と（う）し」といった難曲

（?）をもかなりの腕前で弾いていた幼いころの記憶が蘇ってきた。と同時に、寛惇翁の偶然ともいえる名器「江戸与那」発見を契機として、私の書棚に長い間眠ったままだった野村流師範瑞泉こと、池宮喜輝氏の労作『琉球三線宝鑑』（裏表紙、背表紙には『三味線宝鏡』とある）刊行の経緯とも深く関わっていることを知った次第である。そのことを以下に記そう。

名器の鑑定

通常二丁一対、箱入りの形で知られるものの、寛惇翁発見になる名器は箱の中には一丁しかなく、添えられた奉書の詞書には、お家流の墨痕鮮やかな筆つかいで「安政三年丙辰八月廿三日、琉球三味線二挺、浦崎親方進上、玉里大奥」とあった。玉里島津御殿に進上した浦崎親方政種とは、年頭使者として安政二年五月廿三日上国した人物で、翌年九月廿四日鹿児島を発って帰国の途についているという。真北《まにし》の順風に乗って帰国する直前、島津邸より乞われるままに、浦崎親方は琉歌三味線の芸を披露したのであろう。その日、並みいる島津玉里御殿の面々に「琉球国の芸能」の真髄の一端を伝える三味線の存在に殊のほか興味を示す者があったのだろう、その珍しい琉球の楽器を所望されるままに浦崎親方、すぐさまその江戸与那を献上したのだった。その浦崎親方が手にしていた三味線は「与那」すなわち作者与那城の手になるもののうちでも特に「糸蔵長《いとくらなが》」と呼ばれる、旅の道中の使用に適した一品らしく、予備の糸を巻き込むための糸蔵が組み込まれているいわば「道中用」のサンシンだったと伝えられる。そのことを東恩納翁は、世礼国男の鑑定所感として紹介している。そのほか、当時『琉球音楽考』の著作で知られる富原守清の所感として、「与那は真壁型、その東恩納翁の発掘になる一品は、特に通常の真壁よりも竿厚で、作者与那城が自分以上の巨匠を待つ謙譲心から故意に修正の余地を残したもの」との所見をも紹介している。ということで、東恩納翁がその「三味線供養」と題する一文のなかで、「結局これこそ『江戸与那』として知られた名題の名器であることが判明した」としているにも関わらず、事実は、道中用の特製品だったことが分かる。浦崎親方が献上したその真壁型の箱書きに、通常だと慣例上、献上の趣意が記されるべきところ、そのようなものに欠けることを東恩納翁は「かえって臨時のご所望であったことも知られ、したがって尋常一様の品物でなかったことも知られる」としている。

とはいえ、その特製江戸与那が島津家玉里御殿の収蔵に帰した安政三年より東恩納翁の発掘にいたるまで、八、九十年もの年月を経ているわけで、そのあたりを翁は、「薩摩の玉里大奥を出て、流れに流れて、東都の骨董市に投げ出されるまでの数奇の運命は知る由もないが、それが私の手に救い上げられたのも、思えば奇しき因縁である」としている。

那覇に渡る「江戸与那」

東恩納寛惇翁による「江戸与那」発掘のニュースは、たちまちにして故郷《ふるさと》那覇、そして首里の知名士のあいだに広がった。折からその夏七月には沖縄教育界の招聘で夏期講習の講師としての出張がきまっていたことが幸いし、多くの知友からぜひその真壁江戸与那を持参するようにと乞われるままに、「このような銘器が首都の真中で、塵芥のなかから拾い上げられたのであるから、器物にして霊あらば泣きもしようということで、郷土博物館に寄贈することにしたのだった。寛惇翁には七年ぶりの帰郷だった。

久ぶりに顔をあわせる知友幾人かの発案で、東都伝来のその「江戸与那」を中心に、現存する銘器を一堂に集め、「三味線供養」をしようということが決まった。そして八月五日、かつて薩摩在番奉行の接待の場となっていた首里城南殿で神式による三味線祭が執り行われたのだった。その首里城南殿について翁は「多年荒廃のままになっていたのを、修理を加え、その日がはじめての戸開きとなった」としている。皆が手分けしてその日の趣意を特殊な三味線の所有者に呼びかけると、ほとんどが同慶の催しとして快諾した。急遽南殿内には斎壇が設けられ、郷土入りした江戸与那が正面の一段と高い壇に安置された。その日、出品者のタンメーターが礼服いかめしく、三味線箱を肩に歓会門目指して登って行く有様を寛惇翁は「近来になき珍しい光景で、前古未曾有の芸術祭となった」と記している。ただ、天下にその名を響き渡らせていた尚家御所蔵の「盛島開鐘《けえじょう》」だけはさすがに門外不出の逸品、ついにその姿を見せなかった。しかし、それ以外の名門各家秘蔵の出品物が斎壇の左右に並べられた。屋富祖開鐘、真壁南風原、熱田開鐘、アマダンジャ開鐘、御茶屋御持など、天下に名だたる名器二十四丁が一堂に会したのだった。次は、厳かな雰囲気のなかに執り行われた三味線供養芸術祭の場で、寛惇翁の捧げた祭文である。

三味線を祭る詞

憂き旅の八十四年　淋しき三つの絃《いと》に
塩屋の潮風　宵も暁も通ひけんかし
今しかへる懐かしの故里　いしやら、いしなご
大石となりてやすらかに、巨匠与那城が神霊
いんこねあがりの、神の精霊《おせち》に迎へられて、
永久《とわ》に、郷土の芸術に甦り玉へ

『三味線宝鑑』編纂の動き

成功裡に終えた式のあと、関係者からは、この機にそれらの名器の寸法特徴を綿密に記録し後世に伝えようとの発案があり、世礼国男主導のもとに『三味線宝鑑』編纂の方針が固められた。この動きは、しかし、戦後間もなくにしてこの世を去った世礼国男と共に、その主導者の元にあった記録、遺稿も陽の目をみぬまま消え去ったのだった。

その後、かつての宝鑑編纂の企画を受け継いで、俄然その再出発に乗り出すのが、寛惇翁より四歳年下の池宮（旧姓池宮城）喜輝師範である。こうして、寛惇翁による江戸与那発見を契機に始められた宝鑑編纂の動きが実を結ぶのは、その後十四年を経る、戦後昭和二九（一九五四）年のことだった。

今、私の手元にある圧巻『琉球三味線宝鑑』の表紙には「野村流琉球音楽師範　瑞泉　池宮喜輝著　東京沖縄芸能保存会」とある。なお、池宮師匠の雅号「瑞泉」は寛惇翁より与えられたもの。巻頭に数十枚の貴重な写真を占めるグラビアには、東恩納寛惇翁の名著『尚泰侯実録』の冒頭にも掲げられ、専門家の間では、琉球王国最後の尚泰王の肖像として親しまれている写真版一葉がここでも宝鑑冒頭を飾る。巻頭に序文、そして長文の「三味線考」を寄せる寛惇翁、東都における名器発掘より、わずか十四年にして、かつての宝鑑編纂の夢が、己れの存命中、齢《よわい》七十二にして実現したこの慶事に感涙を禁じ得なかったことだろう。

『池宮宝鑑』

私の秘蔵する宝鑑を私自身は勝手に『池宮宝鑑』と呼んで親しんでいるが、その宝鑑の特徴ともすべきは、何といっても、池宮師範の主導する調査が日本本土、沖縄本島をはじめ、ハワイ、北米ロサンゼルス、南米ペルーなどの海外にまで及んでいることだろう。調査の対象になった現存する三味線の総数ほぼ一万点、沖縄本島の現存数五千の審査に当たったのが編者池宮の右腕として活躍した幸池亀千代。その内、厳密な審査を経て合格登録の栄誉を担うのが、新作八丁を含む全三百六十三点。そのほとんどが写真入りで、真壁、与那、南風原、平仲、宇根親雲上、久場春殿、知念大工、久葉之骨などの「型」、所蔵先、寸法とともに紹介されている。

ふと思うことども

私の私蔵版『池宮宝鑑』の中でも特に私自身の私的興味を掻き立てるのが、巻頭を占める多くの写真類に、私の幼い頃から思い続けてきた三味線芸術、琉球芸能の大家、伊差川世瑞、金武良仁、玉城盛重、知念積仁、世礼国男、渡嘉敷守良、新垣松含《しょうがん》、照屋林山、山城正中、真境名由康、島袋光裕、そのほか多くの人材の肖像写真、面影《おもかげ》に接し得ることである。私のそのような思いは、冒頭に触れたように、おそらく、かのカンカラーサンシンを実際に手にし、爪弾いたりした感触を今なお生き生きと思い出せるというか、自分がそのようなサンシンの洗礼に預かった記憶を有するおそらく戦後最後の世代に属するのでは、との思いなどがあってのことでもあろう。いや、それよりも自分が成人するにしたがって、つぎのような事実を知るようになった経緯などがあずかっているのかも知れない。すなわち、戦後すぐの米軍沖縄司令部配属を機にウチナーサンシンと出会い、その魅力にとりつかれ、「琉球のサンシン楽（学?）」を博士論文にして、母校ハーバード大学より学位を得ているほど琉球芸能の世界に耽溺《たんでき》していた目の青い青年将校ジャン・ラルーの存在などを知ったことなどもあろう。世礼国男、幸池亀千代らの謦咳《けいがい》に接し、直接その指導に与っている若き米軍将校ジャン・ラルーについては、その後、長年にわたってニューヨーク大学音楽部教授を率いるラルー教授として大成している事実を知り、直接面談を果たしたこと、そして、その折り、教授が沖縄より持ち帰ったに違いない箱入りの見事な三味線を取り出して見せてくれた、といった衝撃的な経験を有することなども与っていよう。そのあたりのエピソードについては、いつぞや『那覇文藝　あやもどろ』で紹介したことがある。

何でもそのジャン・ラルー（氏のフルネームは Adrian Jan Pieters LaRue）の博士論文については、今、野村流関係者によってその全貌解明の作業が進められていると聞く。その全容が明らかになることを待ち望む今の自分の気持ちには、かつての東恩納寛惇翁が『琉球三味線宝鑑』の実現に思いを寄せるそれに相通じるものがあるようにも思われる。

第二部

異国体験記

一　エール大学と「吉田松陰密書」

「密書」発掘

名門エール大学の古文書部の奥深くに眠る、かの幕末の英傑吉田松陰の自筆になる密書を発掘し、『中央公論　歴史と人物』十月号に発表したのは、今を去ること四十一年、一九七五（昭和五〇）年のことだった。維新秘話の一つとして紹介されたのが、すなわち筆者の手になる「眠っていた松陰の密書」一篇だった。私が「エール密書」と呼んで、秘かに研究を続けていた、その幕末史上の貴重な史料一篇については、私の初期の著作『異国と琉球』（本邦書籍、一九八一年）中に「異国に眠る松陰の密書」として『中央公論　歴史と人物』中の拙論を再録紹介したりしたものの、当時いまだ後年の松陰ブーム到来遥か以前のこととあって、ごく一部の幕末研究家、特に松陰研究家の目にとまった様子はあったものの、それ以外には、しかし、特にこれといった反応が見られなかった。

さて、「光陰矢の如し」で、あの論文発表後、四〇年目の二〇一五年の春、我らがエール大学では、「エール図書館の蔵する日本伝来の宝物展」と平行して、学術会議が開催された。本学エールをはじめ、米国内外のコロンビア大、プリンストン大、ケンブリッジ大などの諸大学はじめ、日本からは、関西大学、そして東大史料編纂所関係者ら、当代一流の学究の集う学会となった。全六部門のテーマからなるその国際会議のテーマの一つに「エールと吉田松陰」が取りあげられているのに、エールを退官して久しい私は、一瞬声を挙げかけた。よく調べてみると私の知友でもある関西大学陶徳民教授とエール大歴史学科の中堅教授ダニエル・ボツマン教授とが共同でそのセッションを組織したことがわかった。陶徳民教授は、わたしとは独自にエールの古文書の史料群の研究にいそしみ、その過程で「エール密書」の存在に気づき、地元関西の新聞紙上にそのことを発表されたりしていた。ボツマン教授はプリンストン大で徳川時代の刑法研究で学位を得られ、また陶教授もかつてプリンストンで客員研究者としての経験があったりで、私の初期の発表論文についてもよくご存知で、「エールと吉田松陰」セッションでは、ボツマン教授が、たまたま陶教授と一緒に参加していた私のことを名指しで「エール密書」研究史の概要に触れておられたのは、有り難かった。その後、幕末の英傑松陰については『吉田松陰の再発見：異国に眠る残影』（二〇一七年）と題し、単行本として刊行したことを記しておきたい。

イエール大学中央図書館向かいの法科学院。かつての米国大統領ウィリアム・タフトをはじめ、近くはブッシュ、ビルとヒラリー・クリントン夫妻が同窓生として知られる。

さて、ここでエール大での教壇生活中に不肖、私の経験した松陰にまつわるエピソードの幾つかを記すとしよう。エール大学におけるこのたびの学会が、図書館古文書部で史料の渉猟に過ごしたかつての日々に思いを馳せる契機ともなったことと同時に思い浮かぶのが「エール密書」冒頭にみる次の一節である。

「我ら両人世界見物致したく候あいだ、その御船へ内密に乗り込ませくれられよ。最も異国へ渡ることは日本の大禁につき、このことを日本の役人達へ御はなし候ては、はなはだ当惑つかまつり候……」

と記す熱血漢松陰の密書原文は、本文七行、日付と両人の名を記すのが二行で、その全九行からなる密書の全文を私は暗唱できるまでになっていて、その頃担当していた上級日本語読解講座や中国史専攻の大学院生向け読解講座の学生に誇らしげに紹介したりしていた。その講座には漱石や鷗外、川端康成、三島由起夫、武者小路実篤などの作品を原文で読める学生らが多かった。そして、拙稿「眠っていた松陰の密書」を学生に読解用として課した折りの学生の評判は概して「山口先生の論文は、難し過ぎてさっぱり……」に近いものだった……。ただ、懸命に理解しようとして取り組んでいたグループが、その頃、中国近代史の権威、ジョナサン・スペンス教授のもとで中国史諸分野の博士論文と取り組んでいるか、その準備中の学院生らだった。そのことは私の全く予想していなかったことだった。しかし、考えてみると、京都大学の吉川幸次郎教室所属の中国研究の日本人研究者の著作、論文類の存在、その価値をよく知っているらしい学生諸君にとっては、日本語の会話力はともかく、何よりもまず習得したいというのが読解力で、どうしても和文原典の読解力の養成が急務だとの意識が強かった。少々難解な日本語の論文でもなんとか攻略したい、との意気に溢れているのも当然だった。

「もろはし、もろはし……」

その中国史専攻の学院生らが、授業中か休み時間にしばしば「もろはし、もろはし」と、口にしているのを耳にした私は、当初何のことだろう、と思っただけで、特にそれ以上気にもしないでいた。彼ら目の青い大学院生が、盛んに口にしている、その「もろはし」が『諸橋漢和大辞典』全十三巻のことだと気づいたのは、その後、だいぶ経ってからのことだった。それだけではない。あの高価な諸橋漢和大辞典の全セットをその中国語、中国史専攻の学生のほぼ皆が所有しているらしいのだった。「先生、お教えしましょう」といってわたしの耳元にささやいてくれた私の学生の言葉に、またまた唖然とした。貧しい学生らが所有しているのは、何と台湾発行の小型「海賊版」セットだったのである。そのころの日本語、文化関係専攻の学生必携の辞書は一般に「ネルソン」として知られる Andrew N. Nelson の『最新漢英辞典』*The Modern Reader's Japanese-English Character Dictionary*だった。私の本棚に今ある「諸橋全巻セット」十三巻、そして「ネルソン」はすべて学生に教えてもらった海賊版である。大型の諸橋原本セット、ネルソン原書に比べても小型海賊版は少しも遜色なく、厚手の表紙などの製本、内容のいずれにしてもまったく原本そのままの海賊版である。

　これらの学生たちがその後エールを飛び立って、あるいはハーバード大学で教え、ハワイ大学、あるいはバーモント州のミドルベリー大学東アジ語学部の中国語プログラムの中堅として活躍している様子に接するのは何にもまして嬉しいことだった。

エール古文書のマイクロフィルム化

　今一つ、授業の後、エール古文書部を連日のように訪れ、調査検索に過ごしている頃、そこの古文書部の部長ジュデイス・シイフ女史は、間もなく私の検索している史料が「ウィリアムズ家文書」だということに気づいた様子だった。改めてその「ウィリアムズ家文書」に目を通したらしいシイフ部長、おそらくその文書の規模の大きさ、学術的価値を再認識したのであろうか、その後間もなくにして、その文書集をマイクロフィルムに収めることにしたのだった。早速、私も入手したが、ただすぐ次の事に気づいた。そのエール・マイクロ

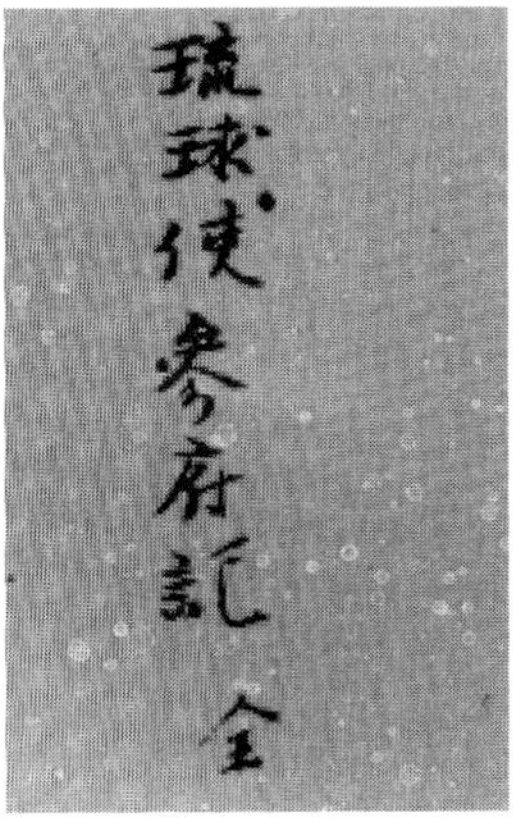

かつて筆者が発掘したイエール大学所蔵の古文書のひとつ

フィルム版「ウィリアムズ家文書」に収録されているのは、幾十箱、幾百セットに及ぶ原史料ファイルのごく一部でしかないことだった。そのエール版マイクロフィルムは、おそらく今でも存する事と思われるが、あえてそのようなことを記すのは、これからも研究者を引きつけてやまないであろう「ウィリアムズ家文書」の真の価値は、いうまでもなく古文書部に眠る門外不出の「ウィリアムズ家文書」の現物に直接当たって初めて認識できることを老婆心ながら伝えておきたかったからである。その「ウィリアムズ文書」ついての一文も私の旧著『異国と琉球』中に収録してあることをここに記しておきたい。

半世紀以上をエール古文書部の部長として働き、二〇一五年現在も、なお働き続けるシイフ女史にはキャンパス内でときたますれ違い、会釈を交わすことがある。その部長さん、「チャールズ・リンドバーグ文書」研究の権威である。航空史上、はじめて単発機で大西洋横断を果たした、かの「翼よ、あれがパリの灯だ」の主人公がすなわち、リンドバーグであることはいうまでもない。

アイビーリーグにおける日本研究

少々専門的な話になるが、先にも触れたように、米国東部の名門プリンストン大学で 徳川時代の刑法の研究で学位を取得されたボツマン教授にしてなし得た今回の貴重な古文書「安政六年 御仕置之者覚帳」発掘については、別に紹介する機会でもあろう。はじめてボツマン教授にお会いした際、教授の母校プリンストンについて次のようなことをお伝えしたことがあった。一九六五年から六六年にかけて私が言語学大学院プログラムに在籍しながら、プリンストンの教壇に立って初級日本語講座を担当していたころ、米国東部のアイビーリーグとして知られる諸大学では、依然として男子だけの私学としての伝統を固守したままだった。そして初めてその年、その伝統を打ち破り、プリンストンでは開学後初めて女子学生数人が入学を許された。そのようなことをボツマン教授に伝え、何とそのうちの一人の女子学生が私の日本語コースに入ってきたことをお知らせすると、相好を崩されながら、そのボツマン先生、「へえ、何という名の学生だった？」と。「もう半世紀も前のことですよ。覚えている筈がない」で、話は終わった……。エールカレジ内に女子学生が姿を見せるようになったのは、それ以後のことである。全学生のほぼ半数か、それ以上を女子学生が占めるようになった現今の事情を思うにつけても、時代の動きを痛感し、感無量である。

アイビーリーグでの悲哀、誇り

その頃のアイビーリーグの一つであるコロンビア、そしてアイビーリーグ以外の例えばシカゴ大、西部カリフォルニアのバークレー校、スタンフォード大でも、またそれ以外の米国の諸大学でも、すでに日本文学の講座が開講されていた。

一九六〇年代の半ばころ、プリンストンの東洋学部には中国語、歴史プログラム課程担当者には琉球歴史の研究で学位を取得されたインデイアナ大学出身のタトウアン・チェン教授、エール言語学部出身のムールトン教授、ミシガン大からいらした言語地理学専門のマークワード教授らがいた。ムールトン言語学プログラム部長から、マークワード教授のもとで博士過程の学生として励め、と指令されていたものの、その頃、構造言語学の世界からＭＩＴを中心とする生成文法という全く傾向の異なる言語理論の時代へと目まぐるしく変化する学問の世界についてゆけず、一年後にはプリンストンを後にした。ただその間、弱冠二十代半ばの文字通り、学業半ばの一書生ではあったが、それ以前東京在、米国大使館や沖縄在、米国領事館で何年かに及ぶ日本語教授に従事していた経験を買われて名門プリンストンの教壇に立つことのできた幸せは何ものにも代え難い。キャンパスを行き来するたびに、かつて、アインシュタインのいた高等科学研究所に立ち寄っては壮年期のジョージ・ケナンの風貌に接した記憶は、まるで昨日、今日のことのように思われる。短期間のプリンストン経験ではあったが、大学院学生寮で過ごし、歴史的建造物として名高いナッソーホール、ウィルソン米大統領記念館などの雰囲気につつまれたキャンパスでのひとときは忘れ難い。

松陰の遺志を継ぐ英才、朝河貫一

今回のエール学会には東大史料編纂所の元所長石上英一博士をはじめ、史料編纂所の中堅所員の方々が参与し、一部の所員はエール東アジアコレクション担当者の助言を得ながら、かなりの時間をかけて研究調査した結果の報告となっていた。エールの日本関係古文書収集に尽力された著名な学究を象徴する朝河貫一コレクションの意義を認め、そのコレクションの多くが副製本として東大へ移管される運びになったとも報告された。早稲田大学を中心に進められている朝河研究グループ、朝河の郷里、福島県二本松の研究グループの活躍とあいまって、今後日本国内での研究にますます拍車のかかる契機ともなるに違いない。

学会中、コーヒーブレイクの際に名刺を交換しながら石上博士に、私が「その昔、エール古文書部傍らの薄暗い廊下で、何でも東大の史料編纂所からいらっしゃって朝河文庫の調査をしているところだとおっしゃっていた背の高い紳士……」といいかけると「阿部善雄先生だったのでは？」とおっしゃり、互いに相好を崩し合った。阿部教授は、いうまでもなく朝河貫一伝『最後の日本人』の著者。

イエール大学初の日本人歴史学教授、朝河貫一

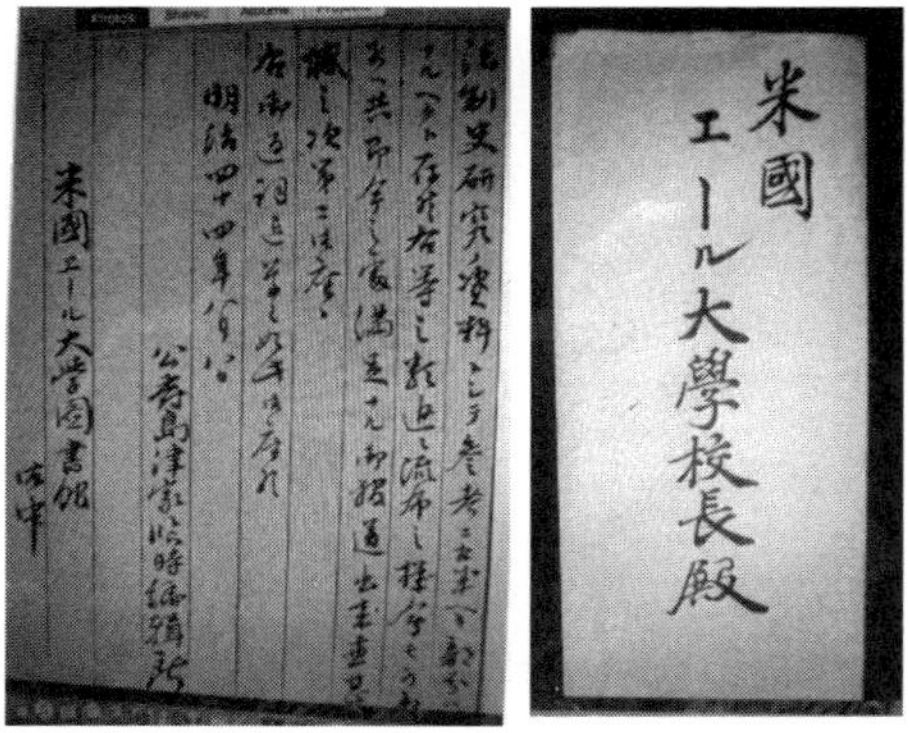

朝河教授の努力によって島津侯爵家よりイエール大学図書館に寄贈された史料類に関する文書

今、手元のその本を開いてみると、巻末に発刊一九八三年とある。あのころ、懸命にエールの朝河文書の研究にいそしんでおられた教授、その両脇には沢山の史料類のコピーを抱えていらっしゃったお姿が偲ばれる。

エールの学風

と、このような感慨にふけっていると、ふとまた思い出されるのが米国における徳川時代研究の権威で、米国歴史学界の長老でもあったジョン・ホール　エール歴史学科教授のことである。ミシガン大学で日本史を教えておられていたホール教授をエール大学に誘ったのが、学内の「朝河文庫」の存在だった、と伝えられる。学内の同僚から「ジャック」と呼ばれて親しまれていたホール教授の研究室では、ときたま親友のプリンストン大学教授、マリウス・ジャンセン氏と話し込んでおられるお姿に接したものである。ジャンセン教授は、いうまでもなく『坂本龍馬伝』で知られる学究。その英文原著は、それまでの日本における幾多の坂本研究のレベルを越える作品だというのが世上の評判だった。そのジャンセンの伝統を継ぐプリンストン出のボツマン教授が今またエールで後学の指導に当たっておられる系譜を思わずにはいられない。そのボツマン教授のもとで、大学院博士課程の学生として今、博士論文の準備にとりかかっているのが、今回の「エールと吉田松蔭」セッションでの今一人の発表者、陶徳民教授の令息、陶波君である。父君、徳民氏の伝えるところによると、なんでも陶波君の論文のテーマとしては賀川豊彦を扱うことになりそうだとのこと。わがエールから賀川研究の若き学究の出現をみるのもそう遠い先のことでもなさそうだ。

日本史学と並んで、肩を並べるのが中国史学界の最高峰とも目されるエール教授陣を擁していたことである。その代表的な面々が、当時スタンフォード大学から抜擢されてエールに赴任したアーサー・ライト、メリー・ライト夫妻教授だった。メリー・ライト教授の元からは、その後の米国中国史学界で指導的な役割を果たすこととなる俊才ジョナサン・スペンスが誕生している。

日本語読解特訓講座

先に触れた中国史専攻の学院生のための日本語読解講座誕生の契機となったのが、その中国史専門のスペンス教授の提言だった。初級から「話す日本語」の特訓を目指す伝統的なエール日本語プログラムとは異なり、その趣旨を異にする中国史学専攻の学院生のための特殊な講座の必要性とその意義を強く認識されるスペンス教授、当時私の所属する東アジア言語文学科のボスだったエドウィン・マクレラン教授にそのことを提言し、相談を持ちかけたのだった。そしてそのような特殊な目的を有する講座の担当者としてのお鉢が私のほうに回ってきた。

伝統的なエール日本語コースでは基礎的な会話、読解力の習得には少なくとも二年から三年の持続的学習が求められる。大学院レベルの中国史学専攻の学生にとって、古くから漢学の伝統を有する日本の文献史料の基礎的な読解力の習得が必須なことは明らかだった。ただ、中国語の伝統的なコースで、すでに数年もの時間をかけて中国語を習得し、大学院レベルにまで達した中国史専攻の学院生に、またまた伝統的な日本語会話コースを強いるのは酷だった。そのような中国史専攻の学生には、口語日本語の習得以上に緊急な課題は何よりも日本語の読解力の習得だった。そのような特殊講座を担当する私の前に現れたスペンス教授指導下の数名の学院生を相手に試行錯誤で始めた私に衝撃的な経験が待っていた。思うに通常の日本語学習に最大の壁として立ちはだかるのが「漢字」の学習、習得である。その壁を彼らはすでに乗り越えているのだった。彼らに「ひらがな、カタカナ」を教えるのには、それぞれ一週間もれば十分である事が判明したのだった。「あ、い、う……か、き、く」をおしえるのには「安、以、宇……加、幾、久……」、「ア、イ、ウ……ハ、ヒ、フ」を教えるのには「阿、伊、宇……八、比、不……」といった漢字、ひらがな、カタカナ対照表各一枚ずつの配布で十分だった。その対照表を初めて目にし、初めて日本語の書き言葉導入、その洗礼の場に緊張感を以て現れた彼らに笑みが走った。試みに当時私があたかも狂人のように取り組んでいた「松陰密書」の原文を現代日本語風に書き換え、おもむろに彼らの前に差し出した。

我ら両人、世界見物致したく候あいだ、その御船へ内密に乗り込ませ呉れられよ。尤も異国へ渡る事は日本の大禁につき、その事を日本の役人達へ御話なされ候ては甚当惑仕候……

彼らの表情にますます驚嘆の色が走った。「何だ、これが日本語?」との安堵の印しだったのかは当初、担当者のわたしにも判断しかねた。しかし、彼らがその松陰密書の現代語版、いや疑似現代語版をみてすぐさまほぼ九十%か、それ以上の理解に達している事が分かったのだった。試行錯誤を続けながらとはいえ、それからの私の講座の進行は予想以上に早かった。初め、試みに日本の童話集からの写しをテキストに使うと、たちまちにして彼らの表情には「先生、もっと高尚な、といいますか、京都大の吉川先生やお弟子さんらの書いたものを読んでみたい」に変わり，またそれに近い意見を開陳するに至っていた。一年ほど経ってから、「変体仮名」の一覧表を渡すころには、吉川幸次郎の「杜甫」論を何とかこなせるようにまでなっていた。

卒論「ウィリアムズ研究」指導

エールの学風の一端に触れたところで、戦前、戦後から構造言語学の殿堂として揺るぎない地位を確立していたエール大に戦後はじめてといえる現代日本文学研究プログラムが導入されたのは、一九七〇年代だった。すでに記したように近くのコロンビア大学では、それ以前幾年も前からドナルド・キーンやサイデンステッカー教授らによる日本文学研究が盛んだった。歴史学科のホール教授が東アジア言語文学科の一時的なリーダー役をお引き受けしているころ、シカゴ大学から招かれてエールの東アジア言語文学科を率いることとなったのが、エドウィン・マクレラン教授。教授の研究分野が漱石で、かの江藤淳とも深い友情に包まれていた。漱石から鴎外へと進むマクレラン教授の元からは、現在米国の多くの大学で日本文学部の指導的役割を果たしている人物が排出している。マクレラン晩年の大きな訳業には志賀直哉の『暗夜行路』があり、鴎外の『渋江抽斎《しぶえちゆうさい》』がある。マクレラン配下の逸材には樋口一葉の研究で名声を博した若い学究がいたが、学業半ばで他界したのは悔やんでも余りあるものがある。井伏鱒二研究で学位を取得したマクレラン教授の弟子の一人が、ここしばらく現代文学担当教授の任にあった。弟子の今一人がデニス・ワッシュバーンでその最新英訳『源氏物語』が専門家の注目を浴びつつある。二〇一八年現在、東アジア言語文学科の中堅教授の任にあるエドワード・ケイメンズにワッシュバーンの英訳『源氏物語』について聞いたところ、サイデンステッカーの英訳『源氏』よりも勝れているとのことだった。

その頃、私の上級日本語講座を終えて卒業し、親鸞の研究で学界の賞賛を浴びたりしている、かつての学生のニュースに接するのはこよなく幸せに思ったものだった。

エールカレジの四年課程を終える学生には当然のことながらSenior Essayと呼ばれる卒業論文の提出が求められる。もうだいぶ昔のことになったが、カレジ内でもひときわ俊才ぶりを発揮している一学生が卒論のアドバイスを求めて私のもとにやってきた。ちょうどその頃私自身、エール古文書部内の「ウィリアムズ家文書」と取り組んでいる最中でもあり、すぐさまそのことと、特に日本開国をその目で確かめているウィリアムズの自筆書簡類に目を通すようにと勧めた。ウィリアムズには子息のフレデリック・ウェルズ・ウィリアムズによる父親サムエル・ウェルズ・ウィリアムズの伝記 *The Life and Letters of Samuel Wells Williams* が参考になろうことを伝えると、すぐさまその研究に取り組み始めた。「砲艦外交」とまでは至らぬまでも、江戸幕府や琉球国王府とのやりとりで常に強圧的な態度を以て臨むペリー提督の外交姿勢を批判的に扱う卒論 *The Underside of the Hull: A Critical View of Commodore Perry's Expedition to Japan* (With an Appendix on the Letters of Samuel Wells Williams) をまとめたダニエル・シュレシンガー君、マーシャル奨学金を得て英国での勉学に飛び立って行った。マーシャル奨学金は権威あるローズ奨学金と並んでその獲得には競争が激しいが、エールからも毎年幾人かが選ばれている。エールの法科卒でローズ奨学金を獲得して英国での勉学を終えている有名人の一人がクリントン元大統領である。

松陰再来、今一つの契機～「ウィリアムズ生誕二百年記念学会」

メディアでは、二〇一五年の年明けには幕末長州藩をあつかう新春番組があったり、二〇一六年にはN

HKの大河シリーズ「花燃ゆ」が放映されたりで、学術的な場以外でも松陰復活の動きに拍車がかかったようだった。

学術面で今一つ、松陰再来の契機となったのが二〇一二年末に北京外国語大学で行われた「ウィリアムズ生誕二百周年記念学会」だった。関西大学の東アジア文化交渉学会主催になるその学会には中国をはじめ日本、韓国の諸大学の学究が集い、長年中国大陸で過ごし十九世紀最大のシナ学者として大成したウィリアムズの功績、貢献を話し合った。一八一二年生まれのウィリアムズは、特に十九世紀中葉の学術誌『中国叢報』Chinese Repositoryや各種漢英辞典の編者として中国本土の専門家の間では広く知られる。日本側では、十九世紀中葉における日本国開国の瞬間を逐一見届けているウィリアムズの存在は、その分野の研究家の間では注目の的となってきて久しい。晩年をエール大学で米国初の中国語教師として貢献しているウィリアムズについては、長年その学究の歩みを追い、またウィリアムズの伝統、息吹を伝えるエール大学を退官した身の私にも掛け替えのない存在となっている。

グローブ墓地とウィリアムズ像

北京学会に私を招いてくれたのは、二〇一五年春の「エール宝物展」における「エールと松陰」セッションで最近の研究成果を発表された関西大学文学部の陶徳民教授である。何年か前、何度目かのエール古文書部を訪問された陶教授とキャンパス内のウィリアムズの令息フレデリック・ウェルズ・ウィリアムズ、そしてそのまた令息、すなわちウィリアムズ三代目ウェイランド・ウェルズ・ウィリアムズの眠るグローブ墓地へ立寄り、また、すぐ近くにある朝河貫一博士の墓標にも足を運んだ記憶はいまだに新しい。

英々辞典の代名詞ともなって世界に冠たる、かの「ウェブスター」はじめ、エール出身関係者、知名士の霊の眠るそのグローブ墓地のあるグローブ通りを越えたすぐ向かいには世界に名だたるゴシック様式の法学部の建物、そして学長館、バイネキー古文書館があり、そのまた隣には通常コモンズとして知られる大きな建物が存する。学生用食堂、大学挙げての催しもの等の場として供されるそのコモンズの見上げるような天井際には、これまたエール大関係知名士の等身大油絵がずらりと展示されている。そのひとつにウィリアムズ博士像のあることを知っている私は、そこに陶氏を案内した。さすがにウィリアムズに詳しい陶氏、「ああ、これはニューヨークの聖書協会本部の会館内に掲げられているものと同じものなのですね」といって感慨深そうに見上げておられた。中国の典籍を手にする白髪のウィリアムズの油絵像をたずねて何年か前、私自身ニューヨークに足を運んだ記憶が甦ってきた。

ウィリアムズと琉球

北京学会での私の発表テーマは「ウィリアムズと琉球」。黒船の一大米国艦隊を率いるペリー提督に乞われて日本国へと同道しているウィリアムズは、ペリーがウィリアムズに期待する日本語通訳官としての役目には、当初かなりの抵抗を感じていたに違いない。ただ、彼の背景には長年にわたる中国語、中国文化の専門学徒としての知識が盤石の如く備わっていた。

鎖国中の日本国江戸湾へ向かう以前、ウィリアムズには東アジアの南の辺境に位する琉球国へ渡った経験があった。ペリー艦隊が日本国へと行動を開始する十六年も前のことだった。その琉球国でのわずかな経験で、ここ東アジアの南海地方、その辺境では、漢字による筆談が可能であることを知っていた。日本国における知識階級には漢学が重要視され、中国文化、文明にもかなりの程度、通じている人たちの存在にも気づいていたに違いない。

それだけではない。琉球国とその人々については、すでに幾人かの欧人がかなり信頼のおける著述をなしている事を知っていた。ペリーに乞われてすぐさま始めた未知の国、日本について知るには、まず北の日本とその言語、文化の面で琉球国が極めて近い同系関係を有する事の重要さに気づいた。そして、そのような新たな知識の源泉ともなったのが、古来琉球国と中華の大国との間に緊密な交流があり、そのいきさつを詳しく書き留めた古文書、『使琉球冊封使録』と称される一連の記録の存する事実だった。ウィリアムズがそのような極めて重要な古文書の存在に気づくのには、それほどの時間を要さなかった。ペリー艦隊との重責を果たしたのち、広東に帰還したウィリアムズはすぐさま、それらの「冊封使録」の研究にも取り組んでいる。壮年期以降、晩年エール大に身を置くまで琉球国の存在はずっと己れの念頭を離れなかった。エールキャンパス内に今なお残存するエルム通り沿いのエール大学院クラブ、かつての「エールクラブ」で幾度か中国体験についての談話や研究成果を発表しているが、その中の一つに「琉球国の主権」というテーマのものが存し、先駆的な自説を開陳していることが、何よりの証拠である。

モリソン号で琉球へ

ウィリアムズが初めて自分の駐在する中国大陸沿岸の遥か東の洋上に浮ぶ島々へ向かうのは一八三七年のことだった。時にウィリアムズ、弱冠二十五歳。米国伝道協会の支援を得て、海外宣教のための英文印刷業の監督という役目をえて、はじめて中国大陸東沿岸の広東に足跡を印してからほぼ四年の年月が経っていた。

広東の港を出航した米船モリソン号上には、ウィリアムズより八歳年上の宣教医ピーター・パーカー師、同じく中国で医療宣教に励むチャールズ・ギュツラフ師らの顔ぶれがあった。特にエール大学の医学部卒業後、同大の神学部で宣教師としての資格を得ているパーカー師とウィリアムズはほとんど生涯を通じて友情の絆で結ばれることになる。

当時、中国大陸で宣教に従事するパーカー、ギュツラフ、ウィリアムズのもとには、難船事故で漂流後匿《かくま》われていた幾人かの日本人漂流民がいた。中国宣教に引き続き東洋での海外宣教の可能性を模索する伝道者同志の間では、どうしても鎖国で門戸を閉ざしたままの神秘の国日本への足がかりが欲しいとの共通した考えが念頭を占めるに至っていた。そして、日本人漂流民を国元へ送還するとの表面的な目的をかかげてモリソン号は静かに中国沿岸を離れた。そのような表面的な目的、いや口実の裏には、何とかそのような人道的な行動で日本国の権威ある者にその意図を理解してもらえるとしたら、以後何らかの形で布教、そして交易の突破口がつかめるのでは、との本音が潜んでいた。

モリソン号の試みは完全な失敗に終わる。江戸湾に近づく異国船モリソン号を待ち構えていたのは、何と浦賀岬の砲台より飛来する砲撃の嵐だった。何とか砲弾の歓迎をかわし得たモリソン号はすぐさま踵《きびす》を返して南の鹿児島湾へと向かう。そこで待っていたのもまた同じく砲弾の雨だった。「モリソン号事件」として知られるこの一件は、早くから東西交渉史に目を向ける幾人かの学究によって研究されている。

日本開国という難題の解決にはその後十六年を経る黒船来航まで待たねばならなかった。とにかく何とか無事中国本土への帰還を果たしたウィリアムズは、その同じ年、一八三七年には自ら編集する『中国叢報』誌上に詳細な事件のいきさつを「モリソン号の琉球、日本遠征録」と題する長文の報告書として発表している。モリソン号上の先輩パーカーやギュツラフ師もそれぞれモリソン号事件の詳細な記録を残している。

モリソン号が北の江戸湾へと向かうに先立って琉球国へと立ち寄っている事実、それはその後の黒船艦隊の行動パターンと軌を一にしている。日本国の沿岸に漂着する青い目の遭難民に対する過酷な仕打ちで知られる鎖国日本の武士文化の国に比し南の琉球国には、争いを忌み嫌う、より柔和な住民のいることに、ペリーは英文琉球記の数々そして、ウィリアムズの手記等を通じて知っていた。

英人キャプテン・バジル・ホール一行の来琉

ウィリアムズ以前の琉球国に関する英文文献の代表的なものとしてすぐさま思い出されるのが十九世紀初頭、一八一六年に琉球国に到来した英船二隻のキャプテンとその搭乗員によって記される琉球島航海記である。マックスウェル艦長率いる旗艦アルセスト号上の一搭乗員、そして今一つの僚艦ライラ号艦長によって、それぞれ英本国において琉球島航海探検記が発刊される。ウィリアムズや後のペリー提督は、これらの書籍によって東海に浮ぶ島々についての知識を得ていた。

特に中国研究者、朝鮮国研究者には、旗艦アルセスト号搭乗の軍医ジョン・マクロードによる『朝鮮沿海、黄海、新発見の島嶼、琉球国への航海記』(一八一七)はその海域に関する早い頃の著述として注目される。新たに琉球国王が王位に就くに際しては、必ず中国皇帝よりの正式な叙任の証書を受領してはじめて名実共に国王として認証される。その十四世紀以来、琉球国滅亡の十九世紀末まで続けられた王権冊封の儀式の記録をとどめる代々の『使琉球冊封使録』、皇帝への帰朝報告書、復命書ともすべき一連の記録が存する。数ある使録のなかで、その白眉ともすべきものが冊封使、徐葆光の手になる『中山伝信録』(康熙六〇、一七二一)である。琉球王国の王代記はじめ、王国の仔細な事情が記録されているその貴重な記録を初めて欧州に紹介したのが、中国駐在の耶蘇会宣教師アントアン・ゴビール師である。雍正帝と乾隆帝に実に三十年にもわたって仕えたゴビールの慧眼《けいがん》は、すぐさまその使録の意義を認め、その内容を欧州へ紹介せんものと試訳を試みるに至る。その仏文による『中山伝信録』の内容が抄訳の形で発表されるのは『異国宣教通信』（一七八一）誌中においてであった。史上初めて琉球国の事情が欧州の知識人の間に知られるようになった画期的な出来事だった。

英国王の命を得て、これから未知の東海へ出航せんとするマクロード医師、そしてキャプテン・ホールの手元にはそのゴビール師による琉球国に関する極めて詳細な記録があった。その事を明記するのがマクロードの「航海記」そして、その一年後、一八一八年にロンドンにおいて発刊されたキャプテン・ホールの大冊『朝鮮西部沿岸及び大琉球島航海探検記』である。マクロードは、その巻末に多くのページを割いて仏文『中山伝信録』に基づく琉球王国史の概要を紹介している。

マクロード、キャプテン・ホールの著書は、たちまちにしてロンドンッ子の注目を集めるに至った。大航海時代の余波はいまだに欧米各国を襲い、遠い未知の国に対する知識人、教養人らの飽くなき知識欲に答えたのが、その両書だった。ロンドンの一流書評雑誌、例えば『エジンバラ・レビュー』、そして米国はボストンの『北米レビュー』などがこぞって前向きの書評を掲載した。たちまちにしてベストセラーの地位を確立したのがキャプテン・ホールの航海記だった。初版は大型クォルト、四つ折り版で朝鮮、琉球国の風情を多くとどめる美麗極まりない彩色画が収録され、著者の流麗な記述スタイルと相まって皮革表紙の豪華本をいやが上にも魅惑的なものにしていた。その評判のいかなるものだったかは、発刊後、まもなくにしてイタリア、オランダ、ドイツにおいて各国版訳書の刊行を見ていることで明らかである。その評判に答えて出版元は次々に原本の二版、三版本を上梓してロンドンッ子の需要に答えている。しかし、二版以後の版は小型圧縮版となり、初版収録の原色挿絵が削られたり、白黒版に改められたりしている。しかし、この分野の研究者に限りない話題を提供してきたのが実は第三版である。そのいきさつを次に述べよう。

ナポレオンの謦咳に接する

キャプテン・ホール率いるライラ号は母国への帰路、大西洋はアフリカ沿岸の孤島セントヘレナ島に立ち寄っている。その島には、ナポレオン戦争後、英国の捕虜として幽閉の身をかこつ、かつての英雄、フランス皇帝ナポレオンがいた。ナポレオンの謦咳《けいがい》に接することが出来るのでは、との期待感が英船ライラ号乗組員の間に広がり始めた。世話役の島の役人の仲介で何とかナポレオンとの会見に成功したのがキャプテン・ホールだった。初めそれほどの期待感をもって来客のまえに現れたわけでもないナポレオンだったが、ホールが「フランスでの軍事教練所時代に私の父親ジェイムス・ホールが貴公を存じ上げていたようですよ」と、フランス語で話しかけると、突如ナポレオンの目が輝き始めた。「何々、ああ、あれが君の父親だった！いやよく覚えている。何せ私が初めて英国人に接したのは君の父親だったわけだから！」。そのエピソードには必ずと言っていいほど次のナポレオン、ホール会談の際の会話が付随してくる。「東海の未知の海域に横たわる琉球王国の民にも会って参りました」、「何、琉球国？　どのような国なのだ？　戦《いくさ》などもするのか？」と、いかにも戦いに明け暮れた将軍らしい発言にホール「いや殿下、その小国の民は戦を忌み嫌い、武器などもないのですよ」、「何だと、ホール君、武器を持たぬ国だと？　君、その国には大砲類がない、ということなのだろう？」、「いや閣下」と尊称を使い分けながら答えるホールは続けるのだった。「……その国には銃剣はもとより、いかなる殺傷の武器などが存せず、支配者は扇子《せんす》をかざしながら民を治めているようで……」、「何だと、武器がなくて、どうして隣国に戦を仕掛ける事ができる?!」

クリフォードのナポレオン会見記

東シナ海海域への踏査中、常にキャプテン・ホールと行動を共にしていたハーバート・クリフォードがホール同様、ナポレオンとの会見の場に臨んでいることは、一般にはまだ広く知られるには至っていない。クリフォード自身、その会見記を英国の「コーンヒル」誌中に発表していることについては、私の旧著『異国と琉球』に記しておいた。

そのような南国琉球の人々にとって、忘れ難いのはクリフォードが帰国後、イギリス海軍の同志に呼びかけて「英国海軍琉球宣教会」を組織して日本、琉球圏では史上初めてのプロテスタント宣教に乗り出している事実である。その組織のリーダー、クリフォードのもとから、遥かかなたの琉球国へと派遣されるのが、今では少なくとも琉球圏の人たちには知らぬ者のない、かのバナード・ベッテルハイム師である。

琉球滞在足掛け九年に及ぶベッテルハイム師の英文滞琉日誌が在沖英人研究者アントニー・ジェンキンズの血のにじむような努力によって翻刻発表されたのは二〇〇五年のことだった。二〇一五年現在、その上下二巻、全千二百頁に及ぶ英文原著日誌の和訳作業が沖縄県文化振興会公文書館監修、ジェンキンズ教授指導の下に進められ、最終段階にある。遠からず陽の目を見るであろう、その完全和訳版の出現は、私どもの主張する「欧文琉球学、国際琉球学」発展への新たな転機となるに違いない。

クリフォード滞琉日誌の発掘

上述のクリフォードによる「ナポレオン会見記」が、後年クリフォードの子孫によって発表された経緯について旧著『異国と琉球』中に記した私は、同時に、いまだ知られざるクリフォードの手になる「滞琉日誌」原本の存在を推測し、欧米古文書館のいずくにか眠るに違いない、と予言した。もう三十年以上も前のことである。近時、沖縄の大学で欧文琉球関係書籍、文書の研究にいそしむ一学究が英国ポーツマスの海軍博物館で、そのクリフォードの自筆滞琉日誌と目されるものを発掘したとの情報に接している。二〇一五年春のことである。その発掘の経緯、日誌稿の全様が明らかになった暁には、今またこの分野への新たな貢献として注目されることだろう（注記：その日記稿は、二〇一五年十月に浜川仁訳・解説『クリフォードの訪琉日記〜もう一つの開国』として不二出版より刊行された）。

海賊版発見

キャプテン・ホールの名声が当時、米本国にまで届いていた事実は、すでに触れたように『北米評論誌』などにも取り上げられていた事情が証している。それだけではない、かつてエール図書館を渉猟中に私はホールの大型原本とは違う、ある意味では、というか、原本を知り尽くしている私には、少なくともそれより遥かに意義ありとも思われる、驚くべき発見をした。何とスターリング図書館内にはホール原本の海賊版が収められていたのだった。表紙に続く表題には全く同じタイトル、著者名が刻まれている。だが、それに引き続き同じページの下段には **PHILADELPHIA　1818** とあって、ご丁寧に印刷元の名まで記されている！　明らかに米国海賊版が存在していたのだ。

私がはじめてその海賊版のタイトルページをカラーグラビア写真にして巻頭に付し発表したのは，早い頃の拙著『異国と琉球』（一九八二、新装版　一九九九）においてであった。その写真のキャプションに私は、いささか遠慮気味に「バジル・ホールの米国版『朝鮮・大琉球島黄海探検記』、ロンドン版原典の海賊版と伝えられる」と記した。それが紛れもない海賊版であることに今の私はいささかの疑問もいだいていない。

東西交渉史上のホール、マクロード航海記の意義

英艦隊二隻を率いるキャプテン・ホールらの東アジア海域への来航とその後の米艦隊黒船来航との間には三七年の開きがある。南海に浮ぶ琉球国と欧米諸国との交流史を専門とする私には、その間の時間的経緯、開きには極めて大きな意義の存することを思わずにはいられない。まず、ホールらの来航以前、実に三百年にもわたって琉球国の存在に触れる欧人による見聞録の存する事を想起したい。十六世紀中葉に始まる南蛮系琉球記、そして十七世紀初期の例えば三浦按針こと、ウィリアム・アダムスの琉球記を含む航海手記がそれである。十八世紀末に至ってはエール大バイネキーの貴重書コレクションにみる英人ジョージ・スタウントン卿による『英国使節中国行実録』（一七九七）、一九世紀初頭のウィリアム・ブロートン艦長の『北太平洋航海踏査録』（一八〇四）などが思い浮かぶ。そしてそれらの琉球見聞録を総合し、新たな科学的航海記の形で世に問われたのが、ホールやマクロードの琉球島航海記であった。いささか旧聞に属するその辺りの詳細については拙編著『琉球～異邦典籍と史料』*Western Writings and Documents on the Ryukyus,* 1512-1929（一九七七）や上掲拙著『異国と琉球』で触れた。

さてここで私見、いや仮説の提出ということに相成るのであるが、まずおおまかに黒船以前と以後という時代的区分が可能であると思われる。バジル・ホールに代表される琉球観と黒船艦隊のペリー提督主導になる著名な公式『日本遠征記』に反映された琉球観との違いということである。黒船以前の琉球観にはまったく政治的先入観に捕われない、というか、そのような先入観に汚染されない、教養ある知識人による琉球国の人と社会の観察の記録が歴然とした形で記されている。そのような記録をかつてある者は、いささか否定的なニュアンスで「東海のユートピア」、あるは「幻想の物語」として決めつけていた史実が存する。ただ、そのような批判が現今の学界の意見では、いかにも「幻想にみちた、あやまった見解」と

いうのがほぼ定説に近い。そのことをなお疑問に思う向きには、ホールより始め、ホール以前の欧文文献の精読を勧める以外の術《すべ》を知らない。

韓国版『キャプテン・ホール航海記』

北京外国語大学での「ウィリアムズ生誕二百周年記念学会」において触れたことだが、私の手元には韓国版ホール航海記一冊がある。一九七五年に王室アジア協会韓国支部よりの刊行になるもので、ホール航海記の原典初版復刻版。しかし、一八一八年刊行の原著とは異なり原著に見る色彩画がすべて白黒となっている。それでも私には掛け替えのない書物一巻である。かつて日本復帰以前の沖縄における米国軍政時代に民政官の要職にあった元フロリダ大学の地理学教授シャノン・マキューン氏が巻頭に解説をなしており、その昔、ウィスコンシン大学で行われたアジア学会で、まだお元気だった白髪のマキューン氏から直接贈られたもの。ある意味では、私にとってエール図書館蔵のホール海賊版よりも思い出深い宝物である。

北京学界にまつわるエピソード

北京外国語大学での「ウィリアムズ生誕二百周年記念」学会へ私を招いてくれた陶徳民関西大教授とエール大キャンパス内のグローブ墓地を訪れ、そこに眠るウィリアムズ博士の令息フレデリック・ウィリアムズの墓標に礼拝したのはたしか三年ほど前だった。そこにはフレデリックのそのまた子息であるウェイランドの霊がありながら、エール大のあるニューヘイブンの町で生涯を終えた肝心のサムエル・ウェルズ・ウィリアムズの眠る墓地の所在を陶氏、そして私もまだ確認していないことに話が及んだ。ニューヨーク州のユテイカの町で出生している事を知っている私たちは、何としてでも学会に間に合わせてその所在を確認せねば、ということで意見がまとまった。すぐ大阪に戻られる陶氏には時間が限られ、その探索はニューヨーク州の隣のコネチカット州に居を有する私のほうで考えよう、ということで陶氏には別れを告げた。

ウィリアムズの令息フレデリックの編著に父君サムエルの伝記をまとめた一書が存する。確かその巻末辺りに父君が息を引き取る前の様子が記されていて、当然葬儀のことなどもあったように記憶する私には、その墓地の所在を確認するのはそれほど難しい事でもなかろうと、思っていた。そしてそのフレデリツクの『ウィリアムズ博士の生涯』を開いてみた。そこには予想通りサムエル終焉の頃の事が記され、墓地の所在地がユテイカの町の「エバグリーン」とまで記されていた。喜び勇んだのもつかの間、地図や長距離電話でユテイカのそれらしい墓地の管理事務所に問い合わせても、らちがあかない。エバグリーンという名の墓地がニューヨーク州内には幾つもあって、その一々に問い合わせるのだが、どうもウィリアムズ家らしいものが見当たらない。それもそのはず、何と令息フレデリックの本の記述が間違っていたのだ!!エバグリーン以外の名の墓地管理事務所に片っ端からあたっているうちにやっとジャックポット！「ああ、それだったら、うちの墓地にかなりの広さである！」。その墓地の名はエバグリーンならぬフォレスト・ヒル墓地。ある晴れた一日、家内を伴ってエール近くの自宅から数時間先のユテイカの町へ車を走らせた。まもなくたどり着いた広大なその墓地には、かなりの規模のウィリアムズ家代々の墓地が一つの区画の中にあった。ただ、そこにあるウィリアムズと夫婦の墓石は思いのほか質素なもので、ブロックの固まり一個に近い大きさのもので、地上にそっけなく横たえられたままの形だった。これもまたクリスチャン、ウィリアムズの意向の現れでもあろうか，と勝手に思いを巡らしながら手を合わせた。管理事務所にはその墓地に眠るウィリアムズ家代々の記録があり、幾箇所かをカメラに収めながら、遠路やってきた甲斐があった、と思ったものだ。よく調べてみると、ウィリアムズの前々の代からこのフォレスト墓地がウィリアムズ家専用の墓地だと分かった。管理人に、かつてエバグリーンあたりにあった可能性を質したが、首を横に振っていた。

という事で、二〇一二年の北京学会でウィリアムズ墓地の様子をパワーポイントで紹介し、責任を果たした次第。この話には次の余談、いやエピソードがある。北京で得た収穫の一つが、それまで長く親しんできた英文原著ウィリアムズ博士の伝記の和訳版を果たした宮澤眞一氏にお会いできたことだった。氏から発行元などの情報を得て、後日入手したのが五四〇頁のソフトカバーの分厚い本で、タイトルには『清末・幕末に於けるS・ウェルズ・ウィリアムズ　生涯と書簡』（二〇〇八）とある。そこでそのエピソードなのだが、宮澤氏もいらっしゃる席上で映写しながら、宮澤氏の訳本にも在るに違いないウィリアムズの眠る墓地「エバグリーン」が間違いで、「確認するのにいささか手間取った！」と告げると、その訳者、一瞬「へえ？」に近い表情をなさっていた。令息のフレデリックが何ゆえに、父君の墓所の記述を誤ったのか、それは今でも謎のままである。

ウィリアムズ家祖先伝来の墓地がニューヨーク州ユテイカにある。

『北京学会論文集成』

二〇一二年の「ウィリアムズ生誕二百周年記念」北京学会での発表論文の収録編集作業が今、香港城市大学の出版部で続行中である。ここ二、三年以内の刊行が待たれるが、その暁には、またしてもペリー通訳官ウィリアムズ、そして密書を懐に秘めた幕末の志士吉田松陰との秘密裡の会談を果たしたいきさつなどで、ますます松陰復活に拍車がかかることとなろう。

日本国開国の日米外交交渉の次第、その瞬間、瞬間を逐一目にしているウィリアムズの元にはこうして江戸幕府の長老らとペリー提督の間に交わされる重要文書が原書、副書、写しの形で残された。外交の場に於けるこれらの和文、漢文、そして英文文書はまずウィリアムズの目を通してはじめて意味を生じるほどの重責をウィリアムズは担っていた。そのような公的な外交の場とは、別に全く非公式に、そして偶然明け方の黒船船上において熱血漢松陰との対談を果たしたウィリアムズは、その松陰から密かに手渡された密書を静かに、しかし，しっかりと己れの懐に収めたのだった。世界にまたとない正真正銘、志士松陰の自筆になる密書一枚、松陰が命を賭けた密書がこうして遠い異国の名門大学内に秘蔵されることとなった。

注記：筆者の「欧文琉球学」理論をさらに「欧文日本学」の分野へと視野を広げ、そのような理論、パラダイムの実践例として発表したのが最近の拙著『吉田松陰の再発見：異国に眠る残影』（二〇一七年）。黒船目指して必死に小舟を漕ぐ松蔭、そして黒船上のウィリアムズと松蔭との対面、そのドラマの詳細については是非本書を紐解かれますよう。

二　開国をその目で見た S.Wells Williams

由緒あるウィリアムズ家

名門エール大学古文書部に眠る「ウィリアムズ家文書」の内容について、ごく大まかな形ではあったが初めて読者に紹介したのは、筆者の早い頃の著作『異国と琉球』(本邦書籍、一九八二)に収録した「『ウィリアムズ家文書』と琉球～琉米修交史上の新史料」と「異国に眠る松陰の密書」と題する章においてだった。

ペリー提督の傍らにあって日米外交交渉の流れ、そして日本開国の劇的瞬間を逐一その目で確かめているウィリアムズ、特に黒船上で決死の下田踏海を果たした我が吉田松陰との対面を果たしているウィリアムズについては、これまでも幾度か拙著で触れてきたが、ここでは、そのウィリアムズの人物像につき、一応整理しておきたい。

ウィリアムズは家庭内でも、知友の間でも、ファストーネムで呼ばれる場合には常に「ウェルズ」で知られていた。社会的にも同様だった。それで、ここでは、以下「ウィリアムズ」以外にも「ウェルズ」、時には「S.W.W」を以て記す場合のあることをまず断ってウェルズ像に迫るとしよう。

ウェルズの出生地は、北にカナダ、西にナイアガラの一大瀑布を控えるニューヨーク州北方ユテイカの一町。信心深い父親ウィリアム、母親ソフィアの長男として一八一二年に生まれた。祖先は、数世代先の一

六三七年に英国より米国東部マサチューセッツ州に移住してきたロバート・ウィリアムズにまで遡る事ができる。＊

＊ウィリアムズ家の系譜について最も信頼できるのは George Huntington Williams ed., *The Williams Family, Tracing the Descendants of Thomas Williams of Roxbury*, Mass. 1880,である。巻頭にウェルズは長文の序を付している。そのほか Haydn, H.C. ed., *American Heroes on Mission Fields:Brief Missionary Biographies*, 1890. Thomas W. Seward, *Memorial of S. Wells Williams*, 1886 などが存する。すべてエール大スターリング記念図書館、または神学部 Day Mission 内の特殊コレクションよりのもの。

父親のウィリアムは、印刷業と聖書その他の書籍販売を職業とし、初めの数年は義兄スウオードと **Seward & Williams** という名の会社を共同で経営していた。ウィリアム一人で取り仕切るようになる一八三六年代までにはニューヨーク市以外の地方では最大の規模を誇るまでになっていた。「一八一二年戦争」には兵役に従事し、最終的にはユテイカの町の聯隊大佐にまで昇進した。また、一八三六年まで奉仕したユテイカ長老教会では長老の地位を築き、その地方では初めての日曜学校長となった。後年、家族を引き連れてイーリー湖近くに移住、その地の大地主として名を挙げている。ウィリアムと妻ソフィアの間には長男のウェルズ以下十三人もの兄弟姉妹がいたが、その多くが若くして死亡、長命を見たのは長男のウェルズほか妹等二、三を数えるだけだった。

妻ソフィアを亡くしてから、ウィリアムはハンチントン家のキャサリンと再婚、さらに二人の男子が出生している。上に注記の形で触れたウィリアムズ家の系譜には、次のような興味ある事実が記されている。すなわち、一六八六年から一八五八年に至るまでの一七二年間に十九人に及ぶウィリアムズ家出身の歴代聖職者の名が記録されている。全て米国ニューイングランド地方で活躍した人物で、その中には、一七二五年から一七三九年までエールカレジの学長を務めたエリシャ・ウィリアムズ師、一七八〇年から一七八八年までハーバードカレジで数学担当名誉教授の重責を担っていたサムエル・ウィリアムズ師の名がみえる。

ウィリアムズ家、そしてその傍系からは、ハーバード及びエールの両カレジからの卒業生一九四人、その内の四六人が聖職者となり、またその内の二一人がハーバードカレジ卒、二五人がエールカレジ卒だという。ウェルズ・ウィリアムズが中国宣教に献身し、シナ学者として令名を博する背景には、以上のような輝かしい系譜の流れが脈打っていた。

さて、我らが主人公、長男のウェルズが、総合技術専門学校を卒業するのは二十歳を迎える一八三二年のこと。カレジでの教育を考える前に、運命の女神は突如ウェルズに全く予期せぬ人生行路への光を投げかけるのだった。その光はウェルズの生涯に一大転機をもたらす神の道標《みちしるべ》ともすべきものだった。

父親ウィリアムが、たまたまニューヨーク市に私用で出かけた折り、市内でも広く知られていたオリファント商会の重役の一人から米国海外宣教協会では、中国広東での印刷業務に携わることのできる若者が必要なのだが、と相談を持ちかけられたのだった。オリファント商会は中国相手に手広く貿易に携わるかたわら、中国大陸を視野に入れたキリスト教布教にも力を入れていた。

その一見偶然とも思えるオリファント商会と父君ウィリアムズとの会見が、実はまさしく神の采配によって実現したに違いないほどの大きな意義を有するものだったこと、その実像、背景に今少し詳しく迫ってみるとしよう。

運命の女神の采配

上に触れたオリファント商会の重役とは、商会トップの人物オリファントであったに違いない。その頃中国大陸には英人最初のプロテスタント宣教師として、あるいは中国語、中国研究で名声を馳せるロバート・モリソンの存在があった。そのモリソン自身、史上初めてとされる新約聖書の中国語訳の完成とその印刷などを自力で行い、漸くにしてその分野でも芽が出始めていた。米国を拠点に中国貿易に従事するクリスチャン貿易商人オリファントは、そのモリソンと接触があった。そのような中国におけるプロテスタント宣教の先駆、モリソンの必要とする印刷関係業務を担当し得る人物の必要性につき、オリファントはモリソンから聞いていたに違いない。そして、オリファントは、そのことを、たまたまニューヨーク州ユテイカの町で印刷業に従事するウェルズの父親ウィリアムズに伝えたのだろう。

それ以前、米人プロテスタント宣教師として中国在住のモリソンの元へと派遣され、これまた、この分野における先駆者としてその名を後世に伝えることとなる米人エライヤ・ブリッジマン師の中国渡航にオリファントは、己れの所有するモリソン号を無料で提供しているのだった。ここで我々は、オリファントの中国貿易船の名が「モリソン」と名付けられている背景を知ることができる。

それだけではない、今では南国琉球圏の人たちには知らぬ者のない、英国艦隊を率いるキャプテン・バジル・ホール一行と中国宣教の先駆、英人モリソンとの間に、これまた神の采配以外の何ものでもあり得ない繋がりの存した史実を伝えるとしよう。朝鮮半島の西部に大きく横たわる黄海を初め、その後さらに南国琉球への航路を辿る英艦二隻、旗艦アルセスト号と僚艦ライラ号の存在を想起しよう。旗艦アルセスト号と僚艦ライラ号を率いるのが、それぞれマレー・マックスウェル、そしてバジル・ホールの二人だった。その英艦二隻の東海派遣の目的が、中国皇帝への拝謁を目指す英国使節アムハースト卿を中国へ送り届けることだった。その英国王室を代表するアムハースト使節団一行の中国語通訳官として北京へ随行しているのが、ほかでもないとロバート・モリソンだったのである。結局は北京皇帝への拝謁ならず、公式の目的が失敗に帰しながら、私的な、というか非公式な南海琉球圏への英艦二隻による渡航が、琉英関係史上の輝かしい古典的名著二つを生むこととなるのだった。それが、すなわちアルセスト号搭乗の軍医ジョン・マクロードとキャプテン・バジル・ホールの手になり、今日琉球圏の人たちにあまねく知られるようになった『朝鮮西部沿岸及び大琉球島航海探検記』と『アルセスト号朝鮮大琉球島航海探検記』である。

ここで更に一歩掘り下げて次の史実に触れておくのは無駄ではあるまい。アマースト卿英国使節以前、北京へと派遣されているジョージ・マカートニー伯爵一行による中国歴訪の詳細は、伯爵の親友であり、その秘書役でもあったジョージ・スタウントン卿の手になる二巻本『英国使節中国行実録』となって英国の読書界に紹介されている。一九世紀以前、一七九七年の刊行になる本書については、私の旧著『琉球‥異邦典籍と史料』についてみられたい。この圧巻、英文原書典籍の有する琉英交渉史上の意義として、次の三点を挙げ得よう。先ず、今やホール、マクロードらの古典的記録とされる一九世紀初頭の刊行を遡ること、ほぼ二〇年、一八世紀末の典籍であること。第二に、折から中国大陸にあって、おそらく琉球王府派遣の冊封謝恩使節の一行のメンバーであろうと思われる琉球国の貴公子の何人かが、その英国使節一行との会見を果たしていることである。おそらく英国使節団一行が中国に滞在中とのことを耳にしたのであろう、その貴公子の面々、わざわざ杭州にまでその使節団を追って、会見を果たしているのである。第三点、これが当面、我々の趣旨、論旨と関連することなのであるが、その『英国使節中国行実録』の著者ジョージ・スタウントン卿、中国宣教で苦汁をなめつつある、かのモリソン師に「中国宣教など無駄だぞ」と警告したとのエピソードが伝えられていることである。そのような警告をものともせず、刻苦精励の後、中国語辞典を編纂したり、史上初めての新約聖書中国語訳を完成させたりで、その中国精神史、キリスト教布教史上における令名は「馬礼遜」として末永く後世に伝えられることとなった。

一路広東へ

さて、父君ウィリアムはすぐさま長男ウェルズを推薦、折から父親の印刷業の手伝いで、ほぼ仕事の内容を習得していたウェルズはすぐさま父親の申し出に賛成した。日頃から信心深く、冒険心豊かなウェルズは、こうして第二の長い人生行路への第一歩を踏み出すこととなるのだった。オリファント商会主、オリファント氏所有の貿易船モリソン号上には弱冠二一歳を迎えたばかりの青年ウェルズの姿があった。一八三三年六月、モリソン号は静かにニューヨーク港を出航した。

数ヶ月に及ぶ大西洋横断、そしてインド洋を経てモリソン号がやっと東シナ海の中国沿岸都市広東の南方一二マイルの港町、黄埔《ワンポア》に到着したのは一八三三年十月のことだった。

「モリソン」との関わり

ここで、いささかなりとも日米交渉史上のウェルズ・ウィリアムズの占める位置、関わりに目を向けたことのある者には、「オリファント」、「モリソン号」という名称を聞いただけで、若きウェルズと日本国との繋がり、関わり、いや、中国とのそれさえが、すでにその時点で硬い運命の糸で結ばれ始めていたことに気づくことだろう。

まず、「モリソン」とは中国宣教史上の先駆、ロバート・モリソン師の名に因むものであること、そして、その後数年を経て中国大陸よりウェルズが先輩数人と日本国との貿易、そして布教の可能性を目指して、まず初めに日本列島の最南端に位する琉球国へと「運命の航路」を辿るのが、オリファント商会所属のモリソン号だったことに思いを致すことだろう。ウェルズが、かの黒船船上の人となって同じ航路を辿り、江戸湾へと向かうのは、その一六年後のことである。上に「運命の航路」としたのは、いうまでもなく、日米交渉史上、ペリー提督率いる黒船以前、鎖国日本国に門戸の開放と貿易の可能性を打診すべく江戸湾に迫りながら、浦賀砲台から祝砲ならぬ砲撃の雨を経験して退去を余儀なくされるモリソン号の辿った航路、鎖国日本の「異国船打ち払い令」の標的となって後年「モリソン号事件」として知られることなる、悲運の米船モリソン号を象徴的に示すものだったからである。その「モリソン号」事件については、ウェルズが詳細な手記を残している

『中国叢論』

広東に着いたウェルズは、すぐに中国語の学習に取りかかった。当時、その習得が至難の業とされ、多くのクリスチャンの間では、その言語を使っての布教が至難の技であることを知らしめるとの意図をもって生み出されたのが中国語、すなわち「悪魔の発明した言語」に違いない、といわれていた。

当時、中国の文化、習俗、歴史など、多くの分野にわたる英文による学術研究論文の発表誌として知られていたのが『中国叢論』*Chinese Repository* だった。その中国研究史上、忘れる事のできない紀要の創設者であり、編集者だったのが、モリソンの紹介、そしてかのオリファントの支援によって中国へ渡ったエライヤ・ブリッジマンだった。モリソン師を中国語指導の師として仰ぎつつ、宣教活動、特に聖書の刊行事業に励むブリッジマンは、ウェルズ・ウィリアムズより十一歳年上。

ブリッジマンの広東到着三年後に、モリソンやブリッジマンに歓迎されつつウェルズは広東での第一歩

を踏み出した。印刷業務、聖書の広報活動、中国語学習という全ての分野でその後、ウェルズの才を発揮する豊かな土壌が備わっていたとすることができよう。後年、シナ学者として大成するウェルズは、先人モリソン、ブリッジマンらの伝統をよく継承するに値する人物だった。そのようなウェルズのシナ学者としての功績については後段改めて記すとしよう。

モリソンの直弟子ブリッジマンが広東で布教印刷所を始めるのは一八三三年のことだった。ここでも我々はブリッジマンやその師モリソンンらが印刷業務に従事できる今一人の人物を探し求めていたこと、そしてウェルズが広東到着後、すぐにその Mission Press 運営への手助けを始めている背景に接することができる。

ブリッジマンが『中国叢報』の編集に携わったのは一八四七年までで、その後を次いで同紀要の編集主幹の責を担うのがウェルズだった。ブリッジマンは、後年『中国叢報』誌と並んで権威ある学術誌として知られる英国王室アジア協会北支支部発行の紀要編集にも携わっている。

モリソン、そしてブリッジマンの宣教師としての実質的成果、例えば果たして幾人の中国人をキリスト教に導き入れていたか、という点では特に見るべきものがない。その事をウェルズはよく認識していた。ウェルズの先輩二人の功績は、やはり中国語研究、そして聖書の中国語訳という、後世に役立つ基礎作り、その土壌の整備に力を尽くしたことだといえる。キリスト教布教という実質的な成果を生み出すのは、ウェルズが北京駐在の米国代表という政治的役割を帯びる頃まで待たねばならなかった。

結婚

ウェルズは、結局一八七六年までの青年期より壮年期に至るほぼ四十三年間を中国大陸で送っている。

その間一時帰国の折り、一八四七年にはセーラと結婚、ウェルズ三五歳、妻セーラは三歳年下だった。夫婦には、五人の子があったが、令嬢の一人、ソフィアは英国のエブリー卿の令息の元に嫁ぎ、渡英。

末の弟がすなわち広東生まれのフレデリックである。エール大学入学に備え、地元ニューヘイブン在の由緒あるホプキンズ高校に学び、エール卒業後は父君ウェルズの後を次いで、中国語及び中国史教授となっている。その令息フレデリックが後年父親ウェルズの伝記をまとめて出版したのが、広く知られる『S. Wells Williams の生涯と書簡』である。宮澤眞一による和訳版が存する。フレデリック、そしてその令息ウェイランドの霊は今日、エール大学キャンパス内のグローブ墓地に眠る。

話は少々前後するがウェルズの父君ウィリアムと母ソフィアの間に生まれた長男ウェルズの弟分ジョン・ポーター・ウィリアムズについては、ここで一言触れておかねばならない。ジョンはウェルズより一四歳年下。ジョン二七歳の時に、ペリー提督首席通訳官としての兄、ウェルズと共に日本開国の黒船に同乗し日本を訪れている事実は、一部の研究者以外にはそれほど知られている様子でもない。横浜開港に伴って、初めて電信通信ラインが敷設されたことは広く知られるところである。その電信通信ラインの設置を陣頭指揮し、作業に直接携わったのが、そのジョンだった。

日本開国、陰の立役者

米提督マシュー・ペリーの片腕として日本開国の劇的瞬間に立ち会っているウェルズ、中でも開国史のドラマのクライマックスともすべき、吉田松陰との対面を果たしている経緯については、以上でほぼその全容が明らかになったと思う。

ここでは、ただ、以下の点だけに触れておきたい。世に広く知られて久しい開国史の基本文献ともすべき公式『ペリー日本遠征記』三巻本が実はペリー自身の手になるものではなく、ペリー提督の依託によってその頃の一知名士、フランシス・ホークス師によってまとめあげられていることを銘記したい。ペリー自身の日誌や艦隊メンバーより半ば強制的に回収された私的な記録、日誌、メモの類いをペリーがすべて編集主任ともすべきホークスの元に提出し、ホークスがまたそれらの厖大な史料に目を通しつつ遠征記を仕上げているのである。しかし、結局当時、鎖国日本の開国という米国民の耳目を聳動せしめた歴史的なできごと、その偉大な成功が例えば、軍人ペリーの勇み足、意気込み（ここでは、あえて「砲艦外交」といった用語は避けることとするも）をことごとく美化し、米国の一大功業としてペリー称揚に終始するとの微妙な一面の存する点を看過すべきではない。

そういう意味で、例えば私的日誌の類いは米国軍規によって司令官ペリーの元に提出すべきとの「号令、指令」をかいくぐって後世に受け継がれ、結局後年、『ペリー提督日本遠征随行記』として世にまみえることとなったウェルズ秘匿の日本遠征日誌稿の存在が特別な意味をもってくる。

ペリー提督夫妻の墓

ペリーの首席通訳官ではあったウェルズが、必ずしも米国艦隊所属の軍属ではなかったことはともかく、ホークス師編になる『公式日本遠征記』とは異なる私的な観察、時としてペリーの行動に忌憚ない批判をさえあえていとわなかったウェルズの慧眼《けいがん》に脱帽したい。その理由、詳細については、開国後、半世紀以上を経て活字化されたウェルズの日本遠征日誌録をひも解いて頂くに如くはない、とだけ記すに留めよう。

戦後早くに出版された『ペルリ提督遠征記』

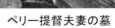

その刊行物が日本アジア協会よりの発行になる事実、それを私は開国史の裏面史、今一つのドラマの一幕だったと解している。

外交の表舞台へ

一八五五年は、ウェルズが米国外交の重責を担って政治の舞台に登場する画期的な年となった。その年が日本国の神奈川条約で日本開国への道を切り開いた日米交渉史上の銘記すべき年の、ほぼ直後であることに注目したい。ペリー提督の片腕として活躍した功績を提督自身、そして米国政府中枢でも認識していた。その年に、ウェルズは米国公使館の前身ともいえる米政府派出所の代表に任命された。そのことには、ペリーの進言が大きく作用したに違いない。その後、ウェルズは米政府公使代理として北京に進出し、W・A・マーテインと共に公使ウィリアム・リードの通訳官として一八六二から七六年まで、その中国の首都で過ごしている。中国語の標準語とも云える北京語に直接接したシナ学者としてのウェルズの学術的成果はその後、その時代の最高峰とも目される圧巻『漢英辞典』として結実する。

晩年と学術上の功績

前後四十数年にわたる中国滞留の間にウェルズの成し遂げた数ある中国関係著述、論考の中でもその代表的なものとして揺るぎない位置を確立したのが *Middle Kingdom* と *Syllabic Dictionary of the Chinese Language* である。前者は中国文化の総合的研究として当時、中国研究の最高峰としての評価を得、この分野を究めんとする学究の「座右の書」ともなっていた全二巻本である。後者は、まず中国語の研究を志す者には、当時最上の参考書ともすべき存在だった。その両書の存在は、その後の「中華の国」

において キリスト教の布教に携わる者には、掛け替えのないガイドとなり、またそれ以外の分野における中国研究の発展に大きく寄与したことは言うまでもない。一八四八年にユニオンカレジから LL.D. の学位を取得していることは、ウェルズにとり、その後の研鑽に何よりの励みとなったに違いない。

中国大陸での生活を終えたウェルズには、更なる学術研究の場が待っていた。コネチカット州ニューヘイブン在の名門、エール大学では、ウェルズ博士を米国初の中国語および中国文学の教授として迎えた。その新たな知的研鑽の場でも、ウェルズは旧著 ***Middle Kingdom*** の改訂加筆の作業に打ち込む日々が続いた。その作業に打ち込むウェルズの傍らには、父の改訂作業に手を貸す中国広東生まれの令息フレッデリックの姿があった。

今日、エール大学のキャンパス中央部を占め、コモンズとして知られる巨大な建造物の中には、その天井近く、薄暗い壁沿いに、代々エールに貢献した学長、名誉教授、その他エールを代表する知名士の等身大の油絵が掲げられている。その一つに漢籍を手にしたサムエル・ウェルズ・ウィリアムズ像がある。名門エールの教授陣といえども、今日その存在を知っている者はほとんどいない。

三　夏のニューヨーク紀行

―沖縄県立看護大学図書館長便り

マンハッタンのほぼ中心、五番街と四十二丁目の交差するところは、よくニューヨークの銀座四丁目などといわれます。そしてその一角を占めるのがニューヨーク市立図書館です。入り口を巨大な獅子二頭に見守られるその図書館の威容は、ニューヨークが世界に冠たる商業経済の中心地であるだけでなく、その地域における「知的活動」の中枢でもあることを示しています。平成も半ばを過ぎた頃の夏、私は久々にその図書館に足を運びました。夏の間、私なりのささやかな知的活動の場となったその図書館には、もう何年も前にそこで一度だけ目にしたことのある沖縄関係の英文原書で『琉球列島:宣教史の一章』と題する冊子が所蔵されています。以前そこで複写したその冊子のコピーが茶褐色に変色し、虫喰いすら見られはじめたのを、改めて最新のコピー機で取り直し、その原書に収められる明治後期の沖縄の貴重な風物写真をカメラに収めたりしました。その冊子の著者の名はヘンリー・シュオーツ。

その昔、那覇の波の上は護国寺を拠点に沖縄におけるはじめてのプロテスタント宣教師として長年布教に専心した「ナンミン（波の上）ヌ（の）ガンチョー（眼鏡）」こと英人ベッテルハイムのことを耳にした向きも多いのではないでしょうか。波の上の護国寺境内には今でも「ベッテルハイム師居住の地」と刻まれる碑が建っています。シュオーツはそのベッテルハイムの後を継いで沖縄にやってきた米人宣教師。私が勝手に「欧文日本学・琉球学」（略して「欧文日琉学」とも）といった呼び方で進めている琉球国・日本国関係の欧文原史料収集活動の一環としてのニューヨーク市訪問でした。

その私流「欧文日琉学」関係書には『琉球と琉球の人たち』（ジョージ・スミス原著、山口・新川共訳、注釈）と題するものなどがありますが、それとほぼ同時に刊行された、その英文原著復刻版に続くものとして取り組んでいるシュオーツ原著の復刻および和訳版刊行の準備としてのニューヨーク訪問でもありました（注：その後、シュオーツ師の原著 ***The Loo Choo Islands: A Chapter of Missionary History*** は今一つ、チャールズ・レブンオースの手になる同名の英文原著 ***The Loochoo Islands*** と共に山口・新川編注『琉球の島々　二編』として刊行されました）。

欧米の古い図書館には日本そして琉球王国時代の沖縄を扱う欧人の手になる著述が数多く存します。これらの原書の研究理解には英語はもちろん、英語以外の欧州各国語の深い知識が欠かせません。従来の我が国における英語学のあり方、カリキュラムでは「欧米語による日本、そして私たち日本人を研究した原書」の「私たち日本人による研究」はいつまでたっても暗黒時代のままでしょう。日本の社会、文学、美術、歴史、言語……を扱う厖大な欧文文献の眠るニューヨーク市立図書館を散策しながら、あらためてそのようなことに思いを馳せた夏のニューヨークへの旅でした。

四　私の自由宣言 ―― 米国図書館巡遊の旅

このたび、改めて日本図書館協会のホームページを開き、「図書館の自由に関する宣言」と「望ましい基準」に目を通してみました。モニターに映し出された「自由宣言」第一条、第一行目の誤植、いや言葉の欠落はともかく、主権在民という日本国憲法の原理に基づく「表現の自由」、「知る自由」をはじめ、図書館の「資料収集の自由」、「資料提供の自由」などの各項目に記される自由の概念、そしてその文言は、いずれも「宣言文書」のそれにふさわしい、非の打ち所のないものといえましょう。

しかし、その宣言文書に謳われる自由の概念は、私の抱いている「自由」のそれとはいささか異なるものであることを白状せねばなりません。白状などといって、何やら大変なことを言い出すのかと開き直られても困るのですが、こと図書館に関する限り、私のいう自由とは「そこに行けば必ず欲しい本、資料、史料がある」ということなのです。そのような自由、保障のある知的環境をとりあえず「究極の自由の存するところ」と呼ぶことにしましょう。知的活動を志す者にとって、これはまさに「究極のパラダイス」だといえます。そのような究極のパラダイスであってはじめて「知る自由」、「知る権利」の意味が生きてくるでしょうし、そのような自由、権利が保障されるのではないでしょうか。行くたびにのどから手が出るほど欲しい文献史料がない、見つからない環境では、たとえば先ほどのホームページにある「自由宣言」第二条の文章「すべての国民は、いつでもその必要とする史料を入手し、利用する権利を有する」が、全く意味のない空手形なってしまいます。さらにその条文は次のように続きます。「……この権利を社会的に保障することは、すなわち知る権利を保障することである。図書館は、まさにこのことに責任を負う機関である」と。天邪鬼《あまのじやく》的な言い方になることを恐れずに言いますと、今私自身の与っております図書館をも含む多くの図書館がとんでもないほどの重責を負わされていることになり、なお悪いことには、多くの場合その責任を果たせずにいる、ということになってしまいます……。

エピソードを一つ語りましょう。北米は東部のアイビーリーグの古い大学図書館でのことです。エール大学の中央図書館は、普通にはその図書館の建造に寄与した大型寄付者の名に因んでスターリング図書館または単に「スターリング」として知られています。そのスターリングに専門家の間ではかなり有名な「朝河文庫」というのがあります。徳川期の古書、珍本のたぐいを多く蔵する文庫なのですが、私がエール大学で日本関係の講座を担当し始めてからもう二十何年も経った頃だったでしょうか、その方の名前はまったく覚えていませんが、なんでも江戸時代の町の様子などの調査研究で日本の一地方の大学から来たという年配の大学教授を案内して回ったことがあります。薄暗いスターリングを一巡し、その朝河文庫の前に来た時、その老教授、とある古い本が目にとまるや、いきなりそこに立ち尽くしてしまったのでした。そのうちその老教授の顔が紅潮しはじめ、肩を震わせながらその本に手を触れんと手を伸ばすのですが、何か恐れ多いもの、触れてはいけないものと相対しているかのように、何度もその手を引っ込めるのでした。やっと思い切ったのか、恐る恐るその本に触れ、手前に引いて手にとったその老教授、おもむろにページを開き始めたのですが、震える教授の手、そして荒々しい息づかいまでが、すぐそばで見ている私に伝わってくるのでした。老教授が何かとてつもなく大事なもの、「宝物」などという言葉では十分言い尽くせないほど貴重なものを手にしていることが私にはすぐ分かりました。潤んだ目、うつろな目を私の方に向けた老教授の表情には、かすかな笑みさえ感じられました。薄暗いスターリングの中でその本を手にした教授の背には窓から差し込む陽光が映え、一瞬後光が差しているかのようにさえ思えたことでした。明らかに老教授は「究極のパラダイス」に遊んでいるのでした。しばらくして落ち着きを取り戻した老教授がおもむろに語ってくれたことは、おおよそ次のようなことでした。今、手にしたその本を探し求めて日本中の図書館という図書館を回った挙句、どうやら日本には存在しないものとほぼ確信し、おそらく自分の目でみることなどないだろうとあきらめていた、その本が今私の前に現れたのです、と……。そう言われて、なんとなく老教授の両手に支えられたその本に目をやってみたのですが、江戸の町の屋敷図といいますか、一軒一軒に細かく地所、番地のようなものがぎっしり書き込まれていました。かすかに配色というか、色刷りのページさえあったようにも思います。

エール大学図書館の朝河文庫を語った今、その存在価値につき、もう一言触れないわけにはいきません。戦後長い間米国史学界、いや日本史学界を担ってきた双璧といえば、間違いなく片やエールのジョン・ホール、片やプリンストンのマリウス・ジャンセン。徳川期の研究に一新紀元を画したのがホールだとすれば、一方のジャンセンは日本の学者が、いまだ成し得なかったほどの格調高い坂本龍馬伝を仕上げるといった華やかな時代の寵児だったのです。アムハースト、ハーバードの名門大学で学業を終え、ミシガン大学でテニュア（終身雇用契約）を得て日本史を教えるホール教授を結局は北米東北部ニューイングランドのアイビーリーグの一つであるエール大学に引き寄せたのがほかでもないエールにある朝河文庫の存在だったのです。

その頃、といってもやはり、もう二十年以上も前のことになってしまいましたが、私はそのエール図書館という「究極の自由」に満ちたパラダイスに足しげく通う今一人の日本人研究者の存在を知っていました。たくましい体躯に恵まれたその研究者もまた東京から休暇の余暇を利用してはエール大キャンパスにやってきて、そこの朝河文庫に通い詰めていたのです。東大史料編纂所を経て、聖心女子大学で教える阿部善男教授がその方だと知ったのは、教授の著書『最後の日本人：朝河貫一の生涯』に接した時でした。

今日、ようやくにして朝河の母校、早稲田の研究サークルを中心に明らかになりつつある朝河の人物論、人物像に立ち入る余裕はなどありませんが、世界の学究をひきつけるエールの存在がその図書館にあるということ、そして、そこが私のいう「自由」に満ち溢れるパラダイスだということを言いたかっただけです。「そこに行けば必ず欲しい文献資料がある」という幸せ、これに優る幸せはどこにもありません。そのような幸せを長年味わってきた自分は、この上もなく「果報者」だと思っています。

五　僕のアメリカ体験 ―思い出のスチュードベイカー

カナダの国産車スチュードベイカーといっても、今どきどれくらいの人がおぼえているだろう。一九六〇年代初期のアメリカのハイウェーでは、しかし、そのスチュードベイカー車の姿をまだ僅かながら見かけることがあった。沖縄からの先輩らがそのまた先輩から譲り受けたのが、その中古車、いや大中古車。僕が何代目かも知れないそのスチュードベイカーの持ち主になった頃は、しかし、カナダのメーカーはすでにつぶれていたか、消滅寸前にあったように思う。その頃はフォードのマスタングが華々しくデビューし、そのスポーツカーならぬスポーツ感あふれる恰好よさが日ごとに評判を高めていた。フォード社の最も腕利きの技師の一人としてのリー・アヤコカの監督総指揮によって陽の目をみたマスタングの大成功が、後年クライスラー社のトップとして米国自動車業界にアヤコカの名を響き渡らせることとした遠因であったことは、あまねく知られるところである。とにかく、そのような華々しい自動車王国アメリカにあって、部品がちゃんと見つかるかさえおぼつかない、その老朽車を僕の口さがない仲間は、いかにもウチナーンチュらしい奇抜さで「ステューピッド　ベイカー」といってからかっていた。僕は、しかし、いまだ色あせないベイジュ色のその「スチューピッド」が好きだった。老朽車とはいえ、ほとんど無傷に近いボディーのそのカナダの国産車でアメリカのハイウェーを闊歩する、いや巡行する妙味に、まだ味わったことのないアンテイーク車の持つ微妙なセックスアピールとはこういうものに違いない、と勝手に決めつけ、心のうずきに酔いしれていた。とにかく、そのスチュードベイカーは、僕ら仲間の何人かを運んで中西部の大学町からオハイオ州は五大湖の一つ、イーリー湖の南岸を占めるクリーブランドの町を抜け、その真東に走るターンパイクをまっしぐらにボストンまでいき、さらに南下してニューヨーク、そしてワシントンへの長距離旅行という大任を果たしてくれたのだった。僕の長いアメリカ生活の中で、初めの頃のアメリカ体験という、このかけがえのない重責を文字通り老躯にむち打って果たしてくれたそのアンテイーク車を恐れ多くも「ステユーピッド」などという連中は、さすがにその頃からいなくなっていた。

第三部

時事問題、随想、読後感、書評

一　危機迫る尖閣――「釣魚島は中国固有の領土」か

はじめに

時は二〇一二年一二月、北京での東アジア文化交渉学会の合間をぬって、北京の銀座と言われる王府井に足を運んだ。すぐ目についたのは北京最大の洋書店の店頭にうず高く積まれた冊子類、そして多色刷の大型地図。冊子のタイトルは中国語を初め、韓国語、日本語、英語、仏語、独語で記され、どうやら同一内容の多国語版だとお見受けした。すぐさま全二十三ページからなる日本語版を求めた。タイトルには「釣魚島は中国固有の領土である」とある。著者・発行人は「中華人民共和国国務院報道弁公室」、版元は外文出版社。二〇一二年九月発行なので、私が気づいた二ヶ月前の刊行になるもので、それほど古い情報資料ともいえない。地図は畳一枚ほどもあろうかと思えるほどの大型版、簡体文字による大活字で「中華人民共和国釣魚島及其附属島嶼」とある。冊子の目次には、前書きに続き以下の五項目が見える。一、釣魚島は中国固有の領土である。二、日本は釣魚島を窃取した。三、米日が釣魚島をひそかに授受したことは不法かつ無効である。四、釣魚島の主権に対する日本の主張にはまったく根拠が無い。五、中国は釣魚島の主権を守るために断固として闘う。冊子

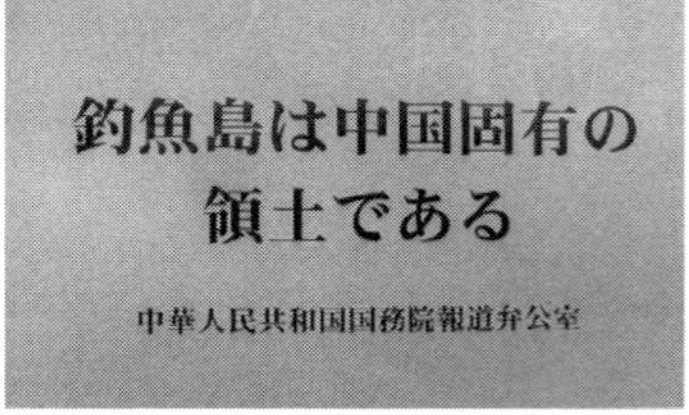

尖閣諸島を巡る中国政府の主張をまとめた各国語シリーズの日本語版

の「結びの言葉」には次のような文言がみられる

「釣魚島は古来中国固有の領土であり、中国は釣魚島に対して争う余地のない主権を有している。一九七〇年代、中日両国が国交正常化と『中日平和友好条約』を締結する際、両国の先代の指導者たちは両国関係の大局に目を向け、『釣魚島の問題を棚上げし、将来の解決にゆだねる』ことについて諒解と共通認識に達した。しかし、近年来、日本は釣魚島に対してたえず一方的な行動をとり、特に釣魚島に対していわゆる『国有化』を実施したことは、中国の主権に対する重大な侵犯であり、中日両国の先代の指導者が達成した諒解と共通認識に背くものである。これは中日関係をそこなうのみならず、世界反ファシズム戦争の勝利の成果に対する否定と挑戦でもある」。

所　感～井上清の著書の影響

以下、中国側小冊子資料に関する所感の一端を記しておきたい。まず、中国政府国務院報道弁公室発行の冊子を一見してすぐ気づくことは、井上清の著書『「尖閣」列島～釣魚島諸島の史的解明』（一九七二、一九九六年）のきわめて濃厚な影響がみられることである。ほぼ全面的に井上本に依拠し、列島が歴史的にも元々「中国領として知られ、日本の無主地先占の法理を反駁し、さらに日清戦争で日本が窃《ひそ》かに釣魚島諸島を盗み公然と台湾を奪った」として強烈な私憤を露《あらわ》にする著者井上の口吻をさらに上回る口調でまとめあげたのがその中国側小冊子だといえる。そのことは井上が現代評論社出版の一九七二年版後、改めて第三書館より世に問う同書同名の一九九六年版にみる「はしがき」の中で後者の出版後間もなくにして香港において中国語版『釣魚島列島的歴史和主権諸問題』の出版を見た経緯を記していることによっても窺える。

まず報告者として真っ先に述べておきたいこと、それは二〇一四年初旬に安倍首相との会談で日本を訪れた時のオバマ米大統領がはじめて「尖閣」という言葉を口にし、尖閣の「領有権」が日本に存することを認証し、公表したものの、その「主権」がどの国に存するかについては「当事者国間」の協議に任せるに如くはない、と示唆するに留まっていたことである。「領有権」と「主権」に国際法・国際公法上、どのような違いが存するかについては専門家に問う以外にないが、どうやらその二つには違いの存するらしいことは、素人の私にでも感知できる。手元にある『広辞苑』の「主権」の項には、すぐさま(sovereignty)という英語の同義語に続いて「その国家自身の意志によるほか、他の意志に支配されない国家統治の権力。国家構成の要素で、最高・独立・絶対の権力」とある。また「領有」の項には「自分のものとして所有すること。所領・領地として持つこと」とあり、どうやら「主権によってもたらされ、正当化される所領・領地。すなわち、その所領・領地を領有する権利」がすなわち「領有権」だと解されるように思われる。とすると「主権の存在」がどこ、またはどの国に存するのかが曖昧なまま「日本国の領有権」を認めたオバマ発言にはとんでもない落とし穴の存することが、これまた私のような素人にも感知できる。尖閣をめぐる問題に限らず、世のいわゆる「領有権」問題がしばしば紛糾し収拾のつかない情況に至るのもこの辺に理由がありそうな気がする。話は飛躍するが米国の沖縄統治の正当化に日本国の「潜在主権」というつかみ所のない概念、「幻の主権」を作り上げた米国の行き方、いやそのスマートさを今一度想起したい。

そのような視点から中国側の冊子を概観すると、上のような厳密な区別を要すると目される点が何ら考慮されることなく「主権」即「領土主権」というように用いられているかに思われる点の多々存することに気づく。例えば冊子の「結びの言葉」にみる「〜中国の主権に対する重大な侵犯であり〜」、「〜中国の領土主権を侵害するあらゆる行為～」、「中国政府は、国の領土主権を防衛する決意と意志を固めており、国の主権を防衛し、領土保全を守る自信と能力を～」などの語句に象徴的に現れている。

今一つ、私の報告の趣意が主として中国政府当局の裁可を得て公表されることになったと思われるこの冊子の「要旨」を伝える事にあり、時たまその中の記述に疑問を投げかけることがあったとしても、その冊子中の趣意、主張の是非を問うことにあるのではないことを銘記したい。そのような作業には当然のことながら巷《ちまた》に溢れる「尖閣問題」関連の書籍類を渉猟し、読者自らが己れの意見を培う以外にはない。

井上及び中国冊子の論拠

ところで、中国側冊子、そして井上清の著書にみる「主権」の解釈が歴史上の文献記録やその存在に基づいているらしい事は例えば冊子第一項にみる記述から明らかである。ただ中国古代文献の一つ、例えば一四〇三年（明・永楽元年）に完成した『順風相送』が「最も早く釣魚島、赤尾嶼などの地名を記載した史書」であり、「早くも十四、十五世紀に中国がすでに釣魚島を発見し、命名した」ことには一片の疑いをも挟み得ないにしても、その島々が即中国の「主権」に基づく「中国領」なり、と示唆しているかのような文意には疑問を抱かざるを得ない。冊子第四項にみる中国側の批判、すなわち「日本が『先占』原則によって釣魚島を『無主地』としてその版図に『編入』したことは、中国の領土を占拠した不法行為であり、国際法上効力を有さない」との論議を自ら「無にしてしまっている」ことにならないであろうか。

釣魚（尖閣）諸島図

原田禹雄の反論

中国側冊子の趣意、いや井上清の著書に真っ向から反意を表すのが琉球冊封使録の注釈和訳という数々の労作で知られる原田禹雄氏の著書『尖閣諸島～冊封琉球使録を読む』（二〇〇六年）である。小著ながら前節に述べたような尖閣問題の公平な理解に資するには欠かすことのできない著作である。著者原田は冒頭の「はじめに」でいきなり「井上清の『「尖閣」列島～釣魚島諸島の史的解明』という本が刊行されたとき、すぐに買って読んだ。～騒々しい文章が意想奔放さながらに書き連ねられてはいるが、内容は乏しい本だと思われた」といった井上の著書を上回るかのような「騒々しい」文章にぶつかる。さらに読者は「～一字一字心をこめて訳し、丁寧に注を施してきた冊封琉球使録が、井上清の強引な理屈の中で、好き放題に利用されているのをみて、我慢ができなくなってしまった」といった、ここでもまた読者は井上の口吻にさえ劣らぬような「奔放さながらの文章」と対面させられるはめに陥ることになる。

原田の著書は一見井上批判を全面に打ち出しているかに見えるが、その実、冊封琉球使録の解説に主力が注がれており、井上批判部ははなはだ乏しい、というよりも「井上批判」に名を借りた冊封琉球使録解というのが原田本の実質、実相といえる。その乏しい批判の中から本報告者の気づいたうちのひとつを記そう。「第二、尖閣諸島」の項において原田は「尖閣諸島の記述は、冊封琉球使録が最も早いのではなかろうか。とすれば、一五三四年には、すでにその記載がはっきりと認められる」としている。中国側冊子が一四〇三年に完成したとされる冊封琉球使録ならぬ『順風相送』を挙げ、「尖閣の地名を記した最も古い史書」としていることとの齟齬に気づかずにはおれない。中国冊子にみる書名と原田の挙げるその史書、冊封使録にはすでに一世紀以上もの差が存する。そのような点はともかく、井上の尖閣中国領論に反意を掲げる原田の次の部分は注目に値する。「明代ならば、中国固有の領土であれば『大明一統一志』にきちんと記されている。そこに尖閣諸島がしるされておれば、冊封使は伝聞ではなく、きちんと知識として心得ており、『大明一統志』に書かれた通りの島名を書いたはずである。ところが尖閣列島は『大明一統志』を八十九以下の『外夷』をふくめて調べてみても記載されてはいない。冊封使は『大明一統志』を使録の『群書質異』に引用しており、確かに読んでいる。ここでまず、井上清の尖閣列島は中国固有の領土という主張が無力化される」。ただ、知識として心得ているはずの冊封使録の著者がそのことを自著に特記していないからといって、すぐさま井上の主張が無力化されると断言し得るであろうか。識者の考察に待ちたい。

以上僅かばかりの所見を報告者の見解、所感としてあげたが、そのような僅かな原田の対井上論議に関わる報告者の観察、所見によって冊封琉球使録の注釈、訳述に献身される原田氏のこの分野における偉大な貢献の意義にはいささかも陰りを与えるものではない。原田氏の冊封琉球使録解明の努力によって、私どもは今初めてこの分野における新たな時代を迎え、その恩恵に与りつつある。

井上清の貢献

尖閣をめぐる問題の解明にあたって井上の分け入る天皇制軍国主義下の日本政府の琉球国への対処の仕方、経緯に関する著者の鋭い分析、観察には傾聴すべき点が多い。「日本政府などは故意に歴史を無視している」、「日清戦争で窃かに釣魚島諸島を盗み公然と台湾を奪った」、「釣魚島諸島略奪反対は反軍国主義闘争の当面の焦点」等々といった著者井上の口吻には、たしかに原田の言う如く一見「意想奔放さながらにかきつらねている」と受け止められかねない面が存するとはいえ、報告者の私には学ぶべき点が多かった。読者にもその部分の井上論議の詳細に目を向けるように強く勧めたい。

「結び」

東シナ海の大海原に浮ぶ大少八個の岩礁、その姿は中華の大陸、ヤマトの島々に人影の認められるようになるはるか何千、何万年の昔からそのままの姿を保っていたに違いない。やがて有史時代を迎え、人類が進化の最前線にたって人智の及ぶままに海原を駆け巡るようになる。今を去る、たかだか数百年前のことだった。「中華」の名にふさわしい大国よりはその国の知恵を授けんものと東海の一小王国へさえ荒波を蹴って「封舟」がその姿を現すようになる。「海図」などと言った、さらに後代の人智のもたらす利器などのない一四世紀初期の封舟の乗組員一同は、東海に浮ぶそれらの岩礁を見つけて驚喜したに違いない。その一小王国「琉球」からは、その頃をさらに二世紀も遡る頃からすでに南海はマラッカ海峡をめざして荒海を行き交う海の男らの勇姿があった。その男らにも古里の港を出てわずか数日を経ぬうちにも姿を現すその岩礁の存在は今で言う「羅針盤」の針のような役目を果たしていたに違いない。かの封舟の乗組員にとってもまさに命綱、いや命の岩礁だったろう。中華の大陸と小王国琉球の民にとってその岩礁は両国の民と民とを結ぶ掛け替えのない「砦」の役目を担っていた。小王国琉球の北には今一つの「異文化圏」がその勢いを増しつつあった。居丈高な武士、侍文化の国だった。いまから僅か百五十年ほど前のことだった。突如その平和の砦が特別な意味を持ち始める。人智の発達、人類の知恵の実相のいかなるものなのかを露にし始める時代の開幕だった。二十一世紀の今日、その砦を含む南海のかつての王国が幸か不幸か「太平洋の要《かなめ》」と称されるまでになっている。

思えば一九七〇年代、国交正常化をめざす日中両国の先人、国の指導者たちが両国関係の大局に意を用い、東海の岩礁にまつわる諸問題を棚上げにし、将来の人たちにその問題を預けようとの合意に至ったのは、人智の最も賢明な発露だった。

二　尖閣海域　米中覇権のバランスに亀裂

――米国『タイム』誌報道を読み解く

危うし、米国最強の「不沈母艦」

「タイム」誌、二〇一四年七月二十八日号は全五ページにわたり、尖閣諸島海域図、「局地戦」開戦予想時の米中戦力比較図など全四葉を掲げつつ、「米中覇権のバランスに亀裂」と報道している。日中両国駐在のタイム誌特派員の報告に基づく総合編者マーク・トンプソンによる記名入り報道記事である。不沈母艦とは米国国防の中枢を担う十万トン級の原子力航空母艦のことである。全長一千フィート、戦闘機搭載能力七〇機、搭乗員五千の陣容を擁する無敵の「怪物」である。いや怪物だった～今や中国軍開発の弾道ミサイル Dong Feng（東風）-21Dの出現を見るに至っては……。しかし、その怪物にはまだまだ「未来」が存する、というのが米国軍部中枢の見解らしい。米国防戦略の増強に建造費、一隻一五〇億ドルを要する空母二隻が新たに建造中、三隻目の造船プランが練られている、というのだ。

米国空母対中国の弾道ミサイルの戦力比較

今、その両国開発の最先端武器の戦闘能力の比較をめぐってワシントンの国防総省中枢では「密かに、しかし熱気を帯びながら」進行中。中国の「東風-21D」の詳細に付き、中国側は公式発表を控えているが、その理由を「余りにも微妙な機密事項ゆえ」としている。米海軍の戦略を担うトップのジョナサン・グリナート海軍大将いわく、「ペンタゴンがＤＦ‐21Ｄの存在を初めて公表したのが二〇〇九年、それ以来米国海軍は『血眼《ちまなこ》になって』対抗策を模索してきている」。グリナート将官は続けて「彼らの開発したのは良い武器、しかし、全く欠陥のない武器というのは存在しない」とタイム誌に語っている。その記事を読みながら、私、本稿の筆者は、そのような国防権威者の言葉は、そのまま米国空母の威容、その防御力に跳ね返ってくる可能性を示唆しているのが、まさにタイム誌の意図するところではなかろうか、との感慨を抱かずにはおれなかった。

タイム誌の提示する米中両国の戦力、武力の比較に目を向けてみよう。まず「アンバランスの戦闘力」としてタイム誌の掲げる中国弾道ミサイルＤＦ‐21Ｄの飛行距離が九〇〇マイル。対するに米空母からのミサイルの飛行距離七〇〇マイル。このことは、米空母を飛び立った戦闘機が相手側目標に達するには空中給油なしではまず不可能で、この高価な戦闘機が遥かかなたから飛来するミサイルの攻撃目標となる可能性が存する。中国側の情報源によればＤＦ‐21Ｄ一基および発射台の製造費が五〇〇万ドルから一千万ドル強。かりに一千百万ドルとしてもフォード級米国空母一隻の建造に要する一三〇・五億ドルでは中国ミサイル一千二百二十七基を製造することができる。その米空母に搭載予定の最新鋭戦闘機の製造コストがまた一機あたり一億六千万ドル。その価格は史上最高価の武器となろう。

これまで米国の優位を保ってきたのは何といっても空母の存在である。現在、米国の保有する原子力空母十隻のうちの五隻までが太平洋海域防衛の任務に当たっている。今年始め、ペンタゴンの目と鼻の先で行われた海軍関係者の集まりの場で、米国艦隊太平洋海域防衛司令官サム・ロックリアー海軍大将は次のように述べている。「我々の現役中、ずっと維持し、エンジョイしてきた史上かつてないほどの覇権に陰りが出始めた」、と。さらにタイム誌は続ける。「ＤＦ‐21Ｄの見事な点、それは米空母の偉力、機動力を削ぐのに、空母自体を撃沈する必要がないということである。現在米空母搭載のＦ‐18戦闘機が給油を必要とする海域の前まで空母を牽制しておきさえすればいい。将来米側の搭載する予定といわれるＦ‐35戦闘機にしても同様である。米空母一隻の建造費で中国の弾道ミサイルを一千二百基も製造することができるとなれば、計算上、国防上の利点は中国側にある、というのが専門家の見解である」。

なにゆえにそのような開きが？

戦艦の撃沈という潜在能力を有する武器の開発、出現を許すに至った世界の列強の背景には何があったのだろう。ます第一に、一九八七年に米ソ間に締結された核兵器開発規制条約によって、三百から三千四百マイルの射程を有する中規模核弾頭ミサイルの開発に歯止めがかけられていることである。中国はそのような米ソ二国間の合意事項に署名をしていない。それよりもなお重要な点が、海上を三十ノットで往く船舶を追撃できるほどの戦略武器の開発は技術上、極めて困難だということにある。米海軍筋によれば、中国側は宇宙を基点とする情報網、偵察能力の向上につとめ、それを地上兵器の運用能力につなげることに力を用いているとのことである。その筋によれば、中国は二〇〇七年には当時開発中の弾道ミサイル、モデルＤＦ‐21によって時速一万八千マイル（二万九千キロ）の速度で回転中の古い気象観測用宇宙衛星を撃ち落とすのに成功している。

局地戦の可能性

問題が惹起するとすれば、それは間違いなく日本国が尖閣諸島、中国がダイオユーと称している東シナ海の島嶼をめぐってであろう。その問題の発生が計画的なものなのか、あるいは誤算によるものなのかはともかく、その可能性は極めて大きい。米国太平洋艦隊トップの情報将官ジェイムス・ファネールは去る二月にサンデイエゴでの海軍関係者の集まりで次のように述べている。「米海軍将校、士官の中には、中国側が東シナ海での日本の覇権を挫《くじ》くべく短期の局地戦に備える動きがある、と信じている者がいる。中国側の目的が尖閣諸島の占取にあることは言うまでもない」。

中国側は仮にも紛争が長期戦に発展すれば、米国軍に打ち克つことはまずできないであろうことを重々承知している。しかしながら、仮にも尖閣を確保すべく何らかの行動に出るとなれば～その行動はおそらく一時的にせよ米空母を攻撃目標にすることが考えられよう～必然的に次のようなことが問われねばならなくなるだろう。その保有者の実体、所属が明瞭でなく、ただ大海原に浮ぶ一千七百エーカー（六九〇ヘクタール）の人の住まぬ岩礁を巡って米国が核保有国との争いを始めるだろうか、ということである。理にかなった判断というのは、両国にとっても不安定ながら「現状維持」に努めるということではあろう。しかし、一旦緩急あれば、米国側としては発射後十二分以内に一千マイル先の空母に飛来するＤＦ-21Ｄの軌導を判定、追跡し、破壊し得るものと考えている。より効率ある迎撃というのは敵側の弾道ミサイル発射装置そのものに打撃をあたえること、弾道誘導機能、装置の多くの作動能力を麻痺せしめることにある。タイミングさえよければ、米国側の先制攻撃（a pre-emptive U.S.attack）によって弾道ミサイル発射に要する通信網、司令系統の混乱を惹起せしめるに効あろう。以上は、去る五月に発表されたペンタゴンの極秘戦略文書のうちの解禁された要点部分の趣意である。

経済上の抑止力

尖閣諸島攻撃によってもたらされる経済上、国際上の悪影響を中国側は重々認識していることだろう。米国は国庫負債全額のほぼ十六%を中国に負っている。その中国が「自国の門戸の前に広がる洋上で五千人の米空母搭乗員を殺戮するほどバカではあるまい」と語るのは前ペンタゴン付き将官のトーマス・バーネット氏。マサチューセッツ工科大学の軍人専門家テイラー・フラヴェルは、また「過去六〇年の間に中国が戦争を始めた経緯を辿ってみるに、自国が明らかに他国より劣勢で、脅威に瀕している時の方が、自国が優位にある場合に比し、三倍もの強い可能性が認められる」としている。かつてジョン・ケリー米国務長官が中国を訪問した際、中国首脳陣に「米国側は、中国を牽制するとか、利害関係を招来するとかといった、いかなる意図をも有しない」と語った上で、両経済大国間による電子ネットワークに関わる諸問題の再検討会議、組織作りを呼びかけた。その要請を中国は拒否している。

戦力、覇権争いの意味するもの

中国軍部の中枢が、かりにも米国の「怪物」を傷つけるか、または撃沈することに成功したとすれば、波荒き洋上における米国の覇権の失墜をはっきりと示す象徴的な出来事となろう。中国の弾道ミサイルの効果、威力がはっきりとしたものと分かれば、それはこれまで東アジアの経済発展を支え、比較的安定した情況を生み出していた環境の変様を意味する。その軍事上の覇権争いが期せずして日中間に存する東シナ海に浮ぶ岩礁をめぐって勢いを増している事実に注目すべきである。ＤＦ-21Ｄ開発以前であれば、米国は急遽、空母の一隻か二隻を紛争海域に送るだけで、中国の動きを牽制できた。その実、一九九六年に台湾海域でのミサイル実験を牽制すべく北京に警告を発し、米国は空母二隻を派遣している。過去一世紀にわたって欧米、日本国の圧力下に屈辱感を味わってきた中華の国は、今、そのような情況を改めようと新たな作戦、戦略構想（タイム誌は「ゲーム」といっている～山口）に転じ始めた。中国は、その保有する五〇隻の潜水艦戦力（米海軍の保有数七二隻）に毎年三隻を加えるとの勢いにある。その勢いは東シナ海、南シナ海へと一千マイルにもまたがって広がる海洋への進出という形を取りつつある。中国の東部沿海、海域は世界経済の維持に必須の幹線、動脈となっており、全世界の商業活動の三分の一がアジアを対象としつつ展開している。中国の終局的な目標は、その海域から外国の圧迫を排し、自国の限りない経済発展に欠かすことのできない産業資源、なかんずく石油の供給に支障のない環境作りを意図することにある。「これらの目標達成に彼らは躍起となっている。そのことはまたその海域における彼ら自身の天与の使命だと信じて疑わない。したがって、そこが発火点となる可能性を秘めている」、とこう述べるのは米国情報部のトップ、ジェイムス・クラパーである。

一強国がもう一方の強国の勢力増強を目の当たりにし、しかも、その結果自国の勢いに陰りを与えるのではと危惧する時に生じる力の凌ぎ合い～これほど危険なゲームもない。「そのような情況下に戦争が勃発した例は過去五年の間に十一から十五の事例に及ぶ」と述べるのは、米国国防及び戦略講座を担当するハーバード大学教授グレイハム・アリソンである。同教授は、そのような事態を引き起こすいきさつを説明するのに、古代アテネの一歴史家の名にちなんで「トキュデイデスの罠」という観念を以てしている。二千年前に起きたアテネとスパルタの戦争に因む概念である。「スパルタ国の恐怖感」、それがその罠だった、としてタイム誌は稿を閉じている。

付記

私ども南島の民にとって特に看過できないのは The Showdown（対決、決闘）との項目を掲げて『タイム』誌が「局地戦」の可能性について記していることである。米海軍中枢の「幾人か」には中国が「東シナ海における日本国の戦力を打ち砕き尖閣諸島を占拠すべく、短期局地戦への作戦戦略を進めている、と信じている者がいる」と記しているのがそれである。そのように発言しているのが、太平洋米艦隊トップの情報将官ジェイムス・ファネル　キャプテンであることを今一度銘記しておきたい。その言明に続き同誌は（カッコ）つきで「彼の上司は、あまり騒ぎたてるな、に近い受け止め方をしている」としている。本『タイム』誌報道の詳細については稿を改めてお伝えすることとし、ここではとりあえず以上「付記」の形に留めておきたい。

三　中国で身近に感じた「危機」

今年も東アジア文化交渉学会の年次例会が香港城市大学で行われた。例年の如く日・中・英・韓国語を「共通語」とする東アジア研究者が集い、東アジアの過去、現在、将来につき熱心な討議討論が展開された。

『人民日報』、『南華早報』

香港市内のホテルに投宿するやいなや、宿泊客に無料で配達される地元の英文日刊紙『サウスチャイナ・モーニング・ポスト』(南華早報)の見出しに引きつけられた。『「人民日報」紙、沖縄の支配権につき抗議』と、大きな文字で記されている(二〇一三年五月七日付)。「昨日の『人民日報』紙、沖縄島に対する日本国の覇権主張への再検討を呼びかけた。主要な米軍基地の存在する沖縄島は、すでにアジアの列強(複数扱い~注記、山口)との間に問題をかもし出している」との文言、そして「中国は沖縄が日本の一部であると考えているのか」との質問に対して答える中国外務省スポークスマンによる「学者は長い間琉球諸島と沖縄のことについて研究してきている」との言葉が記されている。さらに、『人民日報』記事の報告者と思われる中国社会学アカデミーのメンバー二人の次のようなコメントが付されている。「今や琉球列島に関する歴史上未決の諸問題を再検討すべき時期に至っている」。ただ「南華早報」が、さらにその二人の言葉として記す「日本が一八〇〇年代に琉球列島をその傘下に収める以前、琉球は中国の“vassal state" であった」としている引用符で囲まれた言葉が、明らかな間違いであることはいうまでもない。朝貢国、あるいは進貢国に相当する立派な英語 "Tributary States" が存し、学者の間では普通に用いられている。

その『南華早報』の記事には「琉球列島の歴史」と題する年表式の簡単な記述、そして日本国と台湾はじめ、朝鮮半島より上海、香港に至る広大な東アジア海域を含む地図が付されている。

まず琉球歴史年表の記述にみる「一四世紀、多くの中国人が商業を目的に琉球に渡った」との文章はともかく、次の「中国は中山支配を認めた」との一文は何らの知識のない読者には「中国は中山が琉球を支配することを認めた」、または「中国は自国の中山支配を認めた」のいずれにも解し得る危険を内包している。それが意図的なものなのかどうかはともかく……。

琉球国帰属問題の実相？

一八八〇年の項にみる「中国は列島を国家間に分割する提言を拒絶」との記述が明らかな誤りであることは、例えば今これを記す私の編訳書『琉球王国の崩壊～動乱期の日中外交戦』を吟味される方々にはすぐに分かることである。中国側からの回答のないままに、列島分割案、いや当時の「琉球の帰属問題」は「流産した」、「未決のままに終わった」が真相に近い。ただ、その真相が沖縄県誕生以来、わずかに一三四年しか経っていない今、中国側に「再考慮の余地あり」との提言を与えることとしていることを我々は理解すべきである。それだけではない。今、中国は総力をあげて以下の点の詮索、調査研究に乗り出しているに違いない。すなわち、一八七二年より一八七九年に至る間の日本国の旧琉球王国への政治的介入の経緯、なかでもそれ以後数年に及ぶ日中間の外交交渉の経過、決裂、流産への経緯の真相を……。

地図の中の、さらに拡大表示の意図で付されたと思われる一・五センチ四方の四角の囲み内には琉球列島全体の島々が薄く点々と付されている。それへ向けた矢印の下には、何とローマ字で尖閣列島の中国名「ダイオユー」と記されている！　虫メガネで深読みのできる読者はともかく、地理的知識のない、例えば香港の中学生、高校生が、その点々と記される四角内全ての島々を尖閣列島だと解しても少しも不思議ではない。それが意図的なものなのかはともかく……。

さらなる危機感

三日後、五月十日付きの『南華早報』一面を見て私はさらに新たな「危機感」を覚えざるをえなかった。「中国政府、沖縄に対する日本側のプロテストを一蹴」との見出しを有するその記事には、嘉手納基地の大きな写真が掲載されている。遠くより飛来し、着陸体勢にある大型米軍機、そして、これまた有事迎撃体勢にあるパトリオット・ミサイルが大きく写し出されている。その記事を前に、何となくその写真を目にする香港の若者たちが、その明らかに西方に向けられたミサイル発射機を中国大陸へ向けて備えられているものと解しても少しも不思議ではない。

私が中国で危機を感じたのは、実はこれが初めてではない。二〇一二年十二月に北京外国語大学で行われた東アジア交渉学会中、暇を見て北京の銀座として知られる王府井に足を運んだ。北京最大の外国語専門の書店の入り口近くの壁に張られたポスターにまず目を引かれた。畳一枚ぐらいの大きさはあろうかと思われる色刷りの尖閣列島図だった。その前にはその地図やパンフ類がうず高く積まれている。パンフのタイトルは、たしか「尖閣はわが中国領」に近いもので、数カ国語版が入手できるようになっていた。「対岸の火事」どころか、「地元中国で感じる熱気と危機感」に触れてより、まだわずか半年しか経っていない。

次年度の東アジア文化交渉学会開催地は上海の復旦大学。さて、どのような危機感が待ち受けているのだろう。「対岸の飛び火」が東シナ海を飛び越えて、わがふる里ウチナーをも巻き込むことにならぬとも限らぬとの異様な「危機感」を抱かざるをえない。例会散会の宴で互いにビールのジョッキを交わしながら、私が思わず吐露したそのような危機感に対して「いや、むしろその方向に進むのが沖縄のためではないのか」と突っ込んでくる同士もいたにはいたが、総じて「いや喧嘩は政治家にまかせておけばよろしい。我々同学の仲間は、今少し開けた、道理をわきまえた者の集まりなのだぞ」に近い声に触れ得たのがせめてもの危機感軽減の契機となった（香港にて）。

四　クリミヤと尖閣——沖縄こそ、その「危機」の実相を知るべき

香港の有力紙『南華早報』の伝える「尖閣は我が領土なり」の記事を目にし、驚きを隠せなかった私が琉球新報文化欄で「中国で身近に感じた〝危機〟」と題し前後二回にわたって報告したのは二〇一三年五月のことだった。そのコラムの導入部で当紙文化部の担当記者はいみじくも次のように記していた。「尖閣をめぐる日本と中国の対立で、そのはざまに置かれた沖縄では両国間の衝突に巻き込まれることへの懸念が深まりつつある」と。その報告の末尾に私はまた「来年二〇一四年度の東アジア文化交渉学会開催地は上海、さてどのような危機感が待ち受けているのだろう」とも記しておいた。五月に迫った上海学会を前に準備に忙殺される私の眼前に早くもその「危機」が訪れた。その危機は、しかし、中国大陸からではなく、何と米国中央からのそれである。

米のクリミヤ対応

二〇一四年四月六日付き日曜版『ニューヨーク・タイムス』紙は、「米国のクリミヤ対応の姿勢で日本国中枢部に危機感」との見出しで次のように報じている。「クリントン元米大統領がウクライナ地域の〝独自性〟を尊重するとの外交文書に合意し、署名したの一九九四年のことだった。当時、ブタペスト・メモとして知られていたその外交文書が、その後日米の軍事安全保障問題と関わりを持つことになろうな

ど思う者はほとんどいなかった」と冒頭に記すその記事の要点は以下の通り。「地域紛争への不干渉主義の看板を掲げる米国が、ロシア側による今回のクリミヤ制覇では、それなりに牽制する声を挙げながら何ら軍事行動といった相応の対抗姿勢を示し得ないでいた米国の態度、それが今、尖閣列島をめぐる海域での日中両国の確執には特別な意味を持ちつつある。(前)ヘーゲル米国防長官の横田基地到着前後から、長官の元には尖閣近海で一旦緩急あれば、米国はクリミヤ紛争に見られたと同様の軟弱な対応策を以てするのかとしつつ、危機感を抑えきれない日本政府中枢、日米安全保障問題関係者、専門家から公式、非公式の声が寄せられつつある。

「対岸の火事」？

安倍首相の元アドバイザーだった人物よりは、クリミヤ事件は決して対岸の火事、いや遠隔地での出来事などではなく、これまでの日米安全保障の深奥に迫り、筋道をより一層はっきりとさせねばならない新たな情況を生み出すこととしている。昨年、北京政府が東シナ海海域に一方的に覇権地域拡大の宣言をなし、同海域飛行の民間航空機に対し事前に飛行許可を得るべきことを強要し地域の安全保障に衝撃を与えた記憶はいまだに新しい。その北京政府の求めに対する米国政府の米国国内航空会社に対する指示は「北京の要求に従うように」とのことだった……」

(二〇一五年現在、いささか旧聞に属することではあるが)、ワシントンではオバマ大統領の来日に備えて日米双方の安全保障、防衛関係者による鳩首会談が続けられていた。その会談の成果、そして大統領の来日後の声明でどのような米国側の確約が得られるのか、その確約が果たして従来の「相互防衛」条約の文言の繰り返しでない、何らかの新たな確約が得られるのか、沖縄の民は遠からずその証拠を己れの眼前に突きつけられることとなろう。尖閣列島を八重山の目と鼻の先に有する沖縄県民にとって、かのクリミヤ紛争の教訓はそのまま我ら島人《しまんちゅ》の命運を決するほどの意義を有することを知らねばならない。

五　琉球弧の命運──在米島人（しまんちゅ）の想い

はじめに

先に琉球新報紙文化欄コラムで「クリミヤと尖閣」と題し、在米ウチナーンチュの一人としての「懸念の声」を伝えておいた。オバマ米大統領の來日で私の懸念が少しでも「安堵」の方向へと進展するようにと念じている、とも記しておいた。そのような一個人の「想い」、いや「念願」がその方向に一歩でも二歩でも進みつつあるかどうかは、今盛んに論議が交わされているに違いないメディアの動きで、読者諸士の心中にはすでにかなりはっきりした形での判定、判断がなされていることだろう。

少々旧聞に属するが、こうしてワープロを打っている間にもオバマ大統領と安倍首相との会談の内容が毎回気をつけているNHKテレビの「おはよう日本」、そして「ニュースウオッチ9」（アメリカ大陸、東の果てでもほぼ同時にそのニュースに接することができる）で伝えられた。初めてオバマ大統領自ら「尖閣」の一言を世界に向け発したことで、思わず「快哉《かいさい》の声」を挙げた南島圏の人たちは多かったに違いない。私もその一人だった。たしかに当初抱いていた「危機感」の軽減に繋がったとの思いでいた。

しかし、その直後伝えられた「もしかしたら共同声明発表なしで大統領が韓国へ飛び立ってしまうのでは」とのニュースは、私には先に抱いていた「危機感」以上のショックだった。その理由が何とTPP交渉の決裂！　そのことを知った私はすぐさま沖縄地元で「対外問題研究グループ」を率いる知人に「アメリカの譲歩に答えられなかった日本外交のまずさ」に新たな危機感を抱き始めたことをメールで伝えたものだ。外交の基本であるギブアンドテイクを知らぬ日本政府首脳部に失望したオバマ大統領の表情が私には読み取れた。そうしたらどうだろう。オバマの韓国出発が目前に迫る頃、突如日米共同声明発表との、またまた土壇場での新たなニュース！　その頃羽田空港の米大統領専用機はすでにエンジンを始動させていたのでは？　そしてこのドラマを巡る日米両国の立役者、いや舞台裏の交渉陣の面々、目を赤く腫らしながらも、互いに涙を抑えきれなかったのでは？　このどんでん返しの一幕、その展開は世にはびこる、いわゆるフィクションの類いよりもはるかに波乱万丈のドラマとなっていた。ところで、その土壇場で何が行われ、話し合われたのか、その真相はまだ判然としないが、ただ合意（に近い）何かが話し合われたことだけは私ども素人にも想像がつく。日本側から譲歩のあったことが、声明発表直後の例えば豚肉輸入の関税引き下げ云々といったニュースの片々からも窺える。ただ、私たちは、仮にも豚肉、牛肉・・で何とかその場を取り繕うことができたと大臣率いる日本側交渉陣が安堵しているとすれば、それこそ日本の将来に大変な禍根を残すとのそしりを招きかねない、思い違いであることを知っていて欲しい。

「中国の黄金時代」

ちなみに四月二七日付の『ニューヨーク・タイムス』紙、「中国の黄金時代」として中国人消費者の「高級車嗜好」時代の始まりを大きく報じている。金色ピカピカのロールスロイス新車登場のニュースはともかく、「昨年度の中国国内自動車販売台数二千万台、そのうち中国で最も人気のある車種がフォルクスワーゲンで昨年度三二〇万台以上の販売を記録。同社の世界販売台数の三〇％が中国市場よりのもの」としている。何よりも目立つ（いや全く目立たない）のが日本の自動車メーカー名。その記事には日本製自動車の車種の名が全く欠如している。あの日米会談の場でオバマ大統領から「一方的な規制で一国がもう一方の貿易相手国よりいい思いをしている時代には終止符を打つべき。そして今がその時だ」との言明があってからまだそれほどの時間が経っていない。豚、牛論議で済まされることでないことが、これまた私ども素人にもよく分かる。

そのようなヤマト、ウチナー圏でのメディアの動きはともかく、今回は米国中央部での情報合戦の一端をお伝えすることにしよう。

『タイム』誌、破格の扱い

まず、目を引くのが権威ある『タイム』誌の最新号、四月二八日付き、に見る「愛国者」と題する特集記事だ。大活字の見出し「愛国者」に続いては一ページ大の破格の扱いで安倍晋三首相の写真が記事の冒頭を飾っている。両腕を組み、かすかな笑みを浮かべ右手前方へ視線を注ぐ首相の表情は、あたかも「これからが我が日本国の出番」とでも言いたげな自信たっぷりな風情に溢れている。一見「安倍礼賛」の記事かと思いきや、その大見出しにはちゃんと次のような副題、コメントが付されている。「やっと出現した日本国最高の権威あるリーダー、安倍晋三。目指すは世界の舞台において再び日本国の地位と名誉を回復すること。それは、しかし、アジアの多くの人々~その中にはある種の日本人も含まれよう~に不快感を与えている」と。常にバランスのとれた報道を心がけるタイム誌のいつもながらの編集方針が窺える。

問題の島々

さらに「手ごわい隣国」と銘打って掲げる広大な東南両シナ海海域地図には日本と琉球列島を赤色で浮

き彫りにし、中国大陸が黒色、ロシア、朝鮮半島、台湾、東南アジア諸国が灰色といった鮮やかな色分けがなされている。尖閣列島（中国側ではダイオユー）は「問題の島々」として矢印で示されている。地図の右手には「中国との確執、緊張」として、中国を否定的に見る日本人の割合が二〇〇七年に六七％だったのが、二〇一三年には九三％と急激に増えていることを赤丸の大きさで示し、その急激な変化の原因を「領土問題のため」と位置づけている。さらに色刷りで一目瞭然となっているのが米、中、日三国の国防予算の割合である。二〇一三年度世界一位の米国と二位の中国が、それぞれ十億ドル単位の六百四十と百八十八、日本が第八位で四九となっている。中国の国防予算が優に日本の三倍以上、アメリカの「傘」でその差がどれほどの割合にせばまるのか専門家に聞きたいところだ。そのような軍事上のバランス、いや「アンバランスシート」の記録で読者がすぐに否定的な先入観を抱くのを救ってくれるのが、その同じ記事に二〇一二年度の日中両国の相互貿易収支の総額が、これも十億ドル単位で三百三十という報告がなされていることである。ここにもまた「バランスのとれた記事」を心がける良識あるタイム誌の行き方が表れている。とはいえ、その特集記事にはいささか気になる点が二つばかりある。

まず、その一つ。先に触れた「クリミヤと尖閣」コラムで私は、中国が自発的、一方的に尖閣列島上空を含む航空飛行制空圏を発表した際に、直ちに反意を表明した日本政府の行き方とは対照的に米政府の民間航空会社に対する指令が「中国の指示に従うように」ということだった、と記した。そのことに誤りはなかったと思うが、手元のタイム記事には、それが「……他の国々と違って、米国は中国の主張を無視し、このような微妙な海域において現状に変化をもたらす中国を批判した」とだけ記し、微妙に異なる報告をなしている。さてどちらの言い分が正しいのだろう、その判断は読者にお任せするとしよう。いずれにせよ我が島人《しまんちゅ》の命運にかかわることだと気づけば、私どもは「まず隗《かい》より始めよ」で率先して発言すべきではないだろうか。ささやかな形ではあれ、八重山の石垣市長が中央の雑誌で声を挙げておられるように。

保守、百田尚樹

次にタイム特集記事末尾に扱われているのが、今はやりのベストセラー作家百田尚樹（『海賊とよばれた男』や『永遠の〇（ゼロ）』などで読者の皆さんにもおなじみ?）と安倍首相との結びつきである。「日本よ、世界の真ん中で咲き誇れ」という本のタイトルに大いに啓発され賛同する読者は多いことだろう。私もそのような気持ちでニューヨークの中心街にある紀伊國屋書店でその本を求めたばかりである。ただ、その安倍・百田対談集（タイム誌は共著としている）の百田氏がタイム誌の伝えるように、かの「南京虐殺」や「慰安婦」問題を「捏造《ねつぞう》、フィクションなり」と主張している人物であるとの報道が事実であるとすれば、その本を手にする前に一瞬ハタと立ち止まるアメリカの知識人は多いと思う。そのようなことより、私にはこの四月十日に出版されたばかりの安倍首相の今一つの新著『日本の決意』の方が、何らのわだかまりもなく読めるような気がする。さしあたり、その著の「日本は戻ってきました」、「新しい日本から、新しいビジョン」などの章から読み始めようと思っている。そうこうするうちにも、またまた名だたる『タイム』誌、五月十二日号が手元に届いた。「世界で最も影響力のある人物百人」と銘打つのが全誌を埋める百五十ページに及ぶ特集記事である。日本人の中からは安倍首相ただ一人が取り上げられている。二週続けて全一ページ大の首相の写真〜これは権威あるタイム誌でも、言葉は悪いが「超破格」の扱いだ。ヒラリー・クリントン夫人でさえ半ページ大の写真なのだから……。そのこと、そしてそれ以外の最新情報についてはまた機会をみてお伝えしよう

六　沖縄の民を救う道

注記：以下は、『文藝春秋』に毎号掲載の巻頭エッセイに啓発されてまとめた一編。

ニューヨークの銀座通りともすべき五番街近くの紀伊國屋書店から今月もまた文春最新号が届きました。ふるさと沖縄を離れて半世紀以上、ニューヨークの北方ニューイングランドの大学街で暮らす私には本土ヤマトの文春発売日の数日後には届く文春が何よりの楽しみです。近着の十月号を開いて目を見張りました。ふるさと沖縄、かつての琉球国の名残を留める記事が何と四つもあるのです。一般の読者、いや文春編集部の皆さんにとってさえ、何でもない偶然そのものなのでしょうが、出自を南島にもつ私には何でもないことなどではありません。巻頭エッセイの部にはそれぞれ「最古級の日本地図と二つのリュウキュウ」、「文化に根ざす琉球空手」と題するのが二編、本編目次には元沖縄県知事による「翁長雄志　本土に伝えたかった沖縄の誇り」、我が沖縄の産んだ歌姫を扱う「安室奈美恵　愛される理由」の二編が大きく取り上げられています。思えばたまたま私の那覇高校後輩、翁長雄志氏の死、そして安室の引退といった出来事がそのような形となって文春誌上に反映されることになったのでしょうが、それが偶然でもないことが（これも一般の読者にとっては何でもないことでしょうが）、実は文春の何ヶ月前かの人気写真編シリーズ「同級生交歓」には、沖縄戦直後より小中高ずっと私と同期の元沖縄県知事仲井真弘多《ひろかず》、それに日本の名医何人かの一人に選ばれた級友など、「華の十期生」として知られていたかつての同級生幾人かの姿が取り上げられているのです。決して偶然でないふるさとと沖縄ブームの再来を思わせる土壌が醸《かも》し出されつつあることを密かに感じていました。ということで近着の文春がきっかけで、このエッセイ欄を借りて声を挙げることになった次第です。

まず、その私の同級生、今や功なり名を遂げたかつての紅顔の美少年、美少女らの多くがふるさと沖縄を後にしてヤマト（日本本土）の国立、私立の大学を目指して旅立ったのは一九五七年。何と、沖縄の日本復帰を遡《さかのぼ》ること、十五年も前のことなのです。彼らが手にしていたのは、米軍沖縄民政府発行になるパスポートならぬ「身分証明書」でした。その身分証明書を手に日本本土の国立大学、例えば私と机を並べて学んだかつての級友仲井真弘多君は東大へと進みます。あの同級生交歓図のほかの幾人かは、それぞれほかの国立、私立の大学へと進み、あるいは医者、あるいは歯科医師として故郷の医療事情に貢献します。ここで申し上げたかったのは、あのような米国軍政府（名だけは「民政府」でしたが）下にあってさえ、時の日本政府は、地元沖縄出身の優秀な学生に「国費」という、授業料全額支給の恩恵を施して沖縄の戦後復興に力を尽くしていたのです。一方の米国民政府側では、「米留制度」として知られる米国留学制度を設けて、沖縄地元の学生を支援しました。学費、生活費一切が米政府国防省から支給され、多くの学生がアメリカの州立大学はじめ、米国各地の大学を目指して旅立ちました。その恩恵にあずかった沖縄人学生の数は、一千名近くになります。かくいう私も、かの米軍発行の身分証明書、そしてボストンバッグ一つだけを手に米国大陸へと飛びたった一人です。沖縄の戦後復興に大きく貢献した米軍政下の「米留制度」が、沖縄の日本復帰、一九七二年をもって終わったのは、どうしてなのでしょう。日本政府には、国防費の０・０００００１％を以ってしても、すぐにでも沖縄の民を救う道があることを知って欲しいと思います。

いまひとつ、急逝した翁長知事を語る元県知事の言葉に「翁長君が『突如、普天間の移転先として硫黄島はどうか』と提言したことがある」とあります。南太平洋に人口島を造り、滑走路をはじめ、次々に軍事施設を造営する中国の動きに対し、例えば尖閣列島の近くとはいわなくとも、南島近海に人口島の造営を計画することなど、日本の国防費のごくごく一部を援用することで国防上の体制作りが可能ではなかろうかと、漠然と考えることのある私には、まさか後輩の翁長君がそのようなことに思いを巡らして、「硫黄島云々」としていたのではなかろう、と思いつつも、ハッとさせられる思いでした。

七　東京英国大使館デイビッド・ウオレン大使よりのメッセージ

注記：以下は、英人バジル・ホール一行来琉二百周年記念準備期成会の結成にあたり、東京英国大使館デイビッド・ウオレン大使より名誉会長に宛てられた激励文。山口の和訳で紹介。

東京英国大使館　　二〇一二年九月十日

親愛なる山口様

ご親切にも、八月二十一日にお手紙をお送りいただき有難うございました。六月末に沖縄を訪問する機会に恵まれ、那覇で過ごした三日間は、沖縄と英国の数え切れないつながりを知ることができて、私にとって大変喜ばしい時間となりました。今回バジル・ホール来琉二百周年記念事業の会報初版に掲載するメッセージをお送りすることができ嬉しく思います。

このたび、バジル・ホール来琉二百周年記念事業実行委員会事務局の皆様にメッセージをお送りする機会をいただき、大変嬉しく思い激励と感謝の意を表します。我が英国と日本は親密な友好関係を築いてきていて、二〇一二年六月に開かれました日英協会沖縄支部の就任式に出席する機会を得ましたことは、特

に大きな喜びとなりました。

企画されているバジル・ホール来琉二百周年記念事業は、我々両国間の友好関係を深めるのに貢献すると共に、沖縄と英国との繋がりを一層強くしていくことでしょう。

以上の文章が貴殿の要望をみたしていることを願うと共に、今回の企画のご成功を心からお祈り申し上げます。

敬　具

デイビッド・ウオレン

八　読後感

伊敷賢著『琉球王国の真実 ― 琉球三山戦国時代の謎を解く』（二〇一三年）

斬新な方法論

琉球王国史の研究に革新的な方法論を導入し、新たな機運ともなろう衝撃的な研究書が出た。伊敷賢の新著『琉球王国の真実～琉球三山時代の謎を解く』である。著者は御殿腹門中を代表する琉球伝承史研究の推進者。著者が本書「はしがき」の冒頭で述べる「記録はなくても歴史はあった」という言葉の重みを理解し、その深奥に迫るには全十章からなる本書全体を通読吟味して初めて可能である。類書がしばしば一六〇九年以降の歴史に重点をおいて記述する行き方とは全く異なり、著者は神代の時代より稿を越し、琉球国三山戦国時代が終わりを告げる薩摩の琉球入りを以て稿を閉じる。その論議の分量たるや通俗書にみる組版にして優に五百ページにも及ぶであろう程の重厚なものとなっている。

まず、著者の仮説に耳を傾けよう。『天孫』とは皇族の尊称であり、『天孫氏』とは二五世代のことではなく、二五世帯の意味」で『平家二五武将』のことだとも推定される。一四世紀に中国から琉球に移住した『久米三六姓』の『姓』と同じ意味ではなかったかと思われる。『玉葉』に『一の谷の合戦の後、屋島にいた平継盛をはじめ三千騎ばかりが三〇艘の船で南海に逃げた』と書かれていることとも符合するからである」。数多い平家琉球入りを扱う史書でそのような記述に接した読者は多いに違いない。私自身そのような記述には常に一歩、二歩の隔たりをもってあくまでも「仮説」として受け止めていた。私には、しかし、歴史学者の記述する歴史と歴史伝承との間には大きな「認識の隔たり」があるとする著者の言葉を真剣に反芻する契機となったことを告白せずにはおれない。

『古琉球三山由来記』

また私は、エール大学図書館の蔵する『古琉球三山由来記』などの大作を座右の宝物として愛用しているが、そのような著書の価値をさらに高めたのが著者伊敷の著書である。「現存する『文献』や『遺物』でしか歴史を証明することができないとする教育者もいるが間違った考えである。沖縄各地に残る方言による地名や屋号・門中名などは、立派な『無形文化財なのである』とする著者の言葉をあえて、本稿の筆者をして、それらは「有形文化財」なりとの確信に近づけてくれた著者の労作に謝意を表したい。

九　書評

（1）「史書でも物語でもなく」　植木静山著『ペリー来航：日本開国への途』（上、下）

例えば「初期日米交渉史」とか「ペリー提督伝」などといった「史書」「史伝」のたぐいと、今我々の手元にある『ペリー来航　日本開国への途』のようないわゆる「歴史物語」の違いとは何なのだろう。それは当然のことながら後者が史実に基づきながらもなお「ドラマ」「劇的な要素」を追求した、あくまでも「物語」でなければならないということだろう。その違いに徹しないと史書でもなく物語でもないといった奇妙な産物になってしまう。「ペリー来航百五十周年記念出版！」と大きく帯に記される植木静山の新刊上下二巻本は、残念ながらそのような形の作品になってしまっている。

「開国」「黒船来航」「米国艦隊員による琉球王国首里城への強制入城」「鎖国日本に国書を突きつけるアメリカ」「黒船による米国への密航を図る吉田松陰」・・といったすでに最高のドラマにあふれる幕末史は歴史物語作家には最高の腕の見せ場でもある。そのドラマのさらにクライマックスを描ききってみせるのが「歴史の物語」であろうが、だからこそ特に幕末史は、それを語らんとする作者の並々ならぬ手腕を試される試金石でもある。幕末史の史書を著者が丹念に調べ上げているのは巻末の参考文献録を一見するだけで明らかである。

しかし、史実を知りたければそこに記される例えば『ペリー提督日本遠征記』を読めばいいし、ペリーの伝記を知りたければ、またそこに記されるサムエル・モリソンの提督伝和訳本でほぼ事足りる。読者が本書二巻本に求めているものは、しかし、何よりも開国のドラマであり、そのクライマックスではなかろうか。幕末の志士吉田松陰の命がけの米国密航の企てを扱う一章などには、松陰に向けてほとばしる作者植木静山の叫びが欲しかった。活劇にして欲しかった。

引き続き幕末の日露北方領土を扱う物語を取材執筆中という作者の次作を大いに期待するものである。

（2）山下重一　安岡昭男『幕末維新の領土と外交』（清文社）、山口栄鉄『琉球王国の崩壊』（榕樹書林）

幕末維新の外交問題

平成一四年二月に、法政大学名誉教授安岡昭男氏の論文集『幕末維新の領土と外交』、十一月に沖縄県立看護大学教授山口栄鉄氏編訳の『琉球王国の崩壊』が刊行され、後者の原文は、同時に *The Demise of the Ryukyu Kingdom* として刊行された。評者は、元来イギリス政治思想史の専攻者であって、沖縄近代史については、主として西欧諸国との関係について自己流の研究を始めたのであるが、全く模索状態であった評者にとって、琉球処分をめぐる国際関係の検討に関する貴重な指針となったのは、安岡教授の『明治維新と領土問題』（教育社、昭和五五年）の緻密な叙述であった。評者の沖縄研究は、それ以来、台湾征討、琉球処分、改約分島交渉を複雑な外交関係をめぐる諸問題を検討することを主な課題としている。英米の文献から沖縄史を見直すことは、評者の長年に渡る課題であり、国内外の諸図書館でできるだけ資料を蒐集してきたが、今回、長らくアメリカで教鞭を執られた山口教授によって、琉球処分に関する英字新聞記事十二篇の原文と邦訳が公刊されたことは、誠に貴重であった。この書評では、安岡教授による幕末維新の領土問題と外交に関する多岐にわたる論文の中から台湾、琉球問題を主題とする部分を取りあげ、山口教授の訳書と共に論評させていただきたいと思う。

井上馨、左院答議対山県有朋、ボアソナードの提言

安岡教授の新著の第八章は、日清間の琉球帰属問題に関して、広範な資料を踏まえて極めて簡潔に叙述した論考として有益であるが、本章を前著『明治前期日清交渉史研究』（厳南堂書店、平成七年）第一部「琉球・台湾対清論策」と併読すれば、教授の琉球帰属問題に対する視点が一層明白になるであろう。今回の『領土と外交』で帰属問題に関する明治政府（留守政府）内部に井上馨（大蔵大輔）の「従来曖昧の陋轍《わだち》ヲ一掃」し、直ちに「内地一軌ノ制度」とする即時処分論、左院答議の「清国ヨリモ王号ノ冊封ヲ受クルヲ許シ、今明ニ両属ト見做スヘシ」という両属継続論、山県有朋（陸軍大輔）の清国と交渉し、「衆議ニ附シ反覆討究」すべしという慎重論があったことが記されているが（一八四～五頁）、前著では、この点の記述はもっと詳しく、特に第三章「山県有朋と琉球処分」には、建議の全文と解説を掲げ、山県が両属論を否定し、日本に帰属すべしと論じながら、清国との事前の交渉によって諒承を受けることを主張したことが詳述されている（六一～八頁）。この建議は、同年のボアソナードの答議が琉球の日本帰属を国際法上正当としながら、租税、兵事、政令、裁判について多少の独立を認めること、さらに処分に先立って清国と「談合スルノ策」ヲ主張したこととほぼ一致する。琉球処分にあたって「山県やボアソナードが説く柔軟な話合いの路線が取られなかった」（七三頁）との指摘は、誠に妥当である。

大久保内務卿の琉球処分建議

台湾征討に関する叙述は簡単であるが（『領土と外交』二九―三二、一八五～七頁）、冷静な歴史叙述の中

に、ルジャンドルを登用して出兵を敢行し、蕃地で疫病のため日本軍に多大の損害を生じたこと、明治七年七〜十月の大久保全権と総理衙門との北京交渉がウェード公使の調停によってようやく妥結に至ったこと、この事件が中国の史家王芸生が「日本に琉球併呑の権限を与えた愚かな失敗」と嘆いたように、直ちに琉球処分に連なったことを明らかにしている。すなわち、北京交渉から帰国した大久保内務卿は、十二月十五日に琉球官吏の召喚に始まる琉球処分の計画を建議し、翌年三月池城、与那原両親方、幸地親雲上の上京、松田道之内務大丞の説得に続き、松田は、琉吏の帰島と同行して渡琉し、しばしば首里城内で、冊封朝貢の停止、明治の年号使用、藩制改革などを強く要求した。この間の緊迫した交渉過程や十一年来日した何如璋公使と寺島宗則外務卿との会談が清側の「暴言」取消しをめぐる紛議に終始し、遂に日清間の本格的な会談が一切行われずに十二年三月の琉球処分が行われたことは、極めて簡潔かつ明快に叙述されている（一八六〜九頁）。

前、米大統領グラントの仲介とアドバイス

琉球問題をめぐる日清関係は、内容のある交渉が全く行われずに琉球藩の廃止と沖縄県の設置の日本側による既成事実がつくられた後、世界漫遊の途次、清国から日本にきたアメリカの前大統領グラントが清国で恭親王、李鴻章から斡旋を懇請され、来日後伊藤内務卿らの日本政府首脳との日光会談で日本側の主張を聞き、日清両国の互譲なしには欧州諸国の利益となるだけに過ぎないと警告したことによって新たな局面に入った。グラントが八月の明治天皇との会見で「清国ニ於テハ、該島嶼間の疆界ヲ分画シ、太平洋ニ出ル広闊ナル通路ヲ彼ニ与フル議ニモ至ラハ、彼レ是ヲ承認スヘシ」と述べ、日本の首脳部との会談においても、清国は、日本が台湾琉球併合によって台湾をも狙い、清国の太平洋への出口を完全に封鎖して

しまうことを憂えていると強調したのであった。彼は、公職にある者ではなく、一私人として日清間の対立を調停したいとの立場を堅持していたが、琉球処分後の十二年五月から、翌年四月まで日本政府と清国の総理衙門との間に五回交換された照会と照復とを見れば、最初の清国からの照会が「貴国端無クシテ人ノ国ヲ滅シ、人ノ祀ヲ断ツ」と激しく非難したのに対して、日本側の照復は「地勢文字神教風俗ヨリ其王系政治ニ及フマデニ我服属タル所以ノ証左ヲ列挙シ天下両属ノ国ナキヲ弁」（井上毅編『台湾琉球始末』國學院大学所蔵、梧陰文庫）じたものであり、第二照会・第二照復は、歴史論争に終始して平行線をたどった。しかし、九月二〇日付の清国十月二二日付の日本の第三照復は、会談の申し入れを受託した．このような日清間の外交文書によって、日本政府が歴史上の論争を棚上げにして、グラントの調停に基づく交渉を開くことに踏み切った経過を知ることができる。

分島加約案十三年八月十八日から北京において総理衙門と日本側全権宍戸璣との間で開始された日清交渉に当たって、日本側から提示したのは、宮古・八重山両群島を清国に割譲し、代わりに日清修交条規に最恵国待遇均沾の条項を加えるという「分島・加約」案であった。この交渉については、安岡教授の次の要約は、極めて適確である。

琉球条約案流産への道程

「清国側は『両辺相酬』すなわち日清両国間にのみ相互に最恵国待遇を認めるよう主張し、日本側が『一体均沾』すなわち欧米諸国同様の待遇を要求したので交渉は難航した。結局清国側の譲歩により明治十三年十月二十一日清国全権沈桂芬ら提出の琉球条約案へ琉球条約擬稿・加約擬稿・憑擬稿・附単稿を議定した。分島加約の骨子は認められ、十日以内の調印、調印後三ヶ月以内の批准、光緒七年五月（明治一四年二月）宮古・八重山群島交付、交付翌月から加約（追加条項）施行と定められた」（一九〇～九一頁）。

この条約案が調印・批准されたならば、明治一四年二月に、秘密外交のために国民も当該群島の住民も知らぬ間に先島両群島が清国に割譲されてしまったのであるが、周知のように、清国側が調印を引き延ばし、南北洋大臣に諮問したのち皇帝の裁可を待つことを通告してきたために、宍戸公使は、清国政府の侮弄を非難し、翌一四年一月に北京から退去して帰国し、この条約案は、調印されずに遂に流産してしまった。結果的に先島地方が清国に割譲されずに済んだことは、日本にとって幸いであったし、新設したばかりの沖縄県の南半の割譲と通商上の利益とを引き換えにしようとした日本政府の政策は、民族統一を名として琉球王国を解体して沖縄県とした政府が民族分離を進んで提案したものであって、弁護の余地は全くありえない。

清国政府の豹変と「脱清人」

清国政府が日本側の提案で一旦妥結した後、「中変」して調印を拒否したこと～一三年十一月十一日、北洋大臣李鴻章は、調印延期を上奏した～は、ロシアとの伊犁《イリ》問題が解決し、日露対繋の慎れが薄れたためであったという解釈が有力であったが（一九一頁）、安岡教授は、西里喜行教授の編著『琉球救国請願集成』（法政大学沖縄研究所、平成三年）の詳細な資料を重視して、九年十二月に幸地親方（向徳宏）が伊計（蔡大鼎）名城里之子（林世功）両親雲上と共に、尚泰王の密書を携えて清国福州に脱航し、密書が北京の総理衙門に送達されたのをはじめ、次々に琉球を脱出して清国に向かった「脱清人」の清国要人に対する働きに、北京交渉の破綻の一要因として注目されているようである（一九四～六頁）。「脱清人」による総理衙門宛ての度重なる請願、特に林世功が一三年十一月二十日に総署宛ての請願書を書いて自決したことは、分島に反対し、旧琉球王国と清国との冊封進貢関係の復活に生命を賭けた「脱清人」の行動が李鴻章を強く感動させ、一旦妥結をみた分島改約条約案に反対させたと推定することは十分に可能であろう。

安岡教授は、日清両国の主張の対立点として、日本側が中国の琉球に対する「冊封の虚飾と朝貢ノ偽名」と比べ、日本が薩摩支配下の貢租徴収、官吏在勤、法令制度など「該島ノ上ニ主権ヲ施シタル実績ノ明証」を強調したのに反し、清国側が日本の琉球専属論に対して両属論を主張し、日本の支配を全面的に否定したのではなく、朝貢儀礼を存続する前提として琉球王国の現状維持を要求したことを適確に指摘されている。教授の指摘のように、日清両国の主張の平行線的対立は主として「近代国際法観念の理解と摂取における両国間の遷庭」に基づいていたのである（一九三頁）。先に指摘した山県の建議とボアソナードの答議（何れも明治五年）は、琉球は二百年余りの間薩摩の実質的支配下にあった故に国際法上日本領土と認められることは明らかであると主張しながら、両者とも清国との冊封進貢関係については清国と慎重に協議すべき事を提案し、更にボアソナード派、琉球を日本領土に編入しても、その歴史的特殊性によって、全国画一の制度を適用するのではなく、統治上、法令上、司法上、十分な配慮を加えるべきことを主張していた。しかし、その後の琉球処分の過程と清国との交渉において、山県やボアソナードのアドバイスは、全く無視されたのである。

「井上梧陰文庫」

以上安岡教授の極めて堅実で簡潔な琉球帰属問題に関する論稿をコメントしてきたが、ここでいささか望蜀の感を吐露させていただきたいのは、井上毅がこの問題に絶大な関わりを持っていた経緯に言及されなかったことについてである。拙著『琉球・沖縄史研究序説』第二章に詳述しておいたように、井上毅が旧薩摩藩所蔵の琉球関係文書の借用の斡旋を伊藤博文宛書簡で依頼したのは、十一年七月三十日であり、五月十四日に大久保利通が暗殺され、伊藤が内務卿に任命された直後のことであった（『井上毅伝・史料篇』第四、二五頁）。伊藤が内務卿に就任して早々、大久保が果たせなかった琉球処分の実施に着手した時から、井上に全面的な協力を依頼し、井上が外務省の官僚ではなく、内閣大書記官の地位にあって、清国政府に宛てた公文書、特に五回にわたる照会を常に綿密に伊藤と相談しながら起草しただけでなく（例えば、十二年六月十一日付の伊藤の井上宛書簡には。清国の第一照会に回答するために井上が起草した第一照覆の内容に賛同する旨が詳しく記されている。『井上毅伝・史料篇』第五、一三頁）、井上は北京に赴いて八回にわたる交渉のすべてに同席し、交渉の場では一切発言しなかったが、初めは分島と改約とを「密着」させる交渉方針に強く難色を示し、井上馨外務卿宛の伺書で交渉方針に関する訓令を「最下策」とまで評した宍戸公使を説得して、井上自身が大きな影響力を行使した訓令通りに交渉を進めるように公使をリードしたのである。國學院大学に寄贈されている梧陰文庫（井上毅文書）資料の琉球関係の部分には、安岡教授が日本側の主張を代表するものとして挙げられた「琉球説略」（十二年七月十六日）「答弁覚書」（同年十月八日）の素材となった旧薩摩藩の史料の写し（大部分内務省の用紙）がおびただしく含まれており、日本政府の対清国照覆文書に引用された琉球の史実の根拠になった文書も少なくない。評者がいささか踏み込んで調べている琉球問題と井上毅との関係は、今後日本近代史を専門とする方々によって、本格的に解明していただきたいと念じている。

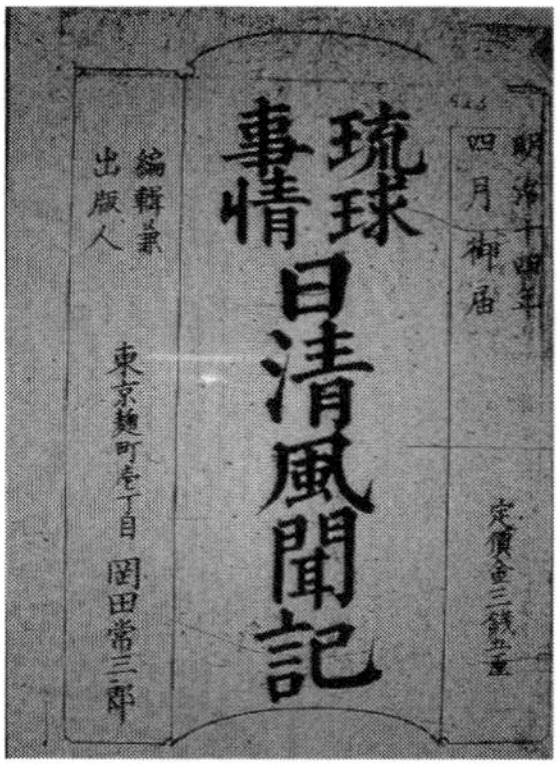

琉球処分後の日中外交戦中に刊行されたシリーズものの一つ（國學院大学・梧陰文庫蔵）

琉球処分関係英文原典史料と邦訳版

次に山口教授が長年にわたってアメリカで収集した英文の琉球資料から琉球処分に関する主要なものを選んで原文と邦訳とを同時に刊行して下さったことは、従来琉球と清国の資料についてはほとんど知られていなかっただけに、極めてタイミングを得た業績である。評者が山口教授と資料のファックスによる交換を始めたのは、平成一四年二月のことであり、初めて那覇でお会いしたのは七月のことであったが、長くアメリカで琉球に関する欧米人の資料を探求して来られた教授を知ったことは、日本の各図書館で同種の資料を渉猟しながら、読むことができないものが多いことを痛感してきた評者にとって誠に幸いなことであった。

山口教授によって原文と邦訳とが同時に刊行された十二篇の資料の中、「日本政府ノ琉球ヲ専領スヘキ主権ヲ有スルノ覚書」（明治十二年七月、『琉球所属問題関係資料』第八巻、三〇四〜二七頁）の英訳（**Japan and Ryukyu, *The Tokio Times*, Oct. 11, 1879**）とこれに対する四回連載の批判論文（**Audi Alteram Partem, *Japan Gazette*, Nov. 26, Dec. 6, 20, 1879, Jan. 10, 1880**）山口訳「聞け、今一つの声」『琉球王国の崩壊』三六〜六九頁）は、特に注目すべき文書である。評者がこの二点の英文資料の存在に注目したのは、明治十二年十二月五日付で伊藤内務卿が「西字新聞琉球関係、此政府ニ反対論」を伊東己代治の翻訳で読み、井上毅にその反論を書くことを命じた書簡（『井上毅伝』史料篇第五、一七頁）と梧陰文庫（C１６６）の「琉球事件外国新聞」と題する冊子の中にある「ガゼット新聞琉球一件反対説」と題する四回連載分の全訳原稿（「請フ反対説を聞け」と題する内務省用紙四十九丁に書かれたもの）を知ったからであったが、肝心の『トウキョウ・タイムズ』と『ジャパン・ガゼット』の該当号が東京のどの図書館にもなく、ようやく平成十三年末になって、両紙のコピーが横浜開発資料館に揃っていることを知り、遅ればせながら上記の二論文を読むことができた。琉球処分を主として史実に基づいて痛烈に批判した「聞け、今一つの声」に反論した井上毅の「横浜新聞駁論草稿」（『史料篇』第5、五〇六～一四頁）は以前から知っていたが、井上が反論した『ガゼット』紙の論説を初めて読んで、琉球処分に対する予想以上に鋭利な批判であったことを痛感した。評者は、ちょうどその頃から電話とファックスによって交流を始めた山口教授のご教示と激励に助けられて「『ジャパン・ガゼット』論説の琉球処分批判と井上毅の反論」（『国学院法学』第四十巻、第一号）を書くことができた。この論文の構想過程で、史実上の反論に終始したが井上の再批判が未完成の草稿に終わって、完稿が英訳されなかったのではないかと推定することができたのは、以前から安岡教授を初めとする沖縄近代史を専門とする方々の研究によって、古代以来の日本と琉球との密接な関係、特に薩摩支配以降琉球が日本の実質的な属領になっていた歴史的事実に基づく主張は、十三世紀以来の冊封進貢関係による中国の琉球に対する宗主権の主張とは噛み合わず、グラントの来訪を契機として彼が日清の和平のために示唆した分島案に日本側の立場を切り替え、通商上の利益との引き換えを要求することに交渉方法を転換したことが明らかにされていなかったからであった。この拙稿は、英米の文献によって琉球史を再検討したいという評者のかねてからの意図のささやかな成果であったと思う。この論文の構想過程で山口教授の長年の研究に初めて接し、さらに教授が長年の蓄積の一部を琉球処分関係に絞って集成し、英文と邦訳で刊行された業績を参照させていただいたことは誠に幸いであった。

本邦初の邦訳記事

『琉球王国の崩壊』に収録された十二篇の中、グラントに随行した　J・R・ヤングが日光での伊藤内務卿との会見記（*The New York Herald*, Sept. 1, 1879. 前掲邦訳一二三～五二頁）は『ジャパン・デイリー・

ヘラルド』（*The Japan Daily Herald*, Oct. 10,11, 13,14, 1879）に四回連載で全文転載され「グラント氏意見、ヨング氏筆記、琉球事件」として『読賣報知新聞』に連載された記事は、『明治文化全集』雑史篇に収録されていた。しかし、ヤングが北京で書いたグラントと恭親王との会見記（*The New York Herald*, Aug. 16, 1879. 邦訳九九～一一〇頁）、天津で書いたグラントと李鴻章との会見記（*Ibid.*, Aug. 16, 邦訳一一一～一二二頁）は、初めて邦訳された記事であり、グラントの清国日本での言動に関する極めて貴重な資料である。評者は、日本政府の「覚書」とヤングの日光会談の記録を英文と邦訳で精読し、『トウキョウ・タイムス』に載った「覚書」の英訳の一部が日本語の原文の直訳ではなく、"The Chinese Government has allowed itself to be deceived. The people of Riu Kiu have been eager for commercial advantages, and to attain their object they have played double game, and deceived the government of China by a course of concealment and duplicity," となっていて、ヤングの記事とほぼ同文であることに気づいた（*The Demise of The Ryukyu Kingdom*, p. 21）。このことは、丁度グラントの滞日中に発表された「覚書」が日光会談でグラントに琉球処分の正当性を説得するために書かれたものであることを示唆している。さらにこの「覚書」に記された古代における南島からの朝廷への進貢、舜天王が源為朝の子という説、現在では架空のものと周知されている足利義教から島津忠国への「嘉吉の附庸」（一四四一年）等が伊藤の命によって井上が起草した対清第一第二照会と一致していることから、この「覚書」も主として井上によって書かれたものと推定することができる。

騙していたのはどの国か

琉球が薩摩支配を隠匿し、中国を宗主国として貿易上の利益のために冊封関係を維持していた、すなわち、中国人は久しく琉球に騙されていたという日本側の主張に対して、「聞け、今一つの声」は、「騙していたのは誰だったのか」と厳しく反論し、「もし、中国が真相を知らされず、間違いを強いられていたとすれば、一体それは誰によってなのだろう。その仕掛人、火付け役は誰だったのだろう、時には何ヶ月にもわたって琉球国に滞在していた中国よりの冊封使節団の目に『在番奉行所詰めの目付け役』の姿がただの一度たりとも映らなかったのは何故なのだろう。ペリー大艦隊の隊員が琉球国の役人、そして住民と交流している全期を通じ、大和の国よりの目付はもとより、その他の役人らしき者の存在を耳にしたり、その気配を感じたりした様子さえ全くないのは何故なのだろう」（*Ibid.*, p. 59　邦訳六七頁）と問いかけたのに対し井上の草稿は全く答えていない。それは、明治政府の首脳部がグラントの調停に乗って日清交渉を始めるに当たって、平行線に終始せざるを得ない歴史論争を棚上げにして、通商上の実利の獲得と分島の割譲とを引き替えにする大きな戦術変換を図りつつあった時期に当たっていたからに違いない。

ガゼット論説の執筆者は？

「聞け、今一つの声」は匿名であるが、評者は、何如璋公使が公使館員あるいは公使館を支持する欧米人に指示して書かせたものではないかと推定している。その確証はないが、薩摩に捕えられた尚寧王と三司官が強制によって書かされた誓約書について、「このようなものは、いまだ人心が開けず、非人間的、半野蛮的とさえいえる古い時代の産物であって欲しかった」（*Ibid.*, p. 58　邦訳六六頁）と記している一節から、欧米列強に蚕食されつつあった中国人の悲痛な叫びが読み取れること、またこの論説で多数の日本の書物を引用しているが、最も多く使用している伊地知貞馨の『沖縄志』（明治十年）からの引用が全部漢文体の部分であることからの評者の推定である。

国際社会への波紋？

この外に本書は、『ジャパン・タイムズ』とイギリス本国の『ザ・タイムズ』紙に載った五篇の論説を収録しているが、Ｅ・Ｊ・リードの「琉球諸島をめぐる日清間の紛争」(E. J. Read, The Dispute between China and Japan, *The Japan Times*, Dec. 12, 1879. 邦訳七一〜八〇頁) は、ちょうど軍艦の設計のために日本に招かれていた筆者の全く日本寄りの論説であるが、本国の『ザ・タイムズ』に載った中国学者Ｒ・Ｋ・ダグラスの「琉球問題」(R.K. Douglas, The Ryiukyu Question, *The Times*, Dec., 16, 1879. 邦訳八一〜八三頁) とＪ・Ｒ・ヤングの「琉球問題」(J. R. Young, The Ryukytu Question, *Ibid.*, Dec. 17, 1879. 邦訳八四〜八八頁) および『ザ・タイムズ』社説 (The Ryukyu Controvercy Assessed, *Ibid.*, An Editorial, Dec. 12, 1879. 邦訳九一〜九八頁) は、いずれも日本側の言い分を代弁したリードに対する反論であり、これに対して、リードは、一括して短い反論を書いた (The Ryukyu Question, A Response. *Ibid.*, Dec. 1, 1879. 邦訳八九頁)。これらの論説は、評者が初めて知った貴重な資料であるが、いずれも主としてグラントの言動に関するヤングの詳細な報道を主要な情報源としていて、欧米諸国において琉球をめぐる日清間の対立が顕著な注目の的となって激しい論争を巻き起こしたとは思えない。評者には、琉球処分から北京交渉に至るまでの経過を訳者のように『琉球問題』が清国以外の外国列強、国際社会からも猛烈な批判を浴び一大『琉球事件』として国際問題化する過程」と把えることには少なからず躊躇を覚えるが、従来ほとんど紹介されていなかった当時の英字新聞の論説が読みやすい訳書にまとめられたことは、琉球処分から改約分島交渉の流産に至る複雑な過程を日本・琉球・清国の資料だけでなく、横浜で刊行されていた英字新聞も含めて、欧米の資料をも参照することによって、さらにきめ細かく実証する途を開拓した業績として大いに歓迎し、著者が長期間アメリカで収集された英文資料の原文と邦訳とを次々に刊行して下さることを期待している。

勝れたブリンクリーの琉球国併合論、しかし事実誤認も

本書の最後に詳細な原注の邦訳と共に全訳が載せられた「琉球国併合」(F. Brinkley, The Story of the Ryukyu Complication, *The Chrysanthemum*, 1883. 邦訳一五三〜一三八頁)は、慶応三年にイギリスの砲兵中尉として来日して以来、工部大学教員、『ジャパン・メール』の経営者、主筆として日本の紹介と擁護に努め、日本女性と結婚し、生涯を日本で過ごして勲二等に叙せられたブリンクリーが琉球処分の半年後に書いた大論文であり、日清両国の主要な文書の英訳を豊富に注記してあるので、琉球をめぐる重大な過渡期の概説として好適であり、当時の読みにくい日清両国の重要文書と共に読みやすい現代語訳として提供されたことは極めて有益である。しかし、当時の日本政府の厳重な報道管理のために、日清交渉の真相が極めて断片的にしか知らされていなかったので、明らかな事実認識の誤りが目につく。例えば、一旦妥結した改約分島条約案が流産してしまったことを述べた箇所のプロローグで、「中国側の提言に合意したのは日本であって、中国が日本のそれに合意したわけではなかった。したがって、日本としては、静かにその立場を堅持して意さえすればよかったのであって、中国側が自国の言い出した提言を守らないはずは、まずなかった」(Brinkley, *Ibid.*, p. 184. 邦訳一八一頁)と述べられていることは全く逆であり、内地通商と最恵国条項と引替えに先島群島を清国に割譲することが、日本政府が宍戸全権に与えた訓令の骨子であり、最初は琉球南部の割譲と改約とを「連結」して交渉することに難色を示していた宍戸も、井上毅の説得と井上馨外務卿の閣僚決定は変更し得ないとの公文に接して、訓令通りに交渉したことが真相であった。ブリンクリーの論説は、外国人がまとめた琉球をめぐる日清交渉の経過に関する概説としては出色のものであるが、そのような甚だしい誤認も含まれているので、本稿で紹介した安岡教授の論説のような信頼すべき現代の文献を参考しながら読むことが必要である。

明治欽定憲法体制と井上毅

この書評では、安岡、山口両教授の新刊書を琉球処分関係に絞ってコメントを加えてきたが、最後に北京交渉前から伊藤内務卿の要請によって、対清公文書の起草をはじめ、琉球問題をめぐる対清交渉の準備段階と交渉の場と、さらに条約案が流産して、宍戸公使が北京を退去する段取りに至るまで、表面には出なかったが影の立役者として終始政府首脳部をリードした井上毅が、十三年三月初めに帰国したちょうどその時に、大隈重信の憲法意見が密奏され、六月に至って、彼が岩倉具視の諮問をうけるや、次々に重要文書によって欽定憲法の制定を主張し、七月五日の「大綱領」と十一月十二日の「国会開設の大詔」によって、明治憲法体制の基礎をつくった（大詔の井上自筆の草稿二通は、國學院大学所蔵の梧陰文庫の中にあり、『梧陰文庫影印・明治欽定典範制定前史』に影印版が収められている）ことを特記しておきたい。明治欽定憲法体制建設の影の推進者は、琉球問題をめぐる二審交渉の場合と同様に、井上毅その人であった。琉球・沖縄史に関するすぐれた近著二冊を紹介するに当たって、琉球処分の僅か二年後に断行された明治一四年の政変に琉球問題の場合以上に井上毅が深く関わっていたことを指摘して、拙い書評を結びたい。

十　古い新聞切り抜き帳より

神戸新聞　地方の本『外国人来琉記』

十六世紀から大正時代まで、琉球を訪れた様々な立場の外国人による同地の評判記とその解説。マラッカで活躍した琉球商人について綴った記録、ペリー提督の首里王宮訪問記、横浜で発行されていた欧米人による新聞の記事「国際問題化する琉球の帰属問題」（一八七五年）など、琉球の人々の印象から世界の中の沖縄の位置付けまで、興味深い資料が揃っている。サミット開催を記念しての出版であり、巻末に琉球対外関係史を収める。

琉球新報　『外国人来琉記』　出版祝賀会

山口栄鉄、沖縄県立看護大学教授編著になる『外国人来琉記』が二十五日発売され、同日夕、那覇市の青年会館で出版祝賀会が行われた。百五十人近くの関係者が出席した。同書は、外国での琉球研究に光をあててきた山口教授が、十九世紀の「琉球」を中心に、西洋人による「見聞録」から当時の沖縄の姿や国際交流の原点を探っている。山口教授は「来琉記」では、「ほとんど例外なくこの島に住んでいる人たちは礼儀正しく、平和を志向していると書かれている。中学生、高校生ら若い人たちにも読んでもらいたい」と述べた。

琉球新報　『外国人来琉記』紹介

本書は長年、外国において琉球研究に光を当ててきた山口教授が、十九世紀の「琉球」を中心に記された外国人による「琉球見聞録」などを基に、外交や国際交流のあり方を明らかにした解説書。プロビデンス号宮古沖遭難の記録やバジル・ホール来琉記、宣教師手記、クラプロート琉球記、ペリー提督の航海日誌、ゴールドシュミットの踏査記録など、当時の事件や記録を通して沖縄の姿や国際交流の原点を探る内容となっている。

新報コラム「あしゃぎ」

今年は沖縄県人のハワイ移住百周年記念の年。ホノルルに県出身者一世の人たちを中心に組織する「ガジュマル会」という集まりがあり、その九月の定例会に招かれて講演を行ってきたのが、沖縄県立看護大学教授の山口栄鉄さん。

このほど琉球新報社から出版した自著『外国人来琉記』とほぼ同時刊行の『グローバル時代の琉球弧』の紹介をかねてのゲストスピーカー。メンバーに加え、ハワイ大学東アジア学部の先生方も駆けつけ、三十人近くが耳を傾けたという。

講演では国際交流をテーマに「二十一世紀の世界平和は五百年の沖縄の海外・外国との輝かしい交流史にみられる『和』の精神、さらに今ご健在の海外で活躍するウチナーンチュ一世の人たちの『知恵』と『国際性』、そしてそれらをわずか数行に集約、凝縮した形の日本国のかけがえのない『平和憲法』の三つを指針にして進むべきである」と強調し、会場から盛んな拍手を受けた。

WUB（世界ウチナーンチュビジネス協会）のロバート・仲宗根会長とも交流し「世界のウチナーンチュ」が果たす役割を確認し合った。

那覇文藝　あやもどろ通信

「文学博士山口栄鉄先生を囲んでの講話：『おもろさうし発掘史』について」

元沖縄県立看護大学教授でアメリカの大学でも活躍している山口栄鉄先生が故郷沖縄に帰ってきた機会に、那覇市文化協会文芸部役員の皆様に呼びかけて平成二十三年十二月二日（金）午後十二時三十分より松尾の八汐荘において山口先生を囲んでの講話と懇親会が行われた。

まず山口先生の講話「おもろさうし発掘史」を約一時間拝聴し、昼食をはさんで懇親した。そのなかで各自の疑問点を出して話し合った。出席されたのは本村繁、上原盛毅、伊佐節子、神村洋子、仲村致彦、真栄城尚の各氏。有意義な話し合いで、和やかな雰囲気のうちに午後三時に終了した。山口栄鉄先生には厚くお礼申し上げた。参考までに山口先生の講話の内容を簡単にまとめてみることにする。

おもろさうし発掘史上の新知見として、次の四人の名を挙げられた。清水保臣（やすおみ、一八六二〜一九四五）、皇典講究所（國學院大の前身）第一期生。卒業（一八八七、明治二十年）後、沖縄県尋常師範学校赴任、のち首里尋常中学校、高等女学校にて国語国文学担当。旧都首里で延喜式祝詞にも似た「摩訶不思議な古文書シリーに」気づく。旧琉球国の聖典「おもろさうし」全二十二巻の発掘及び研究史上、國學院大学の前身、皇典講究所との関わりには深いものがある。清水保臣は旧都首里にあって残存する古文書類の検索調査に当たったたと思われる。

バジル・ホール・チェンバレン（一八五〇〜一九三五）は一八九三年来沖、首里役所で「おもろ」第三巻を披見し筆写。そして自著『琉球語の文法と辞典』（一八九五）に紹介。著者チェンバレンは、その「奇妙な古文書」につき「首里王府において祭事に供された古代歌謡あるいは祈祷文の集成であるかに思われる」と報告。

小野（田島）利三郎、皇典講究所、國學院大学卒業（一八九一）。先輩清水保臣より「摩訶不思議な古文書」の存在を教えられる。一八九三年、首里尋常中学国語科に赴任。

「おもろ」の正体を嗅ぎつけるのは、チェンバレンの「おもろ発見」の一年半後。

新田義尊（聖山）は一八九三年、首里師範学校に漢文担当教諭として来沖、一九〇二年までの十年間首里に滞在。伊波普猷の与る県立図書館より、新田は「おもろ」全巻を借り出したが、その後行方不明となっている。離沖後、新田は東京神田順天中学へ赴任。こうして「おもろ発掘劇」の舞台には清水保臣、チェンバレン、田島利三郎の三人、そして四人目として「影の存在、役者」新田義尊が登場することになる。しかし、今のところ「おもろ発掘史上」の真の功労者、先駆者、発見者としての桂冠は、やはり英人日本学・琉球学者バジル・ホール・チェンバレンの頭上に輝くとしなければなりますまい、とされた。

琉球新報　書評　仲地　清　「誇り取り戻せる一冊『大琉球国と海外諸国』」

著者山口栄鉄氏が「欧文日本学・琉球学」の確立へ向けて歩むことを公言した著である。カラー、モノクロ写真、絵図をふんだんに使った「大琉球国と海外諸国の交流史」を琉球を訪ねた人物を通して物語風にまとめた。著者は、これまで欧文文献を使って、海外と琉球の関係を浮き彫りにする手法で多数の書を著してきたが、これまでのどの著よりも好著である。その理由は、一般読者にとって読みやすい文体、琉球文化を激賞する著者の思い入れ、文献と関係ある現在の地を踏査した点などが挙げられる。しかし、専門書としての価値も失っていない。特にエピローグの「欧文日本学・琉球学の展望」、付録の「琉球国と海外諸国の交流史略年表　一五七〇―二〇〇五年」は欧米と琉球関係の研究の基礎知識、資料となる。

本の構成は「琉球王国とアメリカ」「琉球王国とイギリス」「琉球王国と欧州・アジア近隣諸国」「世界の琉球弧」からなる。一六一四年、徳川家に仕えた三浦按針こと英人ウィリアム率いる貿易船を皮切りに、バジル・ホール艦長、ペリー提督、ベッテルハイム、チェンバレンなど、探検家、宗教家、研究家、戦略家などが琉球を訪れた。時の琉球の魅力は何であったのか。当時、西洋諸国の人々は「グレイトリュウキウ（大琉球）」と呼び、東方行きに憧れた。著者はその魅力を「琉球海洋文化圏」「大琉球言語文化圏」の「文化の豊かさ」と形容する。琉球を訪ねた人々の業績については、著書を読むことで理解してもらうとして、ペリー提督が琉球王国に交流を迫った際、外交通訳官・板良敷朝忠が大国の代表と外交交渉で堂々と渡り合い、後、「琉米修好条約」が締結した歴史から、私は琉球王府の平和外交策を学んだ。

著者がエール大学に勤めていたとき、同大学図書館で、黙々と琉球関係の欧文文献を解読していた後ろ姿に時々接した。今、それが開花しそうである。エピローグは「欧文文献研究の後輩生まれよ」と、いいたそうである。「ベッテルハイムが生活した那覇日記」が和文で現れたらと、わくわくする分野だ。大琉球人の誇りを取り戻せる一冊だ

（名桜大学総合研究所長）

信濃毎日新聞　『チェンバレンの琉球・沖縄発見』

東京帝国大の初代言語学教授を務めた英国人チェンバレンは一八九三年、沖縄県となって間もない琉球を調査旅行する。その見聞録を訳出、解説を加えたのが本書。見聞録は、琉球語や歌謡集『おもろさうし』との出会い、最後の琉球の王子に招かれた日本流、中国流それぞれのうたげ、遊郭の遊女たちが商人

として果たした役割など興味深く紹介していく。なかでも彼をひきつけたのは、巨大な墳墓だったらしい。琉球を「守礼の邦」とともに「絢爛（けんらん）たる墳墓の地」と呼んでいる。

沖縄タイムス「G・H・カー著『沖縄』山口栄鉄さん完訳」

米国人沖縄研究第一人者として知られるジョージ・H・カー（一九一一～九二年）の著作『*Okinawa, The History of an Island People*』（一九五八年）を元県立看護大学教授で米国在住の山口栄鉄氏が初めて日本語に訳した『沖縄　島人の歴史』（勉誠出版、六百二十ページ、七千円）がこのほど出版された。原著の出版元である米国の出版社から山口氏が翻訳権を得て、数年かけて出版にこぎつけた。初版本五百四二ページを元にしており、改定版に収録されている元ハワイ大学教授の故・崎原貢氏による訂正も記している。カーの著作としては、琉球列島米国民政府が出版した『琉球の歴史』（一九五六年、「赤表紙本」と呼ばれる）がよく知られている。『琉球の歴史』は、カーがタイプ打ちの草稿として Pacific Science Board に送っており、その後、米国民政府に送られ、翻訳出版された。

山口氏の解題によると、カー氏は「赤表紙本」の翻訳について「Pacific Board 当局や私の世話になった日本本土、沖縄の学者、知人、そして私自身への相談なしに進められた」として不満を表明していたという。今回出版された『沖縄～』の原著は、「赤表紙本」になった草稿を大幅に増補改定して出版された。山口氏によると一九八七年には十二版が出ており、長期間米国の研究者に参照されているという。山口氏は、「元県立芸術大学教授のアントニー・ジェンキンズ氏がカー文書を整理した研究成果とともに、カー研究の基礎資料がそろった」とし「欧文文献による新たな琉球史学を確立していきたい」と述べた。

第四部

欧文日琉学研究者の論説と英文原典抄録

一　平恒次教授の「琉球・沖縄の命運」

注記：以下は、『琉球王国の崩壊：大動乱期の日中外交戦』（山口編訳、二〇〇二）の英文版 *The Demise of the Ryukyu Kingdom: Western Accounts and Controversy*（山口・新川共編・注釈、二〇〇二）に収録された平恒次教授による序論。フランス在、仏文琉球学の権威 Patrick Beillevaire 教授による上掲英文版 The Demise of～評（*The Ryukyuanist*, No. 62, Winter 2003-2004）と合わせ参照されますよう。

（1） *Okinawa-Tokyo Relationship: From Annexation to Secession, or Something in Between*

A quotable history of Okinawa in a nutshell appeared in the Arts and Leisure Section of The New York Times (June 23, 2002, p.33):

The long history of Okinawan crafts has yet to be written. In many ways, the crafts reflect Okinawa's seafaring past and its trading with China, Korea, and Japan and all of Southeast Asia. Okinawa, an independent kingdom in antiquity, became allied with China in the late 14th century.

The alliance lasted 500 years, until 1879, when Okinawa became part of Japan. In 1945, the island became the scene of the last great American amphibious campaign of World War II and one of the war's bloodiest battles.

Seizing Okinawa, the United States retained control of it until May 1972; when it was returned to Japan.("Delicate but Strong, like Wings of Dragonflies," by Rita Reif)*

* The article is about Okinawan textiles in the collections of Jack Lenor Larsen, New York textile designer.

Okinawa's becoming part of Japan in 1879 was a remote, but direct cause of its devastation by one of the Second World War's worst battles 66 years later, in 1945. The Battle of Okinawa extracted the heaviest toll from the Okinawans. Of nearly 240,000 names of war dead inscribed on the granite tablets of the peace memorial, Cornerstone of Peace, more than 140,000 are the names of Okinawans. The annexation and abolition of the Ryukyu Kingdom in 1879 were the beginning of Japan's imperialist expansion that culminated in the 1945 bloodbath in Okinawa and the collapse of the Japanese empire itself shortly after.

The United States won the Battle for Okinawa and detached it from Japan before the Pacific War ended. For a few years after the war, the United States were not quite sure about the disposition of Okinawa. But the Showa Emperor Hirohito had a very clear idea about it. In September 1947, he advised General MacArthur that the continued occupation of Okinawa would be beneficial to the

United States (as if MacArthur did not know it!) as well as ensure Japan's defense against Russia (making up his mind so quickly about the Cold War that had just began!). Then Hirohito defined the terms of occupation for the United States: "According to the emperor, the military occupation of Okinawa should be instituted under the legal fiction that a long-term lease (25 to 50 years) has been extended to the United States by Japan, which retains its sovereignty over the islands" (Irokawa 1995:p.99)*

* Daikichi Irokawa, The Age of Hirohito in Search of Modern Japan, tr. by Mikiso Hane and John K. Ueda (New York, London, etc.: The Free Press, 1995).

One would surely be impressed by Hirohito's incredible ingenuity. The U.S. occupation of Okinawa was already an established fact and yet Hirohito turned it into fiction. By a remarkable twist in the definition of the situation, he denied the reality of the ongoing U.S. occupation of Okinawa. He might also have denied that the American occupation of Japan was "real." Then, by further extension of the same logic, war was not "real;" Japan's defeat was not "real." And so on. At least one thing was clearly not real-his divinity in which the Japanese people ware forced to believe during the war. If the whole thing was fiction, Hirohito's role in war was fiction, and-this is where he might have been headed- there was no responsibility for any of it on the part of his "real" person.

Whether the United States saw any value in Hirohito's idea of legal fiction is subject to debate.

But history shows that John Foster Dulles, the principal U.S. negotiator for peace with Japan, invented another legal fiction and had it accepted by Japan through the San Francisco Peace Treaty. It was the idea of establishing trusteeship over Okinawa under the United Nations. The UN Charter provides for relevant cases for trusteeship, among them "territories which may be detached from Japan as a result of the Battle for Okinawa during the Second World War. Thus Article 3 of the Peace Treaty stipulated that Japan would agree to the U.S. proposal for placing Okinawa under UN trusteeship with the U.S. as the sole administering authority. The U.S, never made such a proposal (it was fiction!) but actually administered Okinawa for 27 years until 1972. Defending Article 3, Dulles also said that Japan had "residual sovereignty" over Okinawa, which could have come straight from Hirohito.*

* On the history of Okinawa under U.S. occupation, see Kiyoshi Nakachi, Ryukyu-U.S.-Japan Relations 1945-1972 (Quezon City, Philippines: Abiva Publishing House, 1989) and Kensei Yoshida, Democracy Betrayed: Okinawa under U.S. Occupation (Bellingham, Washington: Center for East Asian Studies, West Washington University, 2001).

In 1972, Prime Minister Eisaku Sato and President Richard Nixon scrapped Dulles's legal fiction that sustained Article 3 of the San Francisco Peace Treaty and replaced it with another fiction; that is, that Japan had sovereignty over Okinawa, although in reality the U.S. occupation of Okinawa continued. The U.S. military continued to occupy 20% of Okinawa Island, controlling at the same time vast air and sea spaces over and around Okinawa, in virtual exclusion of Japanese sovereignty over these areas. What was real and what fictional were now inverted. The U.S. bases there became an immovable reality and the Japanese government never demonstrated effective sovereignty over them. Today, the U.S. military occupation of parts of Okinawa's land, sea and air is real, while Japanese sovereignty over the Okinawa area is largely fiction.

Understandably, Okinawans wish to do away with the veil of legal fiction cast over Okinawa and to go a step further to restore their real sovereignty over it. In 1997, on the Diet floor, a member of the House of Representative from Okinawa, Kosuke Uehara, hypothetically asked what the Government would do if Okinawans wanted independence from Japan. The minister of state in charge of the Cabinet Legislative Bureau reportedly replied as follows:

"Independence" means secession from a state's sovereignty and territory.

In Japan, the constitution has no provisions concerning secession. Under the current constitution, no part of Japan can lawfully secede.*

* The Ryukyuanist, No, 38 (Autumn 1997)

This is an extremely important parliamentary event in the history of Japan-Okinawa relations as well as, possibly, in the constitutional history of Japan. For the first time, secession/-independence of Okinawa, or of a region of Japan in general by implication, was discussed by Japan's lawmakers in the formal setting of parliamentary debates. Uehara's question and underlying thinking were Okinawa-specific, while the Legislative Bureau chief's answer was in terms of general principles. The debate did not develop to cover an important point: i.e., secession may be unlawful in general, but Okinawa's secession (which Okinawans prefer to call independence) may be defensible in light of the Okinawa-specific history and circumstances.

In general we argue that a well-defined region with its own political will based on its distinct history and culture has the right to secede, which can be supported by liberal and communitarian theories of state and government. These theories had also inspired the current constitution of Japan. Even if secession of a region in general may be too academic in the Japanese context, two peripheral areas of Japan-Hokkaido and Okinawa-have bred their respective arguments in favor of independence from Japan at large.*　The case for

* On "regionalism" in Japan in international comparative perspective, see Jun Shimabukuro, Riijonarisumu no kokusai hikaku (International Comparison of Regionalisms)(Tokyo: Keibundo, 1999).

Hokkaido independence contains basic theoretical and empirical materials that shed light on how a distinct regional identity emerges in a colony and acquires the sufficiently high degree of intensity to generate a demand for a new political status. Materials in support of the case for Okinawa independence are more compelling than those available for Hokkaido. Basic to both, however, are injustices that the residents Hokkaido and Okinawa have historically suffered at the hands of the central government of Japan.

This "injustice" factor most strongly legitimatizes the demand for independence in Hokkaido and Okinawa with the help of the most reliable theory of secession-remedial theory of secession.*

* A most useful guide to theories of secession in the contemporary world is Percy B. Lehning, ed. Theories of Secession (London and New York: Routledge, 1998).

The story of how Okinawa came under Japanese sovereignty and how it has been included or excluded from the jurisdiction of the Japanese constitution depending on the conveniences of the Japanese state invalidates the traditional claim of Japan, which supports all other claims, i.e. of the proposition that the Ryukyu Islands, of which Okinawa is the largest, are an "inherent, integral territory" of Japan. To disguise the territorial greed, it is added that the people, language and culture of Okinawa are basically Japanese if unavoidable local variations due to distance from the center of Japan are allowed for. These propositions are supported by arbitrary selections and self-serving interpretations of historical anecdotes, interspersed by imprudent lies and non sequiturs to justify the illegal or illegitimate takeover of Okinawa and the Ryukyus. The Meiji

Japanese argument included in the readings of this book was less than half-truth even when it was advanced, circa 1879. It is totally unacceptable today. In the beginning of the modern history of Japan-Okinawa relations, there were thus unethical deceptions and unlawful machinations by Japan for the sole objective of destroying the domestically well organized and internationally well received Ryukyuan state in 1879.

"Independence" is a pretty word, an inspiring word. In contrast, "secession" sounds harsh and casts a pall of dark suspicion over the noble aspiration implied in independence. "Independence" gives the moral strength to those who seek it. Independence and secession refer to the same real phenomenon, but the choice of one or the other puts the discussion of it on an entirely different trajectory. It is symbolic of the power of words that Okinawa's representative couched his question in the language of independence, while the government's minister flipped it into secession and denounced it.

The discussion of independence is guided by a lofty ideal. That of secession is dominated by frigid theorizing on the right to secession. The United States' Declaration of Independence combines both but subordinates secession to independence. The ideal of the American Independence was to bring about a government instituted by the consent of the governed to secure their inalienable rights including, above all, life, liberty, and pursuit of happiness. The failure of the king of Great Britain to govern the Colonies according to these principles was the cause that impelled the Colonies to "separation" [secession] dissolving the political bands that had connected them with Great Britain.

The failings of the king were then extensively itemized.

The itemization of the failings of the Japanese emperors and governments in relation to Okinawa by principles and standards of good government can be done easily. Reams of historical research by legions of historians can yield the needed bill of grievances. Today these grievances are well known to most Japanese and Okinawans. Even the Japanese political leaders acknowledge them and in one way or another seem to be coping with their policy implications.

Recently, a friendly confrontation between a prime minister of Japan and Okinawan scholars took place. At an international conference, in the presence of PM Obuchi Keizo, three professors of the University of the Ryukyus presented a joint paper, which declares at the outset:*

> Throughout modern times, Japan has maintained a strong system of governance with Tokyo as the unique center of power, and under this system Okinawa has not had the freedom or autonomy to display its own distinctiveness.

* Kurayoshi Takara,Tsuneo Oshiro, and Morisada Maeshiro, "Toward an 'Okinawa Initiative': possible Role for Okinawa in the Asia-Pacific Region," paper presented at the Asia Pacific Agenda Project Okinawa Forum, held in Naha, Okinawa, on March 25-26, 2000.

The paper then reviews the history of Okinawa since the formation of the Ryukyu Kingdom.

The paper by the university of the Ryukyus scholars narrates Okinawa's grievances in moderate language and undercuts their importance by unexpected support for the status quo later in the paper. This part of the paper has generated a long running controversy among Okinawa's intellectuals. But that as it may, it is important that the prime minister of Japan sat through the presentation, instead of interrupting and storming out of the conference for Japan's honor as a Meiji Japanese leader would have done. However, whether the prime minister grasped the basic point is subject to speculation: i.e. as far as Okinawans are concerned, the Japanese government that wields so much power over them is neither a government they have consented to be governed by nor one that secures them the blessings of the self-evident truths that all men are created equal and endowed with certain inalienable rights such as life, liberty, and pursuit of happiness.

The views of the three scholars may be summarized as follows: (1) The Ryukyu Kingdom was a "nation state;" (2) Okinawans have developed a distinctive culture and tradition (and their own language, one might add); (3) they are Uchinaanchu differentiable from Yamatunchu, the Japanese, and (4) they have been discriminated against and treated unfairly by the Japanese and their government.

All these points entitle Okinawans to national self-determination. Points 2 and 3 specifically establish Okinawans' unique ethnicity, which is relevant to the communitarian theory of secession. Point 4 qualifies Okinawa for help from the remedial theory of secession. In addition, however, the ideal of independence today demand from the independence-seeking people an unwavering commitment to the liberal, democratic principles of government.

The argument of this paper up to this point has limited Okinawans' choice to one or the other two extremes, the status quo or independence/secession. However, the existing state of which the secessionists groups or regions are part, always resists any loss of its territory. The less liberal a state, the more fiercely it resists any movement for secession. In the name of sovereignty and territorial integrity, an illiberal state often has no qualms with violating human rights (in the extreme, not excluding ethnic cleansing, genocide, etc.) to prevent secession. The illiberal nature of an existing state theoretically justifies secession, but the human cost of secession at the hands of the illegitimate, "rogue," state acts as a brake on the secessionist movement. In contrast, a liberal state that is accustomed to adaptation under changing political climate can respond to the secessionists' grievances by offers to share sovereignty and territory with them in various ways. "Federalism" is often the heading under which such measures are discussed.

Despite persistent patterns of injustice to particular regions such as Okinawa, today's Japanese is liberal, democratic state. Although it is a more rigidly unitary and centralized state than its peer states in Western Europe and North America, Japan has recently enacted rather extensive measures of decentralization of governmental powers by which the autonomy of local governments is assured of considerable growth. The momentum of decentralization is continuing. Okinawa's secessionist demand (though not sharply expressed as such), in so far as it is a demand for greater autonomy, can in part be met by the ongoing power-sharing decentralization.

In addition, the Japanese state is trying on Okinawa various measures that can be rounded up under the rubric "one country, two systems." This concept clearly violates Japan's cherished "unitary state" concept. In fact, it was explicitly rejected by the government until a few years ago. The reality of Okinawa-Tokyo relations, however, undercuts Japan's claim to the principle of unitary state precisely because special measures have been needed for Okinawa's transition from the U.S.-administered area to the prefectural status in the Japanese administrative system. These special measures impart to Okinawa Prefecture's government and politics characteristics that are considerably different from those of other prefectures of Japan. Okinawa and the rest of Japan are in fact "two systems" already.

With some enthusiasm, a broad cross-section of Okinawans has been demanding "one country, two systems." The concept is of Chinese origin developed in relation to Hong Kong. So far, Okinawans' use of the concept is largely metaphorical rather than substantive as in the case of Hong Kong that is governed under a system different from how the rest of the People's Republic of China is governed. But the metaphor serves a useful function as an overarching concept for Okinawa-specific measures that are absent in other parts of Japan. The multiplying special measures may configure and cohere into a distinct system of government such that Okinawa and the rest of Japan may be said to constitute "one country, two systems" if eyed honestly.

Independence or secession is of course likely to arouse instinctive rejection on the part of many guardians of the Japanese state. Realism then dictates the desirability of a strategy that the accretion of exceptions may reach a critical mass that may make Okinawa so different that it cannot be denied to have become a different system. In the meantime, the Japanese public opinion may also change in the direction of a softer version of sovereignty and territory that is seen developing in Western Europe. Secession or independence will then cease to be such a horrible word to the Japanese as it is today. Then the Japanese may come to share Europe's highly relaxed sense of secession and independence.

With its well known studied humor, The Economist says: "Modern, sophisticated state are no longer neurotically attached to bits of territory." It goes on to suggest a few principles of secession ("The rule of secession," January 29, 2000:p.22).

"The first is that secession should neither be encouraged nor discouraged."

"Second, it should be carried out only if a clear majority (well over 50%-plus-one of the voters) have freely chosen it, ideally in an unbiased referendum held in tranquil circumstances."

"Third, the secessionist territory must offer guarantees that any minorities it drags along .. will be decently treated."

"A fourth principle is ... that the secessionists should be able to make a reasonable claim to be a national group."

Most of these principles are too obvious to need further elucidation. But the fourth principle may stumble over the meaning of "national group." In anticipation of objection or controversy, The

Economist eloquently adds: "Nations need not be ethnically based; few are. But most have a unifying glue that is the product of language, oppression or some other force of history." On this measure, Okinawa would qualify as a nation as are those noted by The Economist (Chechnya, Montenegro, Slovenia, East Timor, etc.)

These principles cogently weld together the liberal, communitarian, and remedial theories of the right to secession previously noted. By virtue of these principles, Okinawa should be able to claim the right to secession. Its actual independence will be realized when Japan evolves into a "modern, sophisticated state" that is no longer "neurotically attached to bits of territory." Fortunately to Okinawans, Japan has always looked to the West for standard of conduct. When the Western countries have become highly enlightened and relaxed with secession, Japan would do everything to avoid falling behind the West. In a not too distant future, then, Japan might decide that it is no longer in need of Okinawa and the Ryukyu Islands that are indeed little "bits of territory" amounting to less than one percent of the Japanese territory as a whole.

Just as the hard, westernized imperial state of the Meiji Japan dealt harshly with Okinawans and destroyed their nation-state, a soft, sophisticated modern state of the 21st-century Japan may even welcome and lend a helping hand to the restoration of Okinawans' independent nationality. Japan may do so not necessarily out of a wish to right the wrongs it has hitherto inflicted on Okinawa, but out of its own necessity to keep up with the changing world where leading post-modern states are evolving into systems positively averse to old-style sovereignty and territorial imperative. One may look forward to unexpected developments in Tokyo-Okinawa relations as the 21st century wears on.

（2）「すべての人民は自決の権利を有する」

注記：以下は、平恒次教授の帰郷に際し、かつての教え子らが設けてくれた歓迎の席で教授が開陳した談話。インフォーマルな場での講話でありながら、前掲の教授による英文論旨と合わせ味わうべき含蓄に富む内容。

過日、宮高第二期の忘年会に招かれて参加させていただいた。私のクラスは宮中第十二期だから場違いの感じもするが、折角のご好意を無にするのは却って失礼になると思って、恐る恐る出頭した。かつての紅顔の美少年たちも、今や悠々自適の七十歳代、その堂々たる風格は、功成り名を遂げたエリートにふさわしく、立ち居振る舞いもゼントルマンの規範に即していた。

私がこのような優れたクラスの会合に招かれたのは、この人々の宮高時代に英語教師を勤めたことがあるからである。遠い昔の「英語の先生」がたまたま沖縄訪問中ということに、何らかの意味を見つけられたのであろうか。私は、人の師たる素質がないことを固く信じているが、教壇に立った事実を指摘されると「先生」を拒むわけにもいかず、往時の「生徒たち」と一夕の忘年会を楽しむことになったのである。

招かれた客ともなれば、一席の挨拶も避けられず、暫時戸惑った挙句、一計を案じて「英語の先生」らしい話をしようと思いつき、このエッセイの見出しに掲げた命題を詮索してみることにしたのである。課題は、この日本語表記の一文が英語原文の正確な日本語訳であるかどうかを検討しようというわけである。典型的な英文和訳の演習である。「昔、この式でイジメらえたナー」と苦い思い出を誘発するかもしれないことを懼れつつ……。

さて、この命題の出典は国際人権規約第一条である。その英語原文はこうである。

All peoples have the right of self-determination.

Self-determination とは直訳すれば「自己決定」、すなわち「自分の事は自分で決める」ということである。分かりやすい用語としては「自主決定」としたほうが良いと思うが、「自己決定」で通用している。これは普通「自決」とする慣わしであるが、沖縄では「集団自決」の「自決」が思い出されて、語感上いい言葉ではない。

問題は Peoples である。国際人権規約の日本語公訳では「人民」である。People には大別して二つの意味がある。一つは、集合的に複数扱いの「人々」という意味である。この意味で使う場合は、複数にするために "s" をつけて Peoples とすると間違いになる。国際人権規約が間違った言葉使いをするわけはないから、そこで Peoples と "s" をつけてあるのは、そこで使われる People が単数であるからである。これが people のもう一つの意味である。この意味での people は、研究社の英和辞典では「文化的、社会的にみた人々の集団としての国民、民族、種族」となっている。その中から一つの言葉を選ぶとすれば、「民族」が最適訳であろうと思われる。これが国際人権規約の peoples の意味である。因みに、英英辞典(たとえば Webster's) の「民族」としてのピープルの定義はこうである。

(私訳) ピープルとは、共通の文化、伝統、または血縁意識によって統合され、典型的に言語制度、信仰等を共有し、そして多くの場合政治的に組織された団体を構成する人々の集団。

ピープル＝民族と理解して、国際人権規約の条文を和訳するとすれば、

すべての民族は自決の権利を有する

となるはずである。公訳は上掲のように、

すべての人民は自決の権利を有する

である。「民族」であるべき用語を「人民」としたために「ピープル」の法的ならびに政治的理解に混乱が起きないであろうか。その道の専門家にお伺いしたいものである。

英語の中での「ピープル」という語の使い方を考えてみよう。

1．民主主義共和国の憲法の古典でありアメリカ合衆国の現行憲法でもある文書は、こういう表現で始まる。

We the people of the United States（われら合衆国の人民は）

2．現代国際秩序の基本法である国際憲章はこう始まる。

We the peoples of the United Nations（われら連合国の人民は）

ここで問われることは、どうして1．の「ピープル」も2．の「ピープルズ」も邦訳では同じく「人民」となっているかである。「英語の先生」が本格的に採点すれば1．の「人民」は正解、2．の「人民」は誤訳、となるに違いない。国連憲章は国際関係の基本法であるから、当然日本国をも法的に拘束する。そのような重要文書を日本国民は、誤訳を通じて理解しているとすれば、実は誤解していることになりはしないだろうか。

上掲の国際憲章の文節を直訳すれば、「われら連合国の諸民族は」となるであろう。即ち、国際憲章を制定したのは「諸民族」である。とすれば、国際憲章の「正しい」理解は「ピープルズ」という語を正しく理解することから始まるといえる。

「ピープル」の自決権とは、結局「民族」の自決権である。「民族」という語はすっかり日本語化していて英語との関連で詮索を要しないと思われるが、実はここにも、かなりの曖昧さや混乱が見られるのである。第一次世界大戦後、「民族自決」運動が世界を席巻したことがある。その頃は、自決の「権利」という法的概念ではなく、民族自決の思想または原理というような政治哲学的概念であった。それでも大戦中から大戦後にかけて、ロシア、ドイツ、オーストリア、トルコ等の多民族大帝国の解体に伴って、民族自決の旗幟《きし》の下、多くの民族国家が誕生した。その頃の「民族」とは、英語では nation であり、民族自決とは national self-determination であった。民族自決によって生まれた民族国家は即ち nation-state である。もっとも、nation-state の発生は歴史的にもっと古い。

いつの頃からか、日本語では「ネイション」を「国民」と呼ぶようになり、nation-state は「国民国家」と呼ばれるようになった。ここまで来ると言葉の混乱は救い難い。辞書を頼りに整理してみよう。広辞苑によれば「国民国家」（原語は nation-state）とは、

主として国民の単位にまとめられた民族を基礎として、近代、特に十八、十九世紀のヨーロッパに典型的に成立した統一国家。市民革命を経て国民的一体性の自覚の上に完成。「民族国家」。

ということである。国民国家とは民族国家のことであることが分かる。

しかし、「国民の単位にまとめられた民族」という表現はやや明確性を欠くように思われる。そこで、「民族」を引いてみる。同辞書によれば、「民族」（原語は nation）とは、

文化の伝統を共有することによって歴史的に形成され、同族意識をもつ人々の集団。文化の中でも特に言語を共有することが重要視され、また宗教や生業形態が民族的な伝統になることも多い。また、一定の地位内に住むとは限らず、複数の民族が共存する社会も多い。また、人種・国民の範囲とも必ずしも一致しない。

前掲の英英辞典によるピープルの定義と酷似している。これから、ネイションやピープルという言葉の客体が同一のもの、即ち「民族」であることはもはや疑い得ない。

上記のような意味をもつ「民族」が一定の地域に定住して成長と発展の歴史を経験すれば、ある段階で「政治」が発生し、統治機構が形成されるようになる。これが「民族国家」の原型であろう。発生史的には、なにも民族自決権などともったいぶらなくとも民族社会の社会秩序が整備され、統治機構、即ち国家が生まれることは自然の成り行きのように思われる。何世紀にもわたって外部からの破壊的干渉がなく、民族社会が独自の進化を遂げて国家を形成し、維持してきた事例は世界史上稀ではない。事実、日本国を典型的な「自然的国家」であるとする学説もある。

人間社会の統治法式として「民族国家」が自然であるとすれば、他の諸々の国家形態の長い歴史にもかかわらず、「民族自決」の思想及び実験が国際関係の究極的編成を齎《せい》したということは、一種の歴史的必然であったろうと思われる。それは今や、「ピープルの自決権」として国際人権規約に明記され普遍的権威をもつようになったのである。進歩する人智の輝かしい成果と言えようか。

民族国家の英語、**nation-state** をもう少し考えてみよう。ハイフン付きの熟語は普通、連結された二つの語が同じ対象を指す場合に使われるものであるらしい。**nation** と **state** とは本来峻別されるべきものであるが、**nation-state** という国家形態が一般化するにつれ、**nation** も **state** も同じものであるという感じが定着したようである。つまり、nation でもあり state でもあるものである以上、それを nation と呼ぼうと state と呼ぼうと構わないのではないか、ということになった模様である。このような傾向は語義にこだわる者にとっては有難くないことであるが、大勢は抗し難い状況にある。

そもそも、世界秩序の大黒柱である国連が語法上の混乱を容認しているのである。国連は英語では United Nations で、「諸民族連合」であるべきものであるが、その構成員は諸国家である。邦語では当初「連合国」（公訳国連憲章は今でも一部この表現を使っている）であるが、普通は「国際連合」が使われている。国連は諸国家間の組織であるから、これを「国際連合」と呼ぶことは実情に忠実であるが、名称の語義からすれば誤りということになる。このように英語にしても日本語にしても、言葉使いの正しさにこだわりすぎると話が円滑に進まない恐れがあることは、惜しまれる。だからといって、それならいっそのこと、言葉を正しく学ぶことはよしにしよう、というわけにもいかないことは明らかである。すべて生きた言葉の生命力の躍動というべきであろう。

言葉は、論理の展開にも、気持ちの表現にも使われる。人間は理性も感性も合わせ持つからである。「民族国家」（ネイション・ステイトウ nation-state）の「国家」の部分が、論理的な言葉で語られることは、権力の理論と法理によって構成された国家の性質上当然である。他方、「民族」は思いを込めて語られる場合が多い。愛国者の情熱の対象である「国」は nation であり、官僚や法曹が論ずる「国」は state である。これを別の角度からみれば、nation-state という機構は、ある人々には愛憎の対象であり、他の人々には大義名分論の課題である。現代国家は nation でもあり state でもあるために、このように多くの国民の多角的関心の的になるという幸運を獲得しているといえる。多角的関心は、やがて幅広い参加となり、nation-state である現代国家は勢い主権在民、民主主義、共和政体等の特徴を持つようになる。

最後に、応用問題として問いかけてみたい。「沖縄人」と呼ばれる人々は、国際人権規約第一条のピープルズであろうか。答えが〃イエス〃なら沖縄人はその自決権をどう行使すれば、人類の幸福への最大可能な貢献になるであろうか。

この問いかけが要求する知的営為は、明らかに「英語の先生」の守備範囲を遥かに超えている。進むときは過ぎ、退くときが来た。南秀諸賢に光栄あれ！

(南秀同窓会沖縄支部創立五十周年記念誌『南秀』二〇〇八)

二「私なりの琉球自治論」——カタロニア自治領と琉球王国

「西方遥拝」の淵源

琉球・沖縄の民が民族学的、言語学的には疑いもなく日本国の人たちと同系であることは、かつて華々しく論議された「日琉同祖論」以来、すでに定説となって久しい。しかし、沖縄の人たちの心の奥深くには日本国の人たちとの繋がりよりも、むしろ中華の国の人たちへの親近感とでもすべき、時として言葉では言い表せない連帯感、郷愁ともすべき心情を秘めている場合が多い。「なぜなのだろう？」と正面切って、そのような問いと取り組んだ研究者の存在を私は寡聞にして知らない。そのようなことに思いを馳せるたびに、沖縄の地に生を享け、成人した私は、唐突にも聞こえようが、スペイン国はその東北部カタロニア地方の人たちの抱く、スペイン国民への同胞感よりも、むしろピレネー山脈の向こうの国、フランス国民に対して抱く郷愁、連帯感を思わずにはいられない。以下、「西方遥拝」すなわち東シナ海の西の彼方の大国への想いという私なりの用語に託しつつ、私なりの想い、仮説、いや憶説への道程としてつれづれなるままに記してみよう。

ピレネーの向こうの国への郷愁

今日、カタロニア（又は、カタルニア）地方はフランスとスペインの国境ともすべきピレネー山脈のすぐ南、スペイン北東部のバルセロナ、ジェロナ、タラゴナ、レリダの四大領域を包含するユニークな文化圏を形成している。それは日本国が日本語圏と琉球語圏という二大言語圏からなるという今日の言語学上の常識からすれば、カタロニア一大文化圏の四領域を琉球語文化圏の奄美、沖縄、宮古、八重山文化圏に比することができよう。という次第で、まず比較、そして論議の便宜上、カタロニア言語文化圏を「カ圏」、琉球語文化圏を「琉圏」として話を進めよう。

まず、「カ圏」の内、今日スペインの主要港の一つとなっているバルセロナは地中海に面し、古くから海の向こうより富をもたらす地として繁栄を極めてきた。温暖な気候は大航海時代の遥か以前から進取の意気に富んだ海の男たちを生み出していた。その進取の気概を生み、独自の文化をはぐくんでいたのがアラゴン王朝下の善隣国交、善隣友好、そして海外進出、躍進の精神だった。広大なスペイン国内でもバルセロナを中心とするカタロニアは、あたかもアラゴン王朝率いる独立国家の様相を呈し、その意気を遺憾なく発揮していた。

「琉圏」の那覇の港を基点に東シナ海を南西へと船足を早め、眼前の尖閣列島を確認しながら中国沿岸に至っては、さらに遠く東南アジアを目指して中国沿岸を南下し、季節風とともにふる里琉球国に富を運んできた海の男たちの活躍が思い出されよう。かつては城壁に囲まれ、威容を誇っていたバルセロナの「旧地区」は、一三世紀から一五世紀にかけて建立された建造物の数々がいにしえの栄光を今に伝えている。十六世紀の建造になる王宮には旧アラゴン王朝の輝かしい足跡を伝える古文書をはじめとする古文化財が蔵される。そこから、長い並木道に沿って歩を進めると、まばゆいばかりの近代的なカタロニアプラザに行き着く。「琉圏」の旧都首里から松川、那覇へのかつての松並木を思い浮かべながらの散策は、カタロニアプラザ周辺を行き交う大勢のツーリストの抱く心情とはまた違った感慨にふけるひとときとなった。

「琉球」の呼称が、かつての「レキオ」にその響きを留めるように、バルセロナの呼称もまた古代の呼称バルチノの面影をひきずっている。バルセロナも例にもれず同族、異族の侵攻、圧政に苦しんだ歴史を有し、一二世紀に全盛期を迎えていた貿易港もやがて活動の舞台を大西洋岸の港の勢いに押され、一六世紀に至る頃には衰退の憂き目に瀕している。一九世紀に至って、再び隆盛の兆しが見え始めたものの、その歩みは、かつての琉球王国興亡の歩みと軌を一にする面が多い。

「琉圏」がヤマトと中華の国とは遠く海を隔てて存在する地理的、海洋地勢的環境にある如く、カタロニア地方もまた西と南には広大な山岳地帯を控え、他のスペイン国域とは趣きを異にした歴史と文化を生み出している。長い歴史時代を通じて、文化的、心情的にも、他のスペイン地域よりも、むしろピレネーの北に伸びる南部フランスとの繋がりを濃くするとのユニークな発展を遂げてきている。

「北方遥拝」と「西方遥拝」

カタロニア人（ここで、あえてスペイン人と言わないのは、カタロニア民族が、他のスペイン地方との絆を断ち、独立の意気に燃えていた時代があったことによる）の抱くピレネーの北方「フランス遥拝」と「琉圏」の西方「中国遥拝」とには、しかし、決定的な違いが存する。まず、カタロニア人の話す言語は、現代標準スペイン語ともすべき、いわゆるキャステイリアン・スペイン語とはルーツを異にし、むしろ、古い時代の南方フランスの地方語の系統を引きずってきていることである。これは、琉球語が中国語との間に何らの歴史言語学的系統論議の入り込む余地のないこととは、いささか様相を異にしている。しかし、厳密な意味での、いわゆる民族（俗）学、文化人類学上の「アイデンティティー」論議が、その定義にあたり、「必ずしも言語の同一性を十分にして必要な条件とはされない」としているいささか微妙な点に思いを致すと、「琉圏」の人たちが中華の国と人々に対して抱く遥拝の心情、郷愁というものが、突如として、必ずしも無意味な事などではなくなってくる。かつて、日琉同祖論を論じるにあたって、かのチェンバレンが言語の同一性の無力なことに触れながら「もしそのような定義が正しいとすれば、我が英国は米国に併合されねばならぬことになり、それは道理に合わぬことである」としていたことが思い出される。

論議の混乱を覚悟で、今ひとつのアイデンテイテイーの定義に目を向けてみよう。その一つに「互いに共通の過去を有し、共通の未来を希求する」というものがある。これまた、先ほどのチェンバレンが、日琉同祖論の肯定にあたって、引き続き論議していた点でもある。すると、ここではまたかつての琉球国の人たちが現代の沖縄人をも含めて、果たしてヤマトの人たちと共通の過去を有し、さらにこれからも共通の未来を乞い願うのかどうか、と問われれば、いささか答えに窮する向きがないこともなかろう。世のアイデンテイテイー論、その定義の無力なることを痛感せずにはおれない。

共通のＤＮＡ

ここで思い浮かぶのが、琉球国の民と「久米村」との過去数世紀に及ぶ、ただならぬ関係である。その関係を語るには、いにしえの琉球人以来、現代の琉球、沖縄人のＤＮＡには間違いなく中国人のそれが脈々と波打っている事実を挙げねばならない。そこには最早や歴史言語学上の定義とか、文化人類学上の定義の入り込む余地などあり得ない。それらをはるかに超越した、かの中華の太祖洪武帝の治政一三七二年に始まる琉球国の進貢制度，琉球国王察度の子、武寧の代、一四〇四年以来、最後の国王尚泰に至るまで、実に四百年余に及ぶ間、綿々と続けられた使琉球冊封の歴史を顧みずに琉球の民の中国遥拝の精神、心情を理解することはできまい。朝鮮王朝、東南アジア諸国といった数ある進貢国の中で、唯一琉球国よりの「官生」のみに対する中華の国の特恵措置、そのような官生を通じてもたらされた中国文明、文物思想の糧に思いを及ぼす事なしに「琉圏」の人たちの中華の大国に寄せる深い思い、「西方遥拝」の実相を理解することはできない。

カタロニアの人たち、そして近くのバスクの人たちのユニークな言語と文化への誇りと執着、そして自治への強い希望は、スペイン中央政府の認める所となり、憲法によって一九七七年にはカタロニアが、一九七八年にはバスク地方の一部が自治領として認められ、その言語がその地方の正式な言語としての使用を認められた。そのような真の民主化の動きは単にカタロニアやバスク地方への動きだけに留まらず、自国内の他の多くの特殊な言語と文化圏への動きとなって続いている。文化の多様性を内包する自国の生き方がいかに国民への励みとなり、ひいては国力の隆盛につながることとなるのかを今スペインの中央政府は誇りをもって世界に示しつつある*。

*本稿の一部は二〇一三年の春、香港城市大学における東アジア文化交渉学会において口頭発表され、その後加筆、写真追加の上『那覇文藝　あやもどろ』第二十号、二〇一四年、に収録された。

付：カタロニア追記～変転極まりない「北方フランス領カタロニア」の運命

仮にも（これは、あくまでも太文字、カッコつきの［仮に］だが）、「琉球、琉球弧、沖縄」の名称が、日本国の国土拡張、国威の高揚のために抹殺され、代わって「薩南弧、薩南圏、あるいは薩南県」に置き換えられるようなことがあるとしたら、世の人は、これを「幻想」又は「夢想」なりと決めつけることだろう。それが決して幻想でなく、夢想でさえない現実が今、北方仏領カタロニア人の心を痛めている。

カタロニア自治領の北、ピレネー山脈の向こうには、仏国最南端の特異な歴史と文化とを有する地域が広がっている。そこの人たちは、自らを「仏領カタロニア人」と呼び、己れの特異な言語文化と歴史、伝統をこよなく愛し、誇りとしている。その地はその昔、スペイン国は、かのフランコ政権時代の圧政を逃れ、遠くピレネーを越えて仏国への流入民、移流民としての影を引きずりながらも、そこに安住の地を見出した人たちで占められている。その数は、ほぼ四十五万。「我らはあくまでも北のカタロニア人、そしていつまでもそのままでいたい」とのその地の人たちの思い、そのアイデンティティーをさえ抹殺しかねない事態が二〇一六年現在、現実に起こりつつある。九月九日付、『ニューヨーク・タイムス』紙は、その国際面で「仏国カタロニア人、名称の改変を自らのアイデンテイテイーへ侵害として恐れる」との見出しで大きく報じている。本来、仏領カタロニアの地は、その昔一六五九年、仏国皇帝ルイ十四世の頃、はじめてその属領として吸収された。しかし、その地の人たちは何世代もの間，己れの過去を忘れず、今やフランス語を母国語としながらも、古くからのカタロニア語の伝統を誇りにさえ思っている。

ここでも「歴史はくりかえす」という言い草に見るごとく、今また仏国中央政府は、自国の国威高揚の名目で、その触手を自国のはるか南方にまで伸ばし、「仏国カタロニア人」の地をその伝統，文化的背景を全く無視した **Occitanie**（英語では **Occitania**）の呼称を以て置き換えようとしている。**Occitania** なる名称には本来、全く政治的な意味がなく、文化的には、中世以来、南欧一帯を占める広大な地で **Occitan** 語を話す人たちの言語に由来する名称である。そして、その言語は、ラテン語よりの派生になるローマンス語族の一つである。それが今や、政治的な意味を帯びながら、その南欧カタロニア、いや仏領カタロニアの人たちの運命を左右しかねない事態へと至っている。政治的には、二〇一六年十月一日をもって、**Occitania** がその地の新たな名称としてまみえる可能性を秘めている。筆者のこの一文が活字化される頃には、その地の人たちの命運の方向が見え始めていることだろう。地元の人たちは、今、せめて、そのOccitaniaの名称にはPays Catalan、すなわちCatalan Land「カタロニアの地」の二語を加えて欲しいと声を挙げている、と『ニューヨーク・タイムズ』は報じている。

初出一覧

第一部 「欧文日本学・琉球学」素描

一 欧文日本学・琉球学〜理論と実践
「欧文日本学」理論の提唱『英人日本学者チェンバレンの研究〈欧文日本学〉より観た再評価』（沖積舎、二〇一〇年）二一〜二六頁

二 ジョージ・H・カーの琉球史学〜初期「国際琉球学・欧文琉球学」の最高峰
ジョージ・カー原著、山口栄鉄訳『沖縄〜島人の歴史』（勉誠出版、二〇一四）巻末「訳者あとがき」に代えて
「ジョージ・H・カー琉球史論」『沖縄文化研究』四〇号（法政大学沖縄文化研究所、二〇一四年）
付：ジョージ・カー著、山口栄鉄訳『沖縄〜島人の歴史』刊行に寄せて　照屋善彦
『琉球新報』二〇一四年五月二二日

三 カー氏との交信事始め
比嘉辰雄・杜祖健共編『沖縄と台湾を愛したジョージ・H・カー先生の思い出』新星出版、二〇一八年

四 「欧文日本学・琉球学」研究史の流れ
記念準備期成会結成への道のり：「欧文日本学・琉球学」研究史の流れを概観しつつ『琉球王国の栄光』創刊号、二〇一二年九月

五 米人琉球古典音楽家：「欧文琉球学」史上初のハーバード大博士論文
「新史料」青い目の琉球古典音楽研究家『那覇文藝　あやもどろ』十九号、二〇一三年

六 ガゼット紙論説の琉球処分批判
ミニシンポジウム「琉球処分をめぐる国際紛争」『國學院法学』四一巻一号、二〇〇三年

七　序説　琉球王国併合～幻の「近代国家日本の創建」、そして崩壊への第一歩
　『琉球王国の崩壊～大動乱期の日中外交戦』（榕樹書林、二〇〇二年）七～一四頁
八　外人記者が見た明治新政府の近隣外交　『東京沖縄文化通信』二〇〇二年十二月五日
九　青い目の「ノロ（祝女）」研究者
　ロバート・スチュワード・スペンサー著「琉球のノロ、祝女研究」『日本アジア協会誌』第八巻、一九三一年、
　『那覇文芸　あやもどろ』二十五号、二〇一九年
十　欧文琉球学～回顧と展望　仲地清　「グローバル沖縄研究」、『沖縄タイムス』一九九一年七～八月
十一　沖縄戦直後発行の日刊英字新聞 *The Daily Okinawan*　書き下ろし
十二　東恩納寛惇翁の三味線名器発見　書き下ろし

第二部　異国体験記

一　エール大学と「吉田松陰密書」　書き下ろし
二　開国をその目で見た S. Wells Williams　書き下ろし
三　夏のニューヨーク紀行：沖縄県立看護大学図書館長便り『ＯＰＣＮ図書館便り』Vol.3.No.1、二〇〇三年十月
四　私の自由宣言：米国の図書館巡遊の旅　『沖縄県図書館協会誌』第七号、二〇〇三年十二月
五　僕のアメリカ体験：思い出のスチュードベイカー　『沖縄県立看護大学ニューズレター』第四号、二〇〇〇年

第三部　時事評論・史論・随想・読後感・書評

一　危機迫る尖閣：「釣魚島は中国固有の領土」か
　東アジア文化交渉学会第七回国際シンポ報告　SCIEA The 7th Annual Meeting 『連携の「東アジア時

代」への責任：文化交渉学的アプローチを軸に』（下巻）五九三〜五九六頁

二　尖閣海域：米中覇権のバランスに亀裂、米国『タイム誌』報道を読み解く　書き下ろし

三　中国で身近に感じた「危機」　『琉球新報』二〇一三年五月二二、二三日

四　クリミヤと尖閣：沖縄こそ、その「危機」の実相を知るべき　『琉球新報』二〇一四年四月一四日

五　琉球弧の命運：一在米島人（しまんちゅ）の想い　書き下ろし

六　沖縄の民を救う道　書き下ろし

七　東京英国大使館デイビッド・ウオレン大使よりのメッセージ
『琉球王国の栄光』バジル・ホール研究会会報、第二号、二〇一三年

八　読後感　居敷　賢著『琉球王国の真実：琉球三山戦国時代の謎を解く』（二〇一三）
『琉球弧追憶：滞米半世紀の今』（二〇一七）

九　書　評（1）「史書でも物語でもなく」植木静山著『ペリー来航　日本開国への途』（上下）（文芸社）
『琉球新報』二〇〇三年六月二十二日
書　評（2）山下重一　安岡昭男『幕末維新の領土と外交』（清文社）
山口栄鉄『琉球王国の崩壊』（榕樹書林）『南島史学』六一号、二〇〇三年

十　古い新聞切り抜き帳より
神戸新聞　地方の本『外国人来琉記』　二〇〇五年八月二十日
琉球新報　『外国人来琉記』出版祝賀会　二〇〇〇年七月二十九日
琉球新報　『外国人来琉記』紹介　二〇〇〇年七月二十五日
新報コラム「あしゃぎ」琉球新報、二〇〇〇年九月二十六日
『那覇文藝　あやもどろ通信』二〇一二年三月「文学博士山口先生を囲んでの講話」
琉球新報　書評　仲地　清「誇り取り戻せる一冊大琉球国と海外諸国」、二〇〇八年十月十九日
信濃毎日新聞　『チェンバレンの琉球・沖縄発見』　二〇一六年十二月十一日

沖縄タイムス「G・H・カー著『沖縄』山口栄鉄さん完訳」二〇一四年四月二十三日

第四部　欧文日本学・琉球学研究者の論説と英文原典抄録

一（1）平恒次教授の「琉球王国の命運論」Koji Taira:Okinawa-Tokyo Relationship: From Annexation to Secession, or Something in Between『琉球王国の崩壊：大動乱期の日中外交戦』（山口編訳、２００２）の英文版 *The Demise of the Ryukyu Kingdom:Western Accounts and Controversy*（山口、新川共編、注釈、２００２）序論

（2）「すべての人民は自決の権利を有する」『南秀』二〇〇八年

二　私なりの「琉球自治論」：カタロニア自治領と琉球王国　本稿の一部は二〇一三年春、東アジア文化交渉香港学会発表。加筆の上『那覇文藝　あやもどろ』二〇号、二〇一四年、『琉球弧追憶：対米半世紀の今』、二〇一七年、収録

著　者
山口　栄鉄（やまぐち　えいてつ）
1938年、沖縄県那覇市出身。琉球大学英文科卒業後、米国留学。インディアナ大学、プリンストン大学にて理論・応用言語学博士課程履修中、東アジア言語文学科にて日本言語文化を講じる。スタンフォード、イエール大学東アジア言語文学科奉職後、沖縄県立看護大学初代英語科教授。「欧文日本・琉球学」の新分野を提唱、確立。その理論及び実践例を『英人日本学者チェンバレンの研究―《欧文日本学》より観た再評価』にまとめる。日本及び南島琉球言語文化圏に注目する欧米人の欧米語による研究成果を扱う自著、編訳書二十数編。最近の著作に『英人バジル・ホールと大琉球』（2016年）、『チェンバレンの琉球・沖縄発見』（2016年）、『吉田松陰の再発見―異国に眠る残影』（2017年）、『琉球王朝崩壊の目撃者 喜舎場朝賢』（2019年）がある。文学博士。

欧文日本学・琉球学 総論

2019年 6月30日　第1刷発行

著　者
山口《やまぐち》　栄鉄《えいてつ》

発行所
㈱芙蓉書房出版
（代表　平澤公裕）
〒113-0033東京都文京区本郷3-3-13
TEL 03-3813-4466　FAX 03-3813-4615
http://www.fuyoshobo.co.jp

印刷・製本／モリモト印刷

ISBN978-4-8295-0763-6